职业教育汽车类专业规划教材

汽车电控技术

孙兴海 主编 / 金干华 叶翠 副主编

清华大学出版社

北京

内 容 简 介

本书包括汽车电控技术概述、汽油发动机电控系统、柴油发动机电控系统、自动变速器、汽车主动安全系统、安全系统、舒适系统、车载网络系统 8 个模块和相应的实训项目。

本书可作为高职高专汽车技术服务与营销、汽车运用技术、汽车电子等专业的教材，也可作为成人高等教育相关课程的教材，还可以供驾驶员、汽车技术爱好者参考阅读。

本书封面贴有清华大学出版社防伪标签，无标签者不得销售。
版权所有，侵权必究。举报：010-62782989，beiqinquan@tup.tsinghua.edu.cn。

图书在版编目(CIP)数据

汽车电控技术/孙兴海主编. --北京：清华大学出版社，2015（2021.7重印）
职业教育汽车类专业规划教材
ISBN 978-7-302-38852-4

Ⅰ. ①汽… Ⅱ. ①孙… Ⅲ. ①汽车—电子系统—控制系统—高等职业教育—教材 Ⅳ. ①U463.6

中国版本图书馆 CIP 数据核字(2015)第 016716 号

责任编辑：刘翰鹏
封面设计：常雪影
责任校对：刘 静
责任印制：杨 艳

出版发行：清华大学出版社
网　　址：http://www.tup.com.cn，http://www.wqbook.com
地　　址：北京清华大学学研大厦 A 座　　**邮　　编**：100084
社 总 机：010-62770175　　**邮　　购**：010-62786544
投稿与读者服务：010-62776969，c-service@tup.tsinghua.edu.cn
质量反馈：010-62772015，zhiliang@tup.tsinghua.edu.cn
印 装 者：北京富博印刷有限公司
经　　销：全国新华书店
开　　本：185mm×260mm　　**印　　张**：15.75　　**字　　数**：357 千字
版　　次：2015 年 2 月第 1 版　　**印　　次**：2021 年 7 月第 4 次印刷
定　　价：45.00元

产品编号：063049-02

职业教育汽车类专业规划教材
专家委员会

顾问

陈晓明（中国机械工业教育发展中心主任、教育部全国机械职业教育教学指导委员会副主任兼秘书长）

专家委员会主任

吴培华（清华大学出版社总编辑、编审）

专家委员会委员

李双寿（清华大学教授、清华大学基础工业训练中心主任）

张执玉（清华大学汽车工程系教授）

王登峰（吉林大学汽车学院教授、博士生导师）

刘　洋（广汇汽车服务股份公司人力资源总经理）

李春明（长春汽车工业高等专科学校副校长教授）

陈博伟（上汽大众 VW 服务技术培训部经理）

白晓英（上海通用汽车市场营销部网络发展与管理经销商培训特殊项目经理）

楼建伟（中锐教育集团总经理助理、教育部全国机械职业教育教学指导委员会产教合作促进与指导委员会秘书长）

职业教育汽车类专业规划教材
编审委员会

编审委员会主任

周肖兴（中锐教育集团董事总经理、教育部全国机械职业教育教学指导委员会产教合作促进与指导委员会主任委员）

编审委员会副主任

夏令伟（中锐教育集团研究院副院长、无锡南洋职业技术学院汽车工程与管理学院院长、教授）

丁　岭（清华大学出版社职业教育分社社长、编审）

韩亚兰（中锐教育集团华汽事业部总经理）

钱　强（无锡南洋职业技术学院汽车工程与管理学院副院长、副教授）

编　委（按姓氏拼音字母排列，排名不分先后）

陈　荷　陈光忠　戴　华　丁雪涛　高培金　韩玉科　贾清华　荆旭龙　康　华
李　权　梁建和　刘佳霓　龙　超　鲁学柱　钱泉森　王金华　王晓峰　魏春雷
席振鹏　肖　翔　徐景山　薛　森　杨运来　于得江　张　芳　章俊成　赵成龙
周有源

执行编委

朱　莉

编　辑

刘士平　帅志清　刘翰鹏　王剑乔

序

汽车业是国民经济的重要支柱产业。汽车工业是生产各种汽车主机及部分零配件或进行装配的工业部门。中国汽车制造业增势迅猛，2009年国内汽车销量突破1300万辆，超越美国成为全球最大的汽车市场。2014年，国内汽车年产销2200万辆。汽车是高科技的综合体，并且随着汽车工业的不断发展，新技术、新材料、新工艺、新车型不断涌现，给人们带来丰富多彩的汽车文化的同时，也给汽车从业人员和汽车专业的教学提出了挑战。

汽车后市场是指汽车销售以后，围绕汽车使用过程中的各种服务，涵盖了消费者买车后所需要的一切服务。商务部公布的汽车授权销售商已经突破9万个，其中24000家4S店；国内拥有600余家新车交易市场或汽车园区，拥有800余家二手车交易市场，拥有1000余家汽车配件和汽车用品市场。汽车后市场的繁荣形成了巨大的高技能人才需求。

职教领域汽车专业是随汽车工业不断发展而衍生出来的一个专门服务于这个行业的专业系，主要包括汽车服务工程、汽车销售与评估、汽车检测与维修、汽车商务管理等学科，基本涵盖了汽车行业研发、制造、销售、售后服务等过程。目前一些职业院校人才培养还不能够适应行业发展需要,成为阻碍汽车行业发展中一个至关重要的问题。如何能够协调好行业发展与人才培养问题,需要切实解决在职业教育中汽车专业所需要面对的问题方法,从教学观念着手,切实改进教育方法,注重学生实际操作能力要求,加强学生实际工作能力，加强师资队伍建设，加强与企业的深度融合。

中锐教育集团与上海通用、上海大众、一汽奥迪、广汽本田、中国汽车流通协会以及国内众多的汽车经销商集团合作，学习并吸收国外先进的职业教育经验和人才培养模式，引入汽车主机厂的员工培训模式与方法，和清华大学出版社联合推出此系列规划教材。教材针对当前汽车产业所采用的大量新技术、汽车检测新技术和新设备的升级更新，针对汽车行业与企业对人才需求的新标准和新要求，针对学生今后就业岗位的职业岗位能力要求和职业素养要求，正满足汽车专业职业教育产教融合的需要。

随着国家提出创新驱动的战略，未来汽车行业对于技能型人才的需求还将继续扩大，同时国家正在致力推动汽车职业教育的转型升级，汽车行业职业教育面临着机遇和挑战并存的现状。希望通过双方共同的努力，逐步建立整套汽车专业设置的解决方案，完善汽车职业教育与汽车行业企业人才需求、课程内容与汽车职业标准，培养满足未来汽车行业要求的技能型人才。

写于清华园

2014年12月

自　序

职业教育培养的是技术技能型人才，为工业化转型和经济发展升级换代提供人力资源保障，发展职业教育是提升综合国力和核心竞争力的重要措施和手段，是实现中国梦的重要支撑。职业教育是现代国民教育体系的重要组成部分，在实施科教兴国和人才强国战略中具有重要的作用。党中央、国务院高度重视发展职业教育，《国家中长期教育改革和发展规划纲要（2010—2020）》和《现代职业教育体系建设规划（2014—2020）》等文件都强调要大力发展职业教育，明确未来要让职业学校的专业设置、教学标准和内容更加符合行业、企业岗位的要求。

中锐教育集团创始于1996年，是中锐控股集团旗下的主要成员，总部位于上海，是中国领先的职业教育投资商和服务商，经过多年的不懈努力，形成了涵盖基础教育、高等教育、国际教育、职业教育与企业培训的集团化教育课程体系，是目前国内教育业务范围最广、投资规模最大的教育集团之一。

2006年，中锐教育集团响应国家大力发展职业教育的号召，认真贯彻落实国家教育改革与发展纲要精髓，积极推动汽车制造与服务类专业改革与创新，力争教育教学质量和人才培养指标提升，为行业提供高素质人才。集团以汽车职业教育为龙头，创立“华汽教育”品牌，积极引进国外优质教育资源、课程体系、师资力量以及考试认证体系，整合行业资源，成功开发了符合中国国情、拥有自主知识产权的汽车职业教育课程体系。中锐教育集团把优化专业结构、创新人才培养模式、加强专业内涵建设和课程体系建设作为教育教学改革的重点核心任务，积极组织研发教材，旨在提高教育教学质量和办学水平。

近些年，中锐教育集团坚持教育改革，探索和建立完善的教学体系，围绕学生就业核心岗位的工作领域构建人才培养方案，形成公共教学平台、专业基础平台、专业模块加专业拓展平台的课程体系；针对专业所面向的行业（产业）与岗位群，以岗位通用技能与专门技能训练为基础，系统设计满足专业共性需求与专门化（或个性化）需求、校内校外相结合的实训体系；围绕专业人才培养方案，以培养职业岗位能力和提高职业素养为重点，在校企之间

搭建信息化平台，将企业资源引入教学中，建设开放式的专业教学支持系统，创建先进的数字化学习空间，实现信息化教学资源在专业内的广泛共享。

中锐教育集团不断改革与完善课程结构，自2007年以来，开发了华汽1.0版本、2.0版本和3.0版本的教材。在前三个版本基础上开发了4.0版本教材。本4.0版本教材针对现代汽车上采用了大量的新技术、汽车检测新技术、新设备的升级更新、针对汽车行业与企业对人才需求的新标准与新要求、针对学生今后就业岗位的职业岗位能力要求和职业素养要求，教材建设要体现思路新、内容新、题材新。中锐教育集团积极与上海通用、上海大众、一汽奥迪、广汽本田和全国机械职业教育教学指导委员会、机械工业教育发展中心、中国汽车流通协会，以及与全国众多的汽车经销商集团合作，学习吸收国外先进的职业教育先进经验和人才培养模式与方法，引入汽车主机厂的员工培训模式与方法，将岗前培训的要求与内容引入课程中，将职业岗位能力要求嵌入课程，课程建设始终贯彻建立以服务地方经济为目标，以学生就业为导向，加强职业素质训导、强化职业道德教育，强化任务驱动、项目导向"教—学—做"一体化的教学模式。

为了适应教学改革的需要，积极发展信息化教学。4.0版教材具有纸质版与电子版两种版本，纸质版教材多数采用彩色印刷，图文并茂，更符合高职学生的学习要求。中锐教育集团积极开发O2O在线教学与管理平台，将电子版教材放入"电子书包"中，同时与微课、微视频、操作技能培训视频、错误操作纠错视频、原理动画等相配套。与教学互动、在线考试相结合，充分利用信息化教学平台，激发学生的学习积极性和主观能动性，提高教学质量，提高职业岗位能力的培养。

本丛书组建了高等院校、高等职业技术学院、汽车工程学术组织、汽车技术研究机构、汽车生产企业、汽车经销商服务企业、汽车维修行业协会、汽车流通行业协会及汽车职业技能培训机构等各方人士相结合的教材编审委员会，以保证教材质量。

真诚地希望本丛书的出版能对我国的职业教育和技能培训有所裨益，热切期待广大读者提出宝贵意见和建议，使教材更臻完善。

2014年12月

前 言

电子技术在汽车上的成功应用，被认为是汽车技术发展进程中的一次革命。随着电子技术的应用越来越广泛，汽车已经由单纯的机械产品发展为高级的机电一体化产品，成为“电子汽车”。电子技术已经成为支撑现代汽车发展的基础技术之一，特别是对当今的汽车产业，应用电子技术的程度已成为提升汽车水平的重要标志之一。汽车电子技术已经广泛应用到汽车发动机控制、底盘控制、车身控制、信息通信系统等方面。随着机电一体化和电子技术的不断发展，汽车电子技术也在不断地发展，各种新技术不断涌现，汽车上70%的创新来源于汽车电子技术的应用。

在本书编写过程中，我们注重理论与实践的结合，根据人才培养方案的要求，尊重高职学生的学习特点和认知规律，选编了“必需、够用”的理论内容，又融入一定的实训项目。另外，基本上每个模块都设有学习目标和复习思考题。学习目标分为知识目标和能力目标。其中，知识目标为商务专业学生所必须掌握的内容，能力目标为实训课程所必须掌握的结构认识。本书较多地反映了新知识、新技术的内容，选用的基本车型具有代表性，力争做到所介绍汽车的电控技术与汽车发展保持同步。

本书共包括8个模块和相应的实训项目。模块1为汽车电控技术概述，介绍了汽车电控技术的发展、发动机电控技术、底盘电控技术、车身电控技术、信息通信系统；模块2为汽油发动机电控系统，介绍了汽油发动机电控系统的组成与控制功能、电控汽油发动机电控单元和传感器的认识、汽油喷射系统、点火控制系统、进气控制系统、排放控制系统；模块3为柴油发动机电控系统，介绍了电控柴油发动机的发展与应用、电控泵喷嘴和电控单体泵、电控共轨系统、电控共轨喷油系统日常维护需要注意的问题；模块4为自动变速器，介绍了自动变速器概述、自动变速器的基本组成与工作原理、自动变速器的操作使用与日常检查维护、无级变速器；模块5为汽车主动安全系统，介绍了防抱死制动系统、驱动防滑转系统、电子稳定控制系统、电控悬架系统、转向控制系统；模块6为安全系统，介绍了安全气囊、防盗系统；模块7为舒适系统，介绍了巡航控制系统、中控门锁；模块8为车载网络系统，介绍了车载网络系统的作用与类别、车载网络系统的功能与特点，并

简单介绍了大众车系车载网络系统。

本书由无锡南洋职业技术学院孙兴海任主编，金干华和叶翠任副主编，颜涛参编，于得江任主审。其中，孙兴海编写模块 1、模块 2；金干华编写模块 4、模块 5；叶翠编写模块 6、模块 7、模块 8；颜涛编写模块 3。

在本书编写过程中，广泛征求了华汽教育各相关院校和大量专业技术人员的意见，并且得到了华汽教育教材编写委员会和许多同行的大力支持，在此表示诚挚的感谢。本书参考了大量的国内外技术文献资料，虽然大部分资料来源都已经在书后的参考文献中列出，但可能会有遗漏，在此一并向相关文献资料原作者、原版权所有人表示诚挚的谢意。

由于编者水平有限，书中定有不足之处，敬请读者批评指正。

编　者

2014 年 12月

目　录

模块 1

汽车电控技术概述

◎学习目标

知识目标

(1) 熟悉现代汽车采用的电控技术；

(2) 了解汽车各电控技术的作用。

近年来，随着电子技术、计算机技术和信息技术的应用，汽车电子控制技术得到了迅猛的发展，尤其在控制精度、控制范围、智能化和网络化等多方面有了较大突破。汽车电子控制技术已成为衡量现代汽车发展水平的重要标志。

汽车电子控制系统主要由传感器、电子控制器(ECU)、执行器和控制程序软件等部分组成，与车辆上的机械系统配合使用(通常与动力系统、底盘系统和车身系统中的子系统融合)，并利用电缆或无线电波互相传输信息，即所谓的"机电整合"，如电子燃油喷射系统、制动防抱死控制系统、防滑控制系统、电子控制悬架系统、电子控制自动变速器、电子助力转向等。汽车电子控制系统大体可分为发动机电子控制系统，底盘综合控制系统，车身电子安全系统，信息通信系统4个部分。其中，前两种系统与汽车的行驶性能有直接关系。

1.1 发动机电控系统

发动机电控系统是通过对发动机点火、喷油、空气与燃油的比率、排放废气等进行电子控制，使发动机在最佳工况状态下工作，以达到提高其整车性能、节约能源、降低废气排放的目的。

1. 点火系统

点火系统由发动机控制单元、传感器及其执行器等构成。该装置根据传感器测得的发动机运行参数进行运算、判断，然后进行点火时刻的调节，可使发动机在不同转速和进气量等条件下，保证在最佳点火提前角下工作，使发动机输出最大的功率和转矩，降低油耗和排放，节约燃料，减少空气污染。

2. 电控燃油喷射系统

电控燃油喷射装置因其性能优越而取代了机械式和机电混合式燃油喷射系统。当发动机工作时，该装置根据各传感器测得的空气流量、进气温度、发动机转速及工作温度等参数，按预先编制的程序进行运算后与内存中预先存储的最佳工况时的供油控制参数进行比较和判断，适时调整供油量，保证发动机始终在最佳状态下工作，使其在输出一定功率的条件下，发动机的综合性能得到提高。

3. 废气再循环系统

氮氧化物是汽油发动机排放的有害废气，其产生的主要原因是高温富氧。废气控制再循环的控制部件是废气再循环 EGR 阀。发动机 ECU 通过控制 EGR 阀的开度来控制从排气管再循环到发动机的废气量，降低燃烧室温度，从而抑制氮氧化物的产生。

4. 怠速控制系统

怠速控制系统是通过调节怠速时的空气通道面积来控制发动机的怠速转速。怠速控制系统的执行元件是怠速控制阀。发动机 ECU 根据从各传感器的输入信号所决定的目标转速与发动机的实际转速进行比较，根据比较得出的差值，确定相当于目标转速的控制量，去驱动控制进气量的执行机构，使怠速转速保持在最佳状态附近。

除以上控制装置外，发动机部分采用的电子控制技术还有可变配气相位、二次空气喷射、废气涡轮增压、汽油蒸发控制、电控冷却系、汽缸管理系统等，并已在许多车型上得到了应用。

1.2 底盘电控系统

底盘电控系统包括电控自动变速器、防抱死制动系统(ABS)与驱动防滑系统(ASR)、制动力分配系统、刹车辅助系统、电子转向助力系统(EPS)、自适应悬架系统(ASS)、巡行控制系统(CCS)、自动泊车系统、上坡辅助、陡坡缓降等。以下介绍几个主要系统。

1. 电控自动变速器

电控自动变速器可以根据发动机的载荷与转速、车速、制动器工作状态及驾驶员选择的挡位等各种参数，经计算、判断后自动地改变变速器挡位，按照换挡特性精确地控制变速比，从而实现变速器换挡的最佳控制，得到最佳挡位和最佳换挡时间。该装置具有传动效率高、低油耗、换挡舒适性好、行驶平稳性好以及变速器使用寿命长等优点。采用电子技术，特别是微电子技术控制变速系统，已经成为当前汽车实现自动变速功能的主要方法。

2. 防抱死制动系统(ABS)与驱动防滑系统(ASR)

汽车防抱死制动系统由 ABS ECU、制动压力调节装置、4 个车轮上的 4 个轮速传感器、ABS 警告灯等组成。轮速传感器检测各车轮每一瞬时的运动状态，将信号传输给 ABS ECU；ABS ECU 经过计算后发出控制信号给制动压力调节装置，调节各车轮的制动压力，防止汽车制动时车轮的抱死，保证车轮与地面达到最佳滑动率，从而使汽车在各种路面上制动时，保证车轮不发生抱死拖滑、失去转向能力等不安全的因素，使汽车在制动时维持方向稳定性和缩短制动距离，有效地提高了行车的安全性。汽车防抱死制动系统是确保汽车安全行驶的一个重要系统。

汽车制动防抱死系统的扩展功能是驱动防滑系统（ASR），两系统有许多共同组件。该系统利用驱动轮上的转速传感器感受驱动轮是否打滑，当打滑时，控制系统便通过制动或通过油门降低转速，使之不再打滑。它实质上是一种速度调节器，可以在起步和弯道中速度发生急剧变化时，改善车轮与路面间的纵向附着力，提供最大的驱动力，提高其安全性，维持汽车行驶的方向稳定性。

3. 电子转向助力系统(EPS)

电子转向助力系统采用电动机与电子控制技术对转向进行控制，利用电动机产生的动力帮助驾驶员进行动力转向。动力转向的“助力”在低速与高速时是不一样的，低速时助力大，高速时助力小。电子转向助力系统提高了汽车的转向能力和转向响应特性，增加了汽车低速时的机动性以及调整行驶时的稳定性，从而提高行驶安全性，降低驾驶员的劳动强度。

4. 自适应悬架系统(ASS)

自适应悬架系统能根据悬架装置的瞬时负荷，自动、适时地调整悬架的阻尼特性及悬架弹簧的刚度，以适应瞬时负荷，保持悬架的既定高度，极大地提高了车辆行驶的稳定性、操纵性和乘坐的舒适性。

5. 巡行控制系统(CCS)

巡航控制（cruise control）又称恒速行驶系统，是让驾驶员无须操作油门踏板就能保证汽车以某一固定的预选车速行驶的控制系统。在长途行驶时，采用巡行控制系统，驾驶员不必经常踏油门，恒速行驶装置将根据行车阻力自动调整节气门开度以调整车速在恒速状态附近。若遇爬坡，车速有下降趋势，ECU 则自动加大节气门开度；在下坡时，又自动关小节气门开度，以调节发动机功率达到一定的转速。当驾驶员换低速挡或制动时，这

种控制系统则会自动断开。该系统可以减轻驾驶员长途驾驶之疲劳，给驾驶带来了很大的方便，同时也可以得到较好的燃油经济性。

1.3 车身电控系统

车身电控系统就是车身系统内的电子设备，主要有自适应前照灯系统、汽车夜视系统、安全气囊、碰撞警示与预防系统、轮胎压力监测系统、自动调节座椅系统等，可大大提高驾驶员和乘客乘坐的舒适性和方便性。

1. 自适应前照灯系统(AFS)

自适应前照灯系统可在前照灯照明范围内，根据车身的动态变化、转向机构的动作特性等综合因素进行计算和判断，从而判定汽车当前的行驶状态，对前照灯近光进行相应的调整，并能在会车时自动启闭和防眩。它能够有效地降低驾驶者在夜晚弯路上行车的疲劳程度，使驾驶者能够看清转弯处的实际路况，使驾驶者能够拥有充分的时间进行转向操纵和应付紧急情况，从而明显提高夜晚弯路上行车的安全性。

2. 汽车夜视系统

夜视系统是全天候的电子眼，它延伸了驾驶员的视力范围，使其视力范围达到近光灯照射距离的 3～5 倍，且能帮助驾驶员看到远处来车的灯光，在雨雪、浓雾天气，公路上的物体也能尽收眼底，大大提高了汽车行驶的安全性。

3. 安全气囊(SRS)

安全气囊是国内外汽车上一种常见的被动安全装置。在车辆相撞时，由电控元件用电流引爆安置在方向盘中央(有的在仪表盘板杂物箱后边也安装)等处气囊中的渗氮物，迅速燃烧产生氮气，瞬间充满气囊。气囊的作用是在驾驶员与方向盘之间、前座乘员与仪表板间形成一个缓冲软垫，避免硬性撞击而受伤。此装置一定要与安全带配合使用，否则效果大大降低。

4. 碰撞警示和预防系统

该系统有多种形式。有的在汽车行驶中，当两车的距离小到安全距离时，即自动报警，若继续行驶，则会在即将相撞的瞬间，自动控制汽车制动器将汽车停住；有的是在汽车倒车时，显示车后障碍物的距离，有效地防止倒车事故发生。

5. 轮胎压力监测系统

汽车轮胎内充气压力的高低，直接影响到整车行驶的舒适性和安全性。如果保持适宜的轮压，则可以减小轮胎的磨损、降低油耗、防止因轮压不足而引起的轮胎损坏，并能保证汽车的行驶稳定和安全性。轮胎压力监测系统通过连续地监测轮胎的压力、温度和车轮转速，能够自动地为驾驶员发出警告。

6. 自动调节座椅系统

该装置是人体工程技术与电子控制技术相结合的产物，它通过传感器感知乘坐人员

的体态，并使座椅状态与之相适应，满足乘客的舒适性要求。

除以上控制系统外，安全带控制系统、疲劳监视系统、自动雨刷系统、智能性型后视等系统在一些车型上也已得到应用。

1.4 信息通信系统

信息通信系统包括汽车导航与定位系统、语音系统、信息系统、多路传输通信系统等。

1. 汽车导航与定位系统

该系统可在城市或公路网范围内，定向选择最佳行驶路线，并能在屏幕上显示地图，表示汽车行驶中的位置，以及到达目的地的方向和距离。这实质是汽车行驶向智能化发展的方向，再进一步就可发展成为无人驾驶汽车。

2. 语音系统

语音系统包括语音报警和语音控制两类。语音报警是在汽车出现不正常情况，如燃油温度、冷却液温度、油压、充电、尾灯、前照灯、排气温度、制动液量、手制动、车门未关严等出现不正常现象或自诊断系统测出有故障时，计算机经过逻辑判断后输出信息至扬声器或警示器报警。语音控制是用驾驶员的声音来指挥和控制汽车的某个部件、设备进行动作。

3. 信息系统

信息系统可将发动机的工况和其他信息参数，通过ECU处理后，输出对驾驶员有用的信息。显示的信息除冷却液温度、油压、车速、发动机转速等常见的内容外，还有瞬时耗油量、平均耗油量、平均车速、行驶里程、车外温度等，根据驾驶员的需要，可随时调出显示这些信息。

4. 多路传输通信系统

多路传输通信系统通过一组导线传递大量数字信息。20世纪80年代中期，多路传输通信系统的应用局限于转向柱和照明区域，目前已在座椅、车门和车窗等各系统中使用，使该技术的应用变得更加广泛。

1.5 复习与思考

1. 判断题

(1) ABS系统是发动机控制系统。 (　　)

(2) ASR系统是ABS系统的扩展功能。 (　　)

(3) 安全气囊系统是现在汽车的标配系统。 (　　)

(4) 轮胎监测系统损坏时，汽车就不能行驶。 (　　)

(5) ABS警告灯亮，汽车就不能行驶。 (　　)

2. 填空题

（1）发动机控制系统包括________、________、________、________等系统。

（2）ABS系统由________、________、________、________等组成。

（3）车身控制系统由________、________、________、________、________等组成。

（4）信息系统由________、________、________、________等组成。

3. 查阅资料，填写下列表格

车系1：________________

车型1：________________

控制系统	控制子系统1	控制子系统2	控制子系统3	控制子系统4	控制子系统5

车系2：________________

车型2：________________

控制系统	控制子系统1	控制子系统2	控制子系统3	控制子系统4	控制子系统5

模块 2

汽油发动机电控系统

◎学习目标

1. 知识目标

(1) 了解汽油发动机电控系统的组成与控制功能；
(2) 了解电控汽油发动机的优点；
(3) 熟悉电控汽油发动机电控单元的基本控制原理；
(4) 掌握电控汽油发动机常用传感器的作用和工作原理；
(5) 了解电控汽油喷射系统的功能与分类；
(6) 掌握电控汽油喷射系统各部件的工作原理及作用；
(7) 了解电控汽油喷射系统断油控制的控制原理；
(8) 熟悉汽油直喷系统的优点和工作模式。

2. 能力目标

(1) 能够找到电控汽油发动机主要传感器和电控单元的安装位置；
(2) 能够识别汽油发动机电控系统的各子系统；
(3) 能够找到电控汽油喷射系统各部件的安装位置；
(4) 能够正确使用诊断仪对汽油电控发动机进行诊断。

2.1 汽油发动机电控系统的组成与控制功能

汽油发动机电控系统大致可分为进气系统、汽油喷射系统、点火控制系统和排放控制系统。现代汽车的汽油喷射发动机电子控制系统基本以电控单元(ECU)为控制核心,以空气流量和发动机转速为控制基础参数,以喷油器、点火器等为控制对象,保证获得与发动机各种工况相匹配的最佳混合气成分和点火时刻等。

2.1.1 汽油发动机电控系统的组成

1. 进气控制系统

燃油在发动机内燃烧时,需要一定数量的空气。进气系统的功用是向发动机提供混合气燃烧所需的空气,并测量出进入汽缸的空气量,如图 2-1 所示。

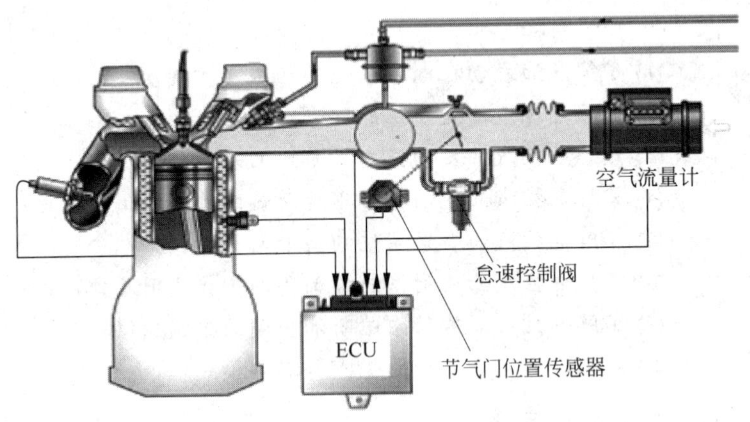

图 2-1　旁通空气式进气控制系统

2. 燃油喷射系统

燃油喷射系统的功能是向汽缸供给燃烧时所需的燃油量。燃油喷射系统由燃油箱、电动燃油泵、输油管、燃油滤清器、燃油压力调节器、供油总管(常叫做燃油分配管)、喷油器和回油管等组成,如图 2-2 所示。

3. 点火控制系统

点火控制系统的功能是将电源的低电压变成高电压,再按照发动机点火顺序轮流送至各汽缸,点燃压缩混合气;并能适应发动机工况和使用条件的变化,自动调节点火时刻,实现可靠而准确的点火,如图 2-3 所示。

4. 排放控制系统

目前,汽车上使用的排放控制系统有曲轴箱强制通风(PCV)系统、汽油蒸发控制(EVAP)系统、废气再循环(EGR)系统和二次空气喷射(AIR)系统。

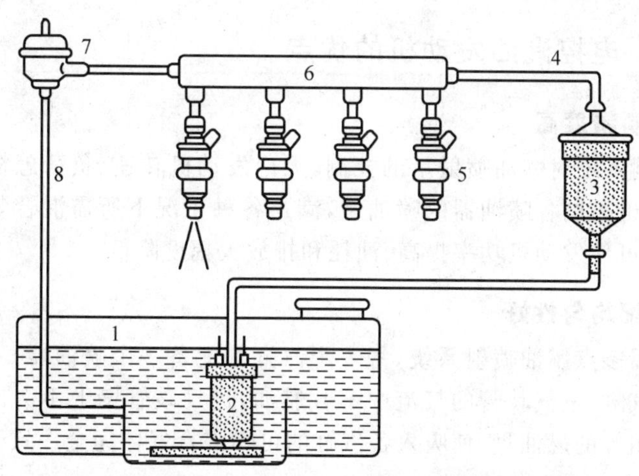

图 2-2　燃油喷射系统结构简图

1—燃油箱；2—电动燃油泵；3—燃油滤清器；4—输油管；
5—喷油器；6—燃油分配管；7—燃油压力调节器；8—回油管

图 2-3　点火控制系统

2.1.2　汽油发动机电控系统的控制功能

（1）汽油喷射控制：保证发动机在任何情况下的燃油喷射都是精确的。

（2）点火控制：保证发动机点火处于爆震的边缘。

（3）怠速控制：使发动机保持最佳的怠速转速。

（4）排气净化控制：保证发动机的废气排放达到最少量。

（5）进气控制：保证发动机在任何转速下，改善发动机的动力性和经济性。

（6）故障自诊断控制：当电控系统的组成元件发生故障时，ECU使故障警示装置及时发出警告信号，同时将故障信息储存到存储器中，供维修时调用和参考。

（7）带故障运行控制：在微机控制系统的组成元件发生故障后，ECU根据故障类型作出最适当的应急处理。在大多数情况下，发动机可以工作，但发动机的动力性能、经济性能和排放性能会下降。

2.1.3　电控汽油发动机的优点

1. 空燃比控制精度高

通过电子控制系统对燃油喷射量的控制，无论发动机转速、负荷怎样变化，以及在各种工况下，都能精确控制各喷油器的喷油量，满足各种工况下所需混合气的空燃比，保证良好的工作性能，可使发动机功率提高、油耗和排放大幅度降低。

2. 混合气分配均匀性好

现在普遍采用多点燃油喷射系统，每一个汽缸都配备一个喷油器。燃油喷射在进气门口或直接喷入汽缸，进气歧管的气流中不含燃油，进气歧管壁上不会出现油膜，每一个汽缸都可以得到相等的燃油量，使吸入各汽缸的可燃混合气体完全一致。

3. 加、减速性能好

燃油喷射在进气门口或直接喷入汽缸，ECU信息传递过程瞬息完成，响应迅速，能及时增减燃油，从而保证汽车具有良好的加速及减速性能。

4. 充气效率高

汽油喷射取消了化油器，消除了喉管的节流作用，革除了进气系统的"瓶颈"。其次是因进气歧管不存在油膜，不必用排气加热进气管，可使进气温度降低。另外，进气歧管可以尽量合理设置，一方面可以减少流动阻力，另一方面可以充分利用动力增压效应。从而有效增大充气量，提高输出功率，增加发动机的动力性。

5. 具有良好的启动性能

在发动机启动时，ECU检测发动机温度、启动转速、启动时间和次数等因素，精确的计算启动供油量，使发动机启动容易，且暖机性能好。

6. 具有超速和倒拖断油功能

电控燃油喷射发动机依据ECU分辨出发动机超速及倒拖等特定工况，根据相应的供油要求停止喷油，另外对六缸及六缸以上的发动机在负荷不足的情况下，给实行部分断缸运行创造了条件。其结果都可使排放减小和油耗降低。

7. 混合气空燃比不受空气密度的影响

汽车在不同地区行驶时，当大气压力或外界温度变化引起空气密度变化时，在ECU的控制下，可以利用各种手段，对汽油喷射时间进行修正，比化油器发动机更能精确修正混合气空燃比。

8. 能明显减小排放和降低油耗

由以上优点可知，电控燃油喷射发动机，在各种工况下都能精确控制空燃比，采用断油、断缸等措施，甚至实现分层、稀薄燃烧等，因此极有利于减少排放和降低油耗。

2.2　电控汽油发动机电控单元和传感器

2.2.1　电控汽油发动机电控单元

1. 实物认识

电控单元的外形如图 2-4 所示，内部结构如图 2-5 所示。

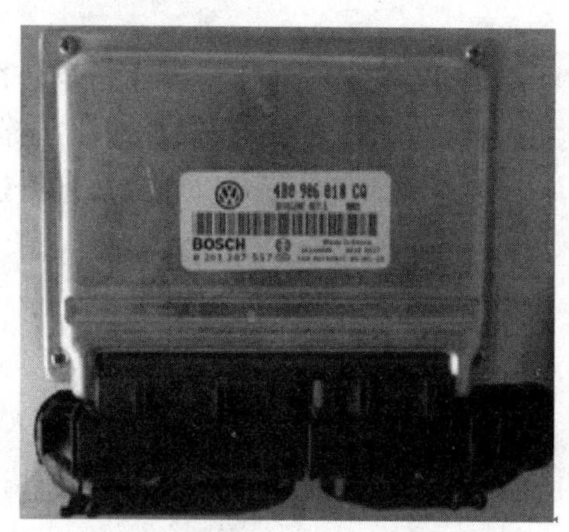

图 2-4　电控单元外形

图 2-5　电控单元内部结构

2. 安装位置

不同车型电控单元的安装位置有所不同，大众帕萨特发动机电控单元的安装位置如图 2-6 所示；别克凯越电控单元的安装位置如图 2-7 所示。

图 2-6　大众帕萨特发动机电控单元的安装位置

图 2-7　别克凯越电控单元的安装位置

3. 作用

汽车电子控制单元(engine control unit,ECU)也称为发动机控制模块(engine control module,ECM),如果同时控制发动机和自动变速器则称为动力控制模块(power control module,PCM)。电子控制单元是以单片机为核心所组成的电子控制装置,具有强大的数学运算、逻辑判断、数据处理与数据管理等功能。ECU 是汽车电子控制系统的控制中心,其作用是分析处理传感器采集到的各种信息,并向执行器发出控制指令,使之产生相应动作。

4. 基本控制原理

发动机启动时,电子控制单元 ECU 进入工作状态,将某些运行程序或操作指令从存储器 ROM 调入中央处理器 CPU。这些程序可以控制燃油喷射、点火时刻、怠速转速等。在 CPU 的控制下,一个个指令按照预先编制的程序有条不紊地进行循环。在程序运行过程中所需要的发动机工况信息由各种传感器提供。

2.2.2 空气流量传感器

1. 实物认识

大众帕萨特的空气流量传感器外形如图 2-8 所示,别克君越的空气流量传感器外形如图 2-9 所示。

图 2-8 大众帕萨特的空气流量传感器

图 2-9 别克君越的空气流量传感器

2. 安装位置

不同车型空气流量传感器的安装位置完全一样,都是安装在空气滤清器和节气门之间的进气总管上。大众帕萨特空气流量传感器的安装位置如图 2-10 所示;别克君越空气流量传感器的安装位置如图 2-11 所示。

图 2-10　大众帕萨特空气流量传感器的安装位置

图 2-11　别克君越空气流量传感器的安装位置

3. 作用

空气流量传感器的作用是测量进入发动机汽缸的所有空气质量，并转换成电压信号传入 ECU，作为 ECU 决定喷油量和点火正时的基本信号之一。

现代汽车空气流量传感器基本采用热线式(热丝式)空气流量传感器和热膜式空气流量传感器。

4. 工作原理

利用热丝式(别克君越)或热膜式(大众帕萨特)作为发热元件的空气流量传感器，其测量原理完全相同，下面将热丝与热膜统称为发热元件。

在强制气流的冷却作用下，发热元件在单位时间内的散热量跟发热元件的温度与气流温度之差成正比。为此在热丝式与热膜式流量传感器中，采用了如图 2-12 所示的恒温差控制电路来实现流量检测。

在恒温差控制电路中，发热元件电阻 R_H 和温度补偿电阻(进气温度传感器)R_T 分别连接在惠斯登电桥电路的两个臂上。当发热元件的温度高于进气温度时，电桥电压才能达到平衡。加热电流(50～120mA)由具有电流放大作用的控制电路 A 进行控制，其目的是使发热元件的温度 T_H 与温度补偿电阻的温度 T_T 之差保持恒定，即 $\Delta T=T_H-T_T=120℃$。

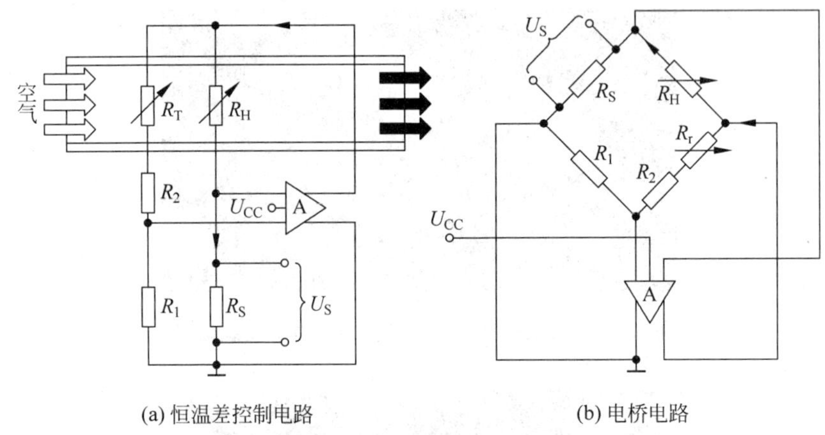

(a) 恒温差控制电路　　(b) 电桥电路

图 2-12　热膜式空气流量传感器工作原理

R_T—温度补偿电阻(进气温度传感器)；R_H—发热元件(热丝或热膜)电阻；R_S—信号取样电阻；R_1、R_2—精密电阻；U_{CC}—电源电压；U_S—信号电压；A—控制电路

当空气气流流经发热元件使其受到冷却时，发热元件温度降低，阻值减小，电桥电压失去平衡，控制电路将增大供给发热元件的电流，使其温度高于温度补偿电阻 120℃。电流增量的大小，取决于发热元件受到冷却的程度，即取决于流过传感器的空气量。

2.2.3　进气压力传感器

1. 实物认识

进气压力传感器外形如图 2-13 所示。

图 2-13　进气压力传感器

2. 安装位置

不同车型进气压力传感器的安装位置有所不同，有些车型进气压力传感器直接安装在节气门后方的进气总管上，如本田雅阁，安装位置如图 2-14 所示；有些车型进气压力传感器的安装位置远离进气总管，在节气门后方引出一根真空管，进气压力传感器安装在此根真空管的末端，目的是便于检测维修，如别克凯越，安装位置如图 2-15 所示。

3. 作用

进气压力传感器的作用是能依据发动机的负荷状态测出进气歧管内绝对压力的变化，并转换成电压信号与发动机转速信号一起传入 ECU，计算出吸入发动机的空气量，以作为决定喷油器的基本喷油量和点火时刻的依据；有些车型(如别克君威)安装空气流量传感器检测进气量，同时也安装进气压力传感器用于确定歧管的压力变化(如当废气再循环 EGR 流量测试诊断运行时)，为某些其他诊断确定发动机真空度，并确定大气压力(气压计)；有些车型(如大众帕萨特 1.8T)安装空气流量传感器检测进气量，同时也安装进气压力传感器用于检测进气管压力，将实际测量值与废气涡轮增压压力图上的设定值进

图 2-14　本田雅阁进气压力传感器的安装位置

图 2-15　别克凯越进气压力传感器的安装位置

行比较。若实际值偏离设定值，发动机控制单元通过电磁阀调整废气涡轮增压压力，实现废气涡轮增压压力控制。

4. 工作原理

各种型号汽车的进气压力传感器结构大同小异，主要由硅膜片、真空室、混合 IC 集成电路、真空管接头和线束连接插头等组成，如图 2-16 所示。

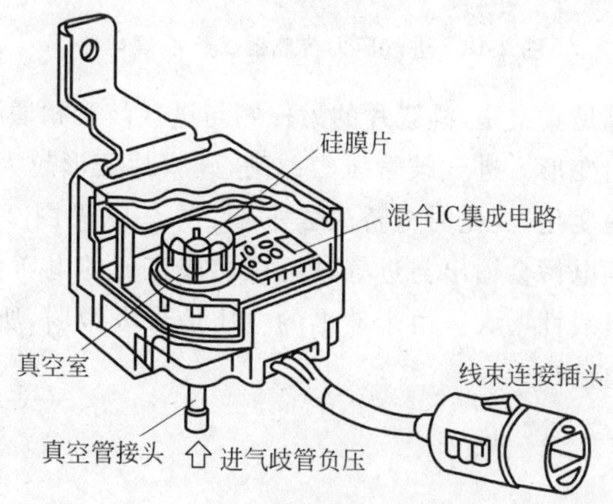

图 2-16　进气压力传感器结构

进气压力传感器的内部结构如图 2-17 所示，主要由硅膜片 5、真空室 4、硅杯 3、应变电阻 7、底座 10、真空管 11 和电极引线 9 等组成。在膜层中，沿硅膜片四边有 4 个应变电阻。

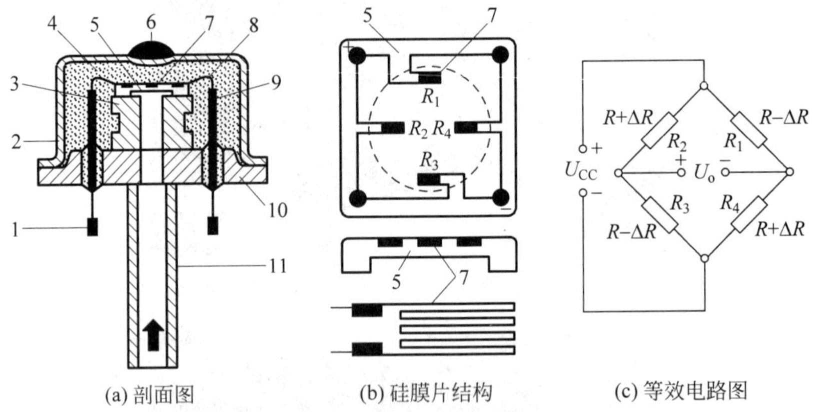

(a) 剖面图　(b) 硅膜片结构　(c) 等效电路图

图 2-17　进气压力传感器内部结构

1—引线端子；2—壳体；3—硅杯；4—真空室；5—硅膜片；6—锡焊封口；7—应变电阻；8—金线电极；9—电极引线；10—底座；11—真空管

硅膜片周围的 4 个应变电阻，以惠斯顿电桥的方式进行连接，由 ECU 向其提供 +5V 的稳压电源，如图 2-18 所示。

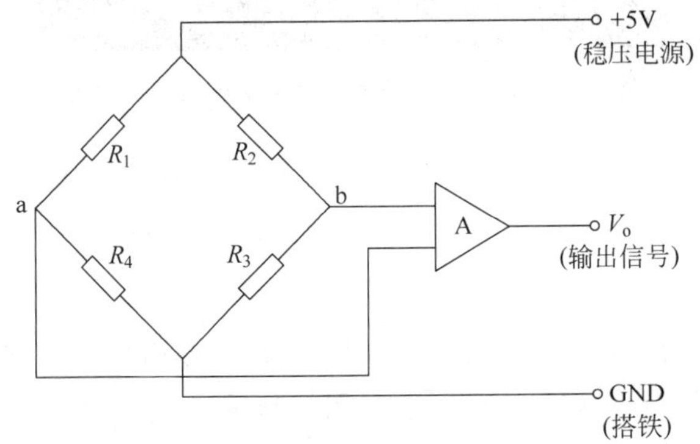

图 2-18　进气压力传感器工作原理电路

由于硅膜片的一侧是真空室，硅膜片的另一侧与进气歧管相通，进气压力会对硅膜片产生压力使硅膜片弯曲变形。进气歧管压力越高，硅膜片变形越大。硅膜片的变形引起应变电阻值产生相应的变化，变化时电桥失去平衡，在 a、b（见图 2-18）端形成电位差，由应变电阻组成的惠斯顿电桥会输出与进气歧管压力成正比的电压信号，即信号电压值随进气歧管压力的增大呈线性增大。由于输出的电压信号太微弱，所以需经过信号处理电路进行放大等处理后再输出。

2.2.4　进气温度传感器

1. 实物认识

进气温度传感器外形如图 2-19 所示。

2. 安装位置

进气温度传感器通常安装在进气管路中(如别克凯越,安装位置如图 2-20 所示)、空气流量计内(如大众帕萨特)或进气压力传感器内部。

图 2-19　进气温度传感器

图 2-20　别克凯越进气温度传感器安装位置

3. 作用

进气温度传感器的作用是将进气温度信号变换为电信号传入发动机电子控制单元(ECU),以便 ECU 修正喷油量。

4. 工作原理

进气温度传感器是双线的传感器,内部是一个负温度系数的热敏电阻,根据温度变化产生不同的信号电压。在温度升高时阻值下降,信号电压也下降。

2.2.5　节气门位置传感器

1. 实物认识

节气门位置传感器外形如图 2-21 所示。

2. 安装位置

节气门位置传感器安装在节气门体旁,与节气门轴联动。大众帕萨特节气门位置传感器的安装位置如图 2-22 所示。

图 2-21　节气门位置传感器

图 2-22　大众帕萨特节气门位置传感器的安装位置

3. 作用

节气门位置传感器的功用有三个：一是将节气门开度(即发动机负荷)转变为电信号输入发动机 ECU,通过修正空燃比以适合发动机工况的变化；二是在装备电子控制自动变速器的汽车上,自动变速器控制单元把节气门位置传感器信号和车速信号作为确定变速器换挡时机和变矩器锁止时机的主要信号；三是当空气流量传感器无信号时,发动机 ECU 将用节气门开度信号和发动机转速信号来计算进气量,取代空气流量传感器信号。

4. 工作原理

目前,可变电阻式节气门位置传感器应用最广泛。可变(滑动)电阻式节气门位置传感器是一种线性电位计,内部结构是一个可变(滑动)电阻。控制单元通过该传感器可以获得节气门开度从全闭到全开连续变化的信号,以及开闭速度的信号,从而精确判断发动机的运行工况,以提高控制精度和效果。节气门位置传感器的工作原理如图 2-23 所示。

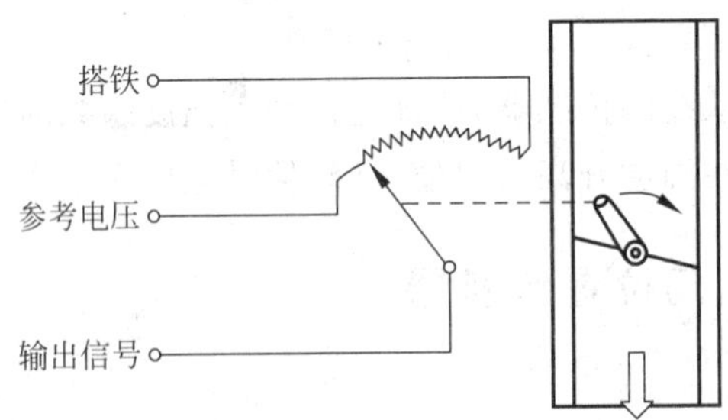

图 2-23　节气门位置传感器的工作原理

2.2.6　曲轴位置传感器

1. 实物认识

曲轴位置传感器的外形如图 2-24 所示。

图 2-24　曲轴位置传感器

2. 安装位置

现代汽车的曲轴位置传感器一般安装在曲轴飞轮旁(例如,大众帕萨特,如图 2-25 所示)或曲轴皮带轮后(例如,本田雅阁,如图 2-26 所示),也有的安装在发动机缸体中部。

图 2-25　大众帕萨特曲轴位置传感器的安装位置

图 2-26　本田雅阁曲轴位置传感器的安装位置

3. 作用

曲轴位置传感器主要用于采集发动机曲轴转速与转角信号并传入 ECU,以便计算并确定与控制喷油提前角和点火提前角。

4. 工作原理

曲轴位置传感器有磁感应式和霍尔式两种类型。大众帕萨特的曲轴位置传感器为磁感应式。凸轮轴位置传感器的为霍尔式。霍尔式传感器的工作原理在凸轮轴位置传感器中作相应的介绍。

磁感应式传感器主要由信号转子、传感线圈、永久磁铁和导磁磁轭组成，工作原理如图 2-27 所示。

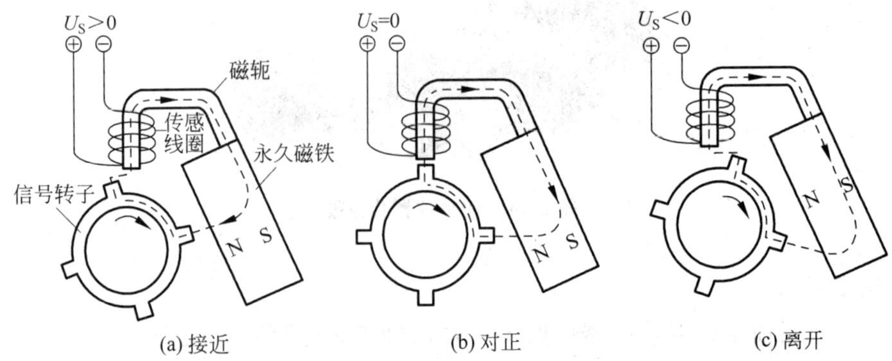

图 2-27　磁感应式传感器工作原理

磁力线穿过的路径为：永久磁铁 N 极→定子与转子间的气隙→转子凸齿→信号转子→转子凸齿与定子磁头间的气隙→磁头→导磁板(磁轭)→永久磁铁 S 极。当信号转子旋转时，磁路中的气隙就会周期性地发生变化，磁路的磁阻和穿过信号线圈磁头的磁通量随之发生周期性的变化。根据电磁感应原理，传感线圈中感应产生交变电动势。

信号转子每转过一个凸齿，传感线圈中则产生一个周期的交变电动势，即电动势出现一次最大值和一次最小值，传感线圈相应的输出一个交变电压信号。

磁感应式传感器不需要外接电源。当发动机转速变化时，转子凸齿转动的速度将发生变化，铁芯中的磁通变化率也将随之发生变化。转速越高，磁通变化率就越大，传感线圈中的感应电动势也就越高。

2.2.7　凸轮轴位置传感器

1. 实物认识

凸轮轴位置传感器外形如图 2-28 所示。

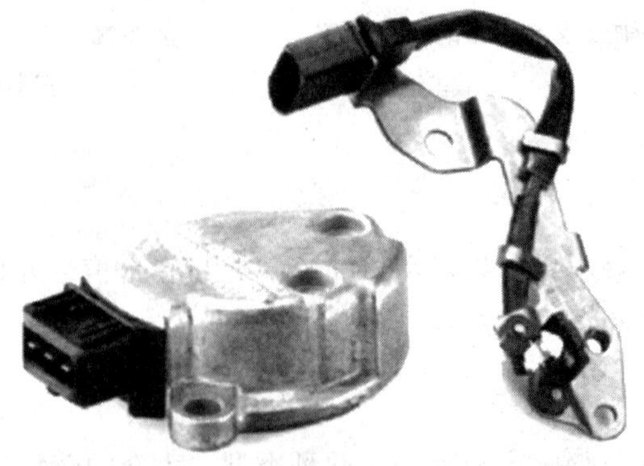

图 2-28　凸轮轴位置传感器

2. 安装位置

现代汽车凸轮轴位置传感器安装在凸轮轴前端（例如，大众帕萨特，如图 2-29 所示）或后端（例如本田雅阁，如图 2-30 所示）。

图 2-29　大众帕萨特凸轮轴位置传感器的安装位置

图 2-30　本田雅阁凸轮轴位置传感器的安装位置

3. 作用

凸轮轴位置传感器用于采集配气凸轮轴的位置信号并传入 ECU，以便确定活塞处于压缩（或排气）冲程上止点的位置。

4. 工作原理

霍尔式凸轮轴位置传感器主要由霍尔信号发生器（如图 2-31 所示）和信号转子（如图 2-32 所示）组成。

当隔板（也称叶片或切割片）进入气隙（即在气隙内）时，霍尔元件不产生霍尔电压，传感器输出高电平（5V）信号；当隔板离开气隙（即窗口进入气隙）时，霍尔元件产生霍尔电压，传感器输出低电平信号（0.1V）。发动机曲轴每转两转，霍尔传感器信号转子转 1 圈，对应产生 1 个低电平信号和 1 个高电平信号。其中，低电平信号对应于 1 缸压缩上止点前一定角度。

图 2-31　霍尔信号发生器

图 2-32　信号转子

2.2.8　冷却液温度传感器

1. 实物认识

冷却液温度传感器外形如图 2-33 所示。

2. 安装位置

冷却液温度传感器安装在发动机冷却水道上，大众帕萨特冷却液温度传感器安装在汽缸盖后端出水口上，如图 2-34 所示。

图 2-33　冷却液温度传感器

图 2-34　大众帕萨特冷却液温度传感器的安装位置

3. 作用

冷却液温度传感器的作用是将发动机冷却液温度信号变换为电信号，并传入发动机电子控制单元(ECU)。ECU 根据此信号修正喷油时间和点火时间，使发动机处于最佳工作状态。

4. 工作原理

冷却液传感器是双线的传感器，内部是一个负温度系数的热敏电阻，根据温度变化产生不同的信号电压。当温度升高时阻值下降，信号电压也下降。

2.2.9　氧传感器

1. 实物认识

氧传感器的外形如图 2-35 所示。

2. 安装位置

氧传感器安装于排气管上，大众帕萨特氧传感器的安装位置如图 2-36 所示。

图 2-35　氧传感器

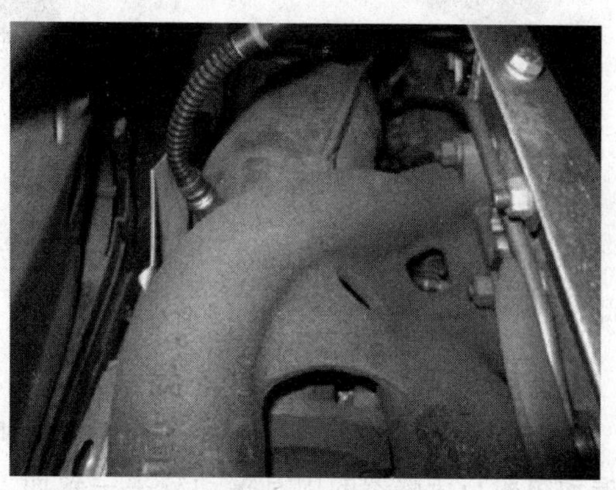

图 2-36　大众帕萨特氧传感器的安装位置

3. 作用

利用氧传感器检测尾气中氧分子的浓度，将其转换成电压信号并传传入电子控制单元。电子控制单元根据氧传感器的反馈信号，不断地修正喷油量，使混合气成分始终保持在最佳范围内。

4. 工作原理

当混合气太稀时，尾气中氧分子的浓度较高，氧传感器便产生一个低电压信号；当混合气太浓时，尾气中氧分子的浓度低，氧传感器将产生一个高电压信号。电子控制单元根据氧传感器的反馈信号，不断地修正喷油量，使混合气成分始终保持在最佳范围内。

2.2.10　爆震传感器

1. 实物认识

爆震传感器的外形如图 2-37 所示。

2. 安装位置

爆震传感器安装在发动机的机体上，安装位置如图 2-38 所示。

图 2-37　爆震传感器

图 2-38　爆震传感器的安装位置

3. 作用

检测发动机有无爆震现象，并将信号传入发动机电子控制单元，发动机电子控制单元依此信号修正点火提前角。

4. 工作原理

爆震传感器将发动机发生爆燃而引起的机体振动信号转换为电压信号，并且当机体的振动频率与传感器的固有振动频率一致而发生共振时，传感器将输出最大电压信号。电子控制单元将根据此最大电压信号判定发动机是否发生爆燃。

2.3　汽油喷射系统

2.3.1　电控汽油喷射系统的功用与分类

电控汽油供给系统的作用，是将具有一定压力的清洁汽油通过喷油器适时地喷射到进气歧管或汽缸内，系统油压由燃油压力调节器控制在规定的范围内，喷油量和喷油正时均由发动机控制单元根据传感器信号确定。

汽油供给系统按照汽油循环方式，可以分为两类：有回油供油系统和无回油供油系统，无回油供油系统根据其实现方式又分为机械式和电子式。

1. 有回油供油系统

有回油供油系统如图 2-39 所示。

有回油供油系统主要特征是：将多余的汽油从燃油分配管送回汽油箱。这种系统采用电动汽油泵和机械式油压调节器，电子控制单元接收到稳定的曲轴位置传感器信号后就控制汽油泵连续运转。

2. 无回油供油系统

1）机械式无回油供油系统

机械式无回油供油系统如图 2-40 所示。

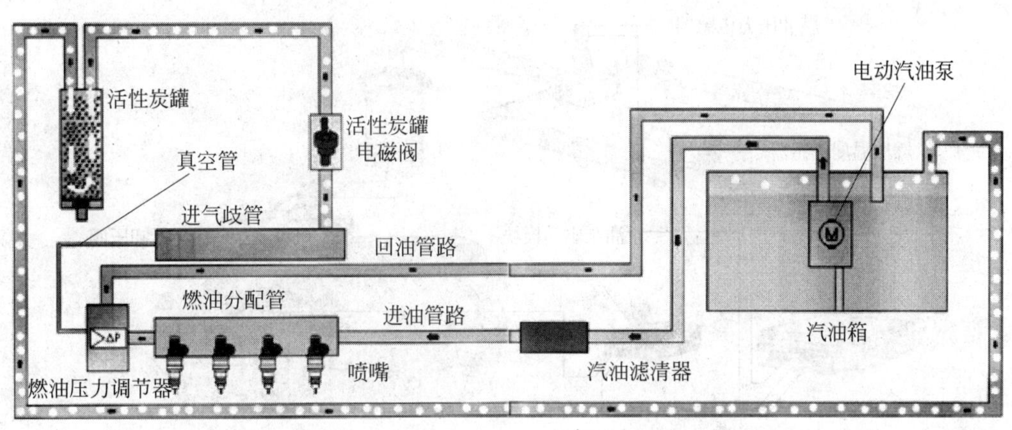

图 2-39　有回油供油系统

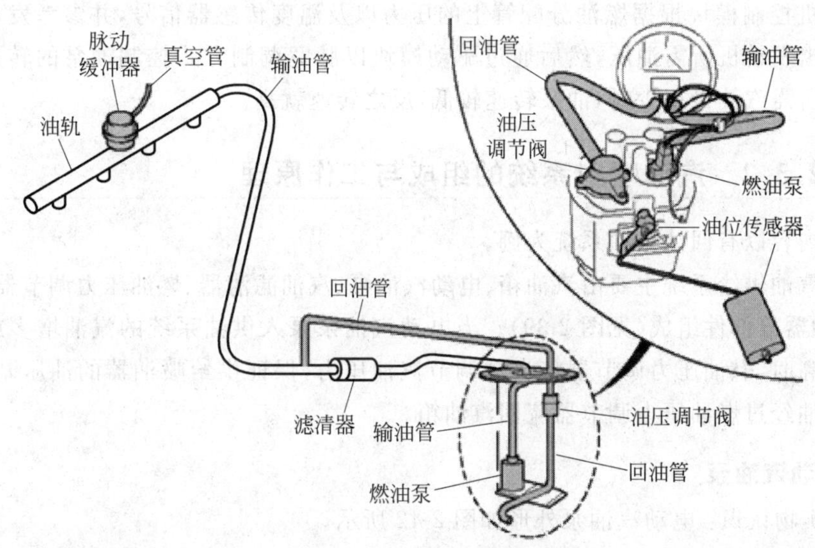

图 2-40　机械式无回油供油系统

无回油供油系统有以下优点。

(1) 由于没有回油管,减少了汽油被发动机热量加热的机会,汽油温度比较低,因此可以减少汽油蒸汽的蒸发,以降低排放;

(2) 无回油供油系统通常把油压调节阀、汽油滤清器安装在油箱内,减少了油箱外汽油管路的接口,大大降低因汽油泄漏而发生车辆自燃的可能性;

(3) 无回油供油系统汽油压力通常比较高,因此可以把喷油器的喷油孔设计得多而小,以利于汽油雾化。

2) 电子式无回油供油系统

电子式无回油供油系统如图 2-41 所示。

与机械式无回油供油系统相比,电子式无回油供油系统最大的特点是:系统压力不是依靠机械油压调节阀调整的,而是通过控制电动油泵的转速来调节的。

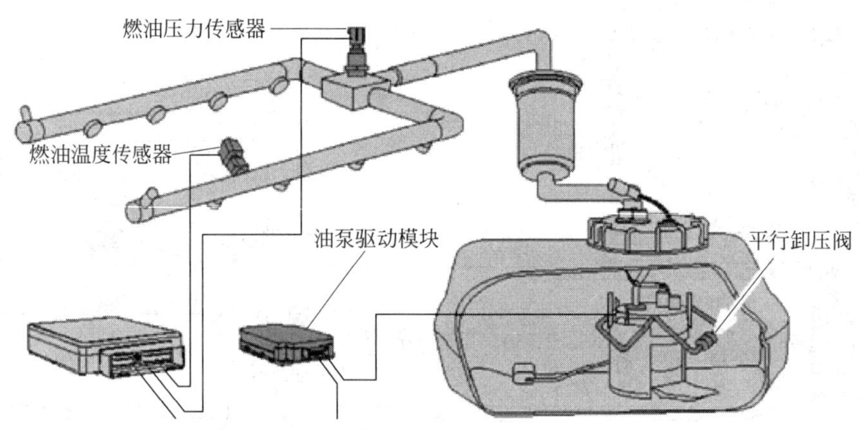

图 2-41 电子式无回油供油系统

发动机控制模块根据燃油分配管上的压力以及温度传感器信号，并参考发动机当前工况计算出发动机所需油压，然后通过驱动模块以脉宽调制方式控制油泵的转速。当发动机工作所需汽油量很少时，油泵转速较低，反之转速就高。

2.3.2 汽油喷射系统的组成与工作原理

本节内容以有回油供油系统为例。

电控汽油供给系统主要由汽油箱、电动汽油泵、汽油滤清器、燃油压力调节器、燃油分配管、喷油器等部件组成(见图 2-39)。当电动汽油泵泵入供油系统的汽油增多或油路中的油压升高时，燃油压力调节器将自动调节汽油压力，保证供给喷油器的油压基本不变，多余的汽油经过燃油压力调节器流回汽油箱。

1. 电动汽油泵

(1) 实物认识：电动汽油泵外形如图 2-42 所示。

(2) 安装位置：现代汽车的电动汽油泵都是安装在汽油箱内部的。安装位置如图 2-43 所示。

图 2-42 电动汽油泵

图 2-43 现代汽车的电动汽油泵安装位置

(3) 作用：电动汽油泵的作用是将汽油从汽油箱中吸出，向喷油器提供一定压力的汽油。

(4) 工作原理：以涡轮式电动汽油泵为例。主要由永磁式直流电机、安全阀(卸压阀)、单向阀(出油阀)和壳体等组成，如图 2-44 所示。永磁式直流电机一般由永久磁铁、电枢、换向器和电刷等组成。叶轮固定在电动机轴上，由电动机驱动。

汽油泵电机通电时，电机驱动涡轮泵叶轮旋转，由于离心力的作用，使叶轮周围小槽内的叶轮贴紧泵壳，将汽油从进油室带往出油室，如图 2-44 所示。由于进油室的汽油不断被带走，形成一定的真空度，将汽油从进油口吸入；而出油室汽油不断增多，汽油压力升高，当达到一定值时，顶开单向阀出油口输出。

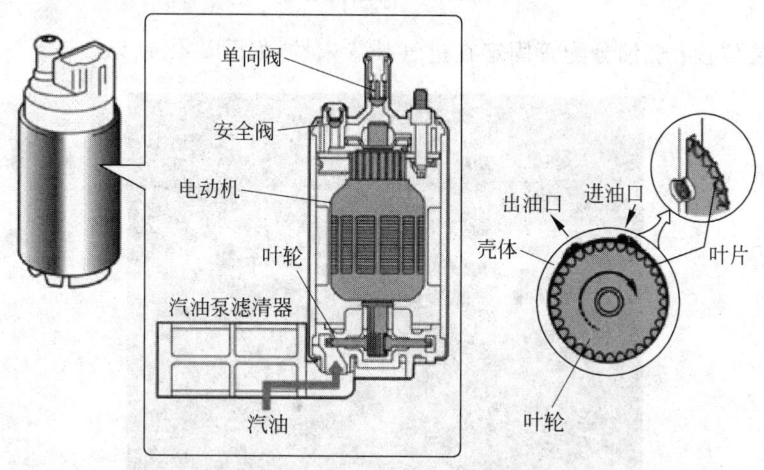

图 2-44　涡轮式电动汽油泵结构及叶轮工作过程

2. 汽油滤清器

(1) 实物认识：汽油滤清器外形如图 2-45 所示。

(2) 安装位置：电控发动机的汽油滤清器安装于电动汽油泵的出口一侧，固定于轿车底部，便于更换；有些则与电动汽油泵集成在一起，安装于汽油箱中，工作压力较高，如图 2-46 所示。

图 2-45　汽油滤清器

图 2-46　汽油滤清器安装位置

(3) 作用：除去汽油中的水分和杂质，使汽油能达到发动机工作的需要。

3. 燃油分配管

(1) 实物认识：燃油分配管外形如图 2-47 所示。

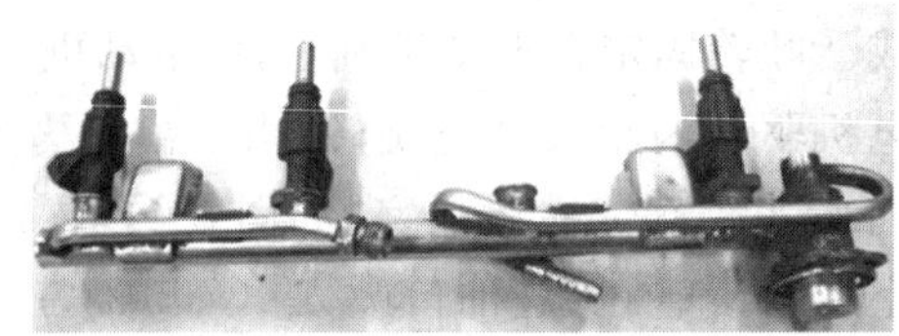

图 2-47 燃油分配管

(2) 安装位置：燃油分配管固定在进气歧管末端，如图 2-48 所示。

图 2-48 燃油分配管安装位置

(3) 作用：用于分配汽油和储存汽油。

4. 喷油器

(1) 实物认识：喷油器外形如图 2-49 所示。
(2) 安装位置：喷油器安装在进气歧管的末端，如图 2-50 所示。

图 2-49 喷油器

图 2-50 喷油器安装位置

(3) 作用：在 ECU 的精确控制下，将汽油呈雾状喷射入汽缸或者进气歧管内。

(4) 工作原理：发动机工作时，ECU 中的微处理器根据有关传感器输入的信号，经运算判断后输出控制喷油器开启信号，控制功率晶体管导通与截止，如图 2-51 所示。当功率晶体管 VT 导通时，喷油器开始喷油；当功率晶体管 VT 截止时，喷油器停止喷油。

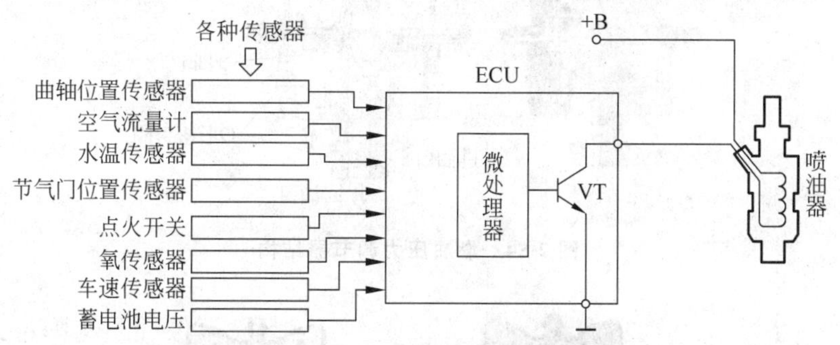

图 2-51　喷油器的基本控制原理

5. 油压调节器

(1) 实物认识：油压调节器外形如图 2-52 所示。

(2) 安装位置：油压调节器安装在燃油分配管的末端，如图 2-53 所示。

图 2-52　油压调节器

图 2-53　油压调节器安装位置

(3) 作用：油压调节器的作用是使燃油供给系统的压力与进气管压力之差即喷油压力保持恒定。喷油器的喷油量不仅取决于喷油持续时间，而且也与喷油压力有关。

(4) 工作原理：燃油压力调节器结构如图 2-54 所示。汽油从燃油压力调节器进油口进入调节器油腔，汽油压力作用到与阀体相连的金属膜片上。当汽油压力升高，油压作用到膜片上的压力超过调节器弹簧的弹力时，油压推动膜片向上拱曲，调节器球阀打开，部分汽油从回油口经回油管流回油箱，使汽油压力降低。当汽油压力降低到调节器控制的系统油压时，汽油作用在膜片上的压力不足以克服调节器内弹簧弹力，调节器球阀关闭，使系统汽油保持一定压力值不变，如图 2-55 所示。

作用在膜片上方的进气歧管负压用来调节燃油分配管内的压力，燃油压力调整值为弹簧的预紧力与进气歧管负压值之和。

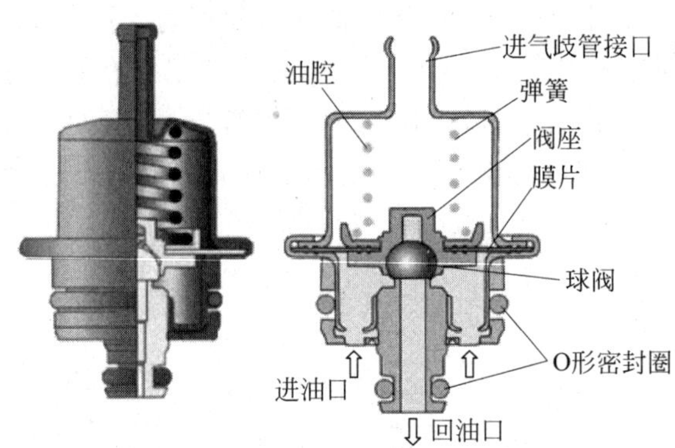

图 2-54　燃油压力调节器结构

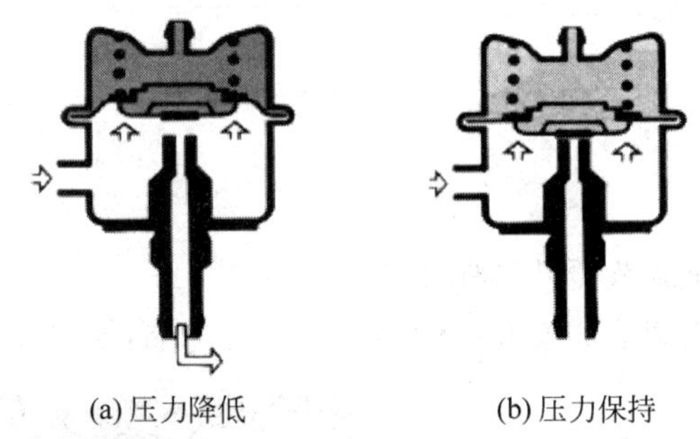

图 2-55　燃油压力调节器工作原理

2.3.3　发动机断油控制

汽油停供是指发动机 ECU 停止向喷油器发送汽油喷射信号，喷油器停止喷油。汽油停供大致可分为两种情况：第一种是减速时以降低汽油消耗和改善排气净化为目的的汽油停供；第二种是发动机超速时以防止发动机损坏为目的的汽油停供。

1. 减速断油控制

减速断油控制是指当发动机在高转速运转过程中突然减速时，ECU 自动控制喷油器中断汽油喷射。减速断油的目的就是节约汽油，降低空气/汽油比以减少碳氢化合物及一氧化碳(CO)的排放量并防止减速回火。

减速断油控制过程如图 2-56 所示。

2. 超速断油控制

为了防止发动机转速过高而引起发动机损坏，要对发动机的最高转速进行限制。目前，电子控制汽油喷射发动机多采用利用切断汽油的电子转速限制装置。

在车辆达到最大预定速度时，出于安全的原因，ECU 设有切断汽油的程序。如果车速或转速达到预定的最高值时，某些发动机也会切断汽油。

点火装置熄火时也会出现断油现象。当 ECU 没有检测到工作电压和点火参照脉冲(点火确认信号)，ECU 不控制喷油器喷油。这可防止在歧管或汽缸中有蒸气时避免

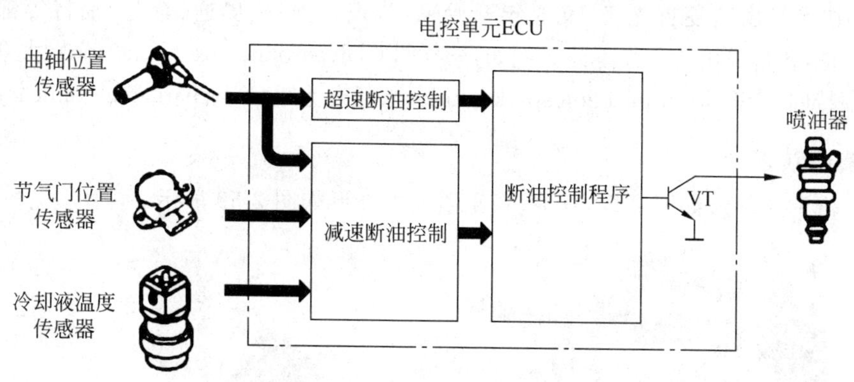

图 2-56　减速断油控制示意图

供油或继续运行。另外，车辆的防盗（防启动）系统工作时，通常也会指令 ECU 切断喷油控制。

3. 清除溢油控制

启动电控发动机时，汽油喷射系统向发动机供给较浓的混合气，以便顺利启动。如果多次启动未能成功，那么淤积在汽缸内的浓混合气就会浸湿火花塞，使其不能跳火而导致发动机不能启动。火花塞被混合气浸湿的现象称为"溢油"或"淹缸"。

清除溢油功能是指将加速踏板踩到底，同时接通启动开关启动发动机，此时 ECU 自动控制喷油器中断汽油喷射，以便排出汽缸内的汽油蒸气，使火花塞干燥而能够跳火。

清除溢油控制方式如图 2-57 所示。

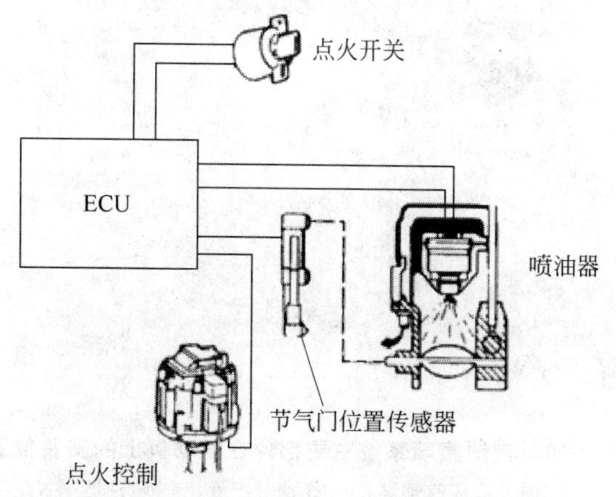

图 2-57　清除溢油控制模式

2.3.4　汽油直喷系统

燃料的缸内直喷（fuel stratified injection，FSI）形成分层燃烧。

在中下负荷和转速范围内，只在火花塞范围内形成可以点燃的可燃混合气，而在其他部分则是不能燃烧的新鲜空气和再循环的废气。

FSI 技术是由三菱首先于 1996 年开始采用，现在大众、奥迪、奔驰、福特等都有这种技术。但是，各自采用的名称不同。例如，三菱叫 GDI(gasoline direct injection)，大众及奥迪叫 FSI，福特叫 DISI(direct injection spark ignition)，而奔驰叫 CGI(charged gasoline injection)。

1. 实物认识

高压汽油泵外形如图 2-58 所示，高压喷油器外形如图 2-59 所示。

图 2-58　高压汽油泵

图 2-59　高压喷油器

2. 安装位置

汽油直喷系统主要部件在发动机上的安装位置如图 2-60 所示。

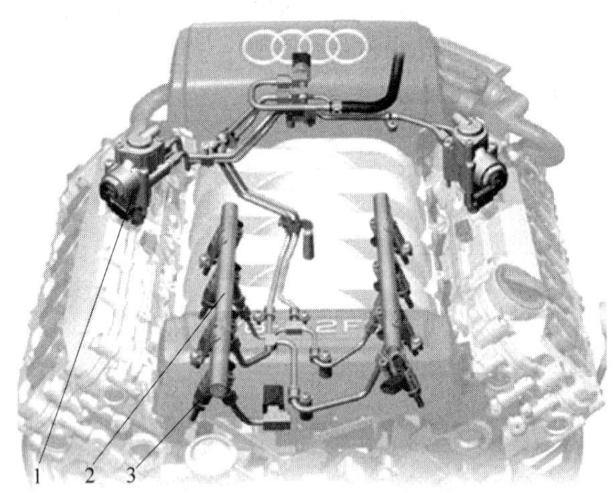

图 2-60　汽油直喷系统主要部件在发动机上的安装位置

1—高压汽油泵；2—燃油分配管；3—喷油器

3. 汽油直喷系统的优点

1）降低废气排放和汽油消耗

在过去的燃油喷射系统中，喷油嘴在进气歧管中喷射汽油，汽油与空气混合后再进入汽缸。这种传统的汽油喷射方式使得汽油会接触到进气歧管表面而形成汽油壁膜，造成壁膜损失，增加油耗。然而，缸内直喷系统的喷油嘴直接往汽缸内喷射汽油，壁膜损失大大降低，从而提升燃油使用效率。

采用缸内直喷技术的电控汽油喷射系统，喷油器安装在汽缸盖上，汽油直接喷入发动机汽缸内与空气混合形成可燃混合气，如图 2-61 所示。采用缸内直喷方式，通过合理设计使缸内的气体流动可以实现分层燃烧和稀薄燃烧，降低废气排放，降低汽油消耗。

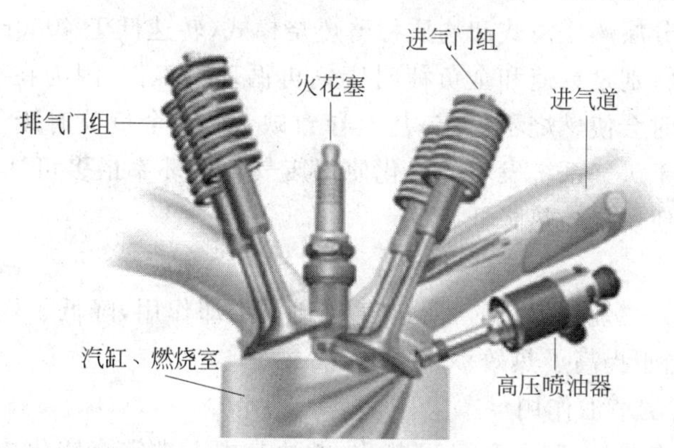

图 2-61　缸内喷射

2）节气门开的优点

在分层燃烧模式和均质稀混合气燃烧模式时，通过张开的节气门，减小进气阻力。进气道进行相应的变化，在均质稀混合气燃烧模式时，节气门基本处于全开位置，其节流效果变差，气流在没有阻力的情况下进入汽缸，使得充气效率提高。

3）稀薄模式的优点

在分层燃烧模式下，发动机以空燃比(1.6～3)的状态运行；在均匀稀混合气燃烧模式下，空燃比保持在 1.55 左右，以此实现更为经济的燃油消耗。

汽油直喷系统有三种工作方式，使得在不同工况下采取不同的空燃比，甚至在空燃比为 3 的情况下也能正常工作。因此，其适应能力更强，节油效果更好。

4）减少缸壁的热量损失

因为在分层燃烧模式下，燃烧只出现在以火花塞为中心的区域(见图 2-62)，减少了汽缸壁的热量损失，提高了热效率。

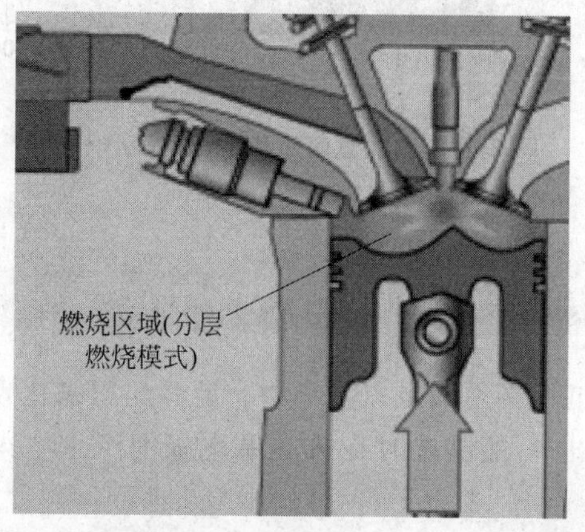

图 2-62　分层燃烧模式的燃烧只发生在火花塞附近

在分层燃烧模式下，由于可燃混合气燃烧后在其周围有空气和回流气体形成的隔热层，使得向缸壁传导的热量减少，能量转化率高。

5）废气再循环率高

废气再循环在分层燃烧模式和均质稀薄燃烧模式（转速低于 4000r/min 且中等负荷）时工作。在小负荷特别是怠速和全负荷时废气再循环不工作，因为在小负荷特别是怠速时废气再循环工作时会使燃烧不稳定，甚至导致缺火；在全负荷时废气再循环工作会使最大功率降低。由于进气系统发生的变化使得废气再循环率最多可达 25%，使得燃气温度下降并且不至于使燃烧趋热降低。

6）压缩比高

在燃油直接喷入燃烧室汽化时，对进气起到了冷却作用，降低了爆震的可能性，可适当提高压缩比，相当于提高了热效率。

7）超速切断时的节油作用

超速切断过程中，汽缸壁不会沉积燃油，燃油基本上被完全转化成可用能量了，即使在恢复转速较低时，发动机也能稳定运行。超速切断时，由于热效率的提高，使得燃料雾化良好，能量利用率高，超速切断再次供油转速可适当降低。

4. 汽油直喷系统的工作模式

以奥迪 A4 2.0L T FSI 发动机为例，共有 3 种工作模式：分层燃烧模式，控制 $\lambda=1.6\sim3.0$（λ 代表空燃比）；均质稀混合气燃烧模式，控制 $\lambda\approx1.55$；均质混合气燃烧模式，控制 $\lambda=1$。如图 2-63 所示为 3 种工作模式的对比。

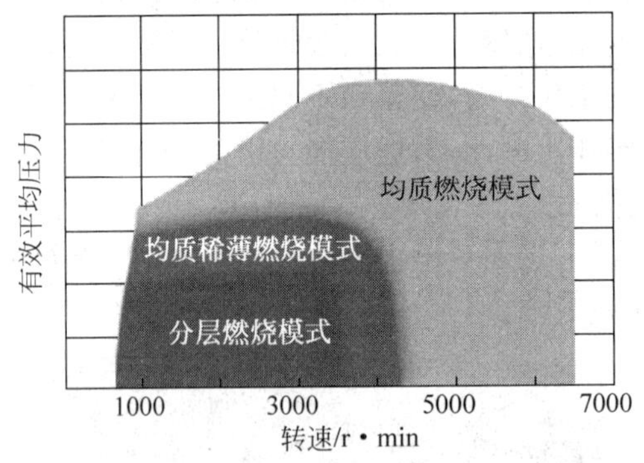

图 2-63　汽油直喷系统的三种工作模式

 2.4　点火控制系统

汽油发动机要有效工作必须满足以下条件：足够的压缩比，适当的混合气，准确而强大的点火。在汽油发动机中，能够按时在火花塞电极间产生电火花的全部设备称为点火系统。

点火系统的基本功用是在发动机各种工况和使用条件下，在汽缸内适时、准确、可靠地产生电火花，以点燃可燃混合气，使发动机做功。

目前汽车的点火控制系统均为电子控制点火系统，该种点火系统由电子控制系统根据各种传感器提供的发动机工况信息，发出点火控制信号，控制点火时刻，点燃可燃混合气。电子控制点火系统分为两种：分组点火系统和单缸独立点火系统。

2.4.1　分组点火系统

1. 实物认识

分组点火系统点火线圈外形如图 2-64 所示。

2. 安装位置

分组点火系统点火线圈在不同车型上的安装位置不同，别克凯越点火线圈安装位置如图 2-65 所示。

图 2-64　分组点火系统点火线圈

图 2-65　别克凯越点火线圈安装位置

3. 作用

点火线圈的次级绕组有两个高压输出端，通过两根高压线连接两个汽缸的火花塞，再通过火花塞的接地点串联成一个闭合回路，一个点火线圈产生的高压电可以向两个汽缸的火花塞提供高压电，如图 2-66 所示。

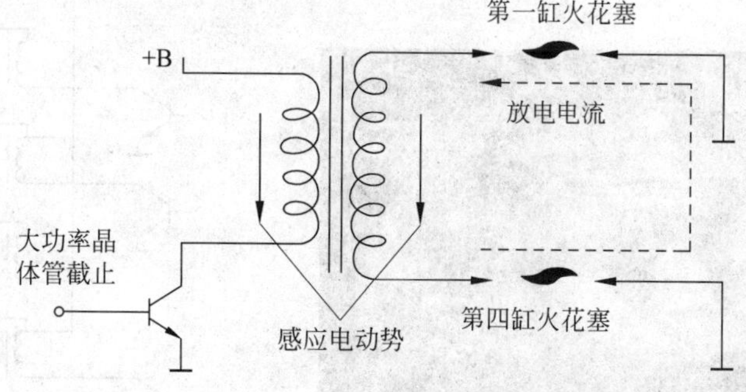

图 2-66　两个汽缸同时点火放电电路

4. 工作原理

点火线圈对处于压缩行程上止点和排气上止点两个汽缸同时点火，例如，对第一缸、第四缸进行同时点火，第一缸压缩上止点时，第四缸则是排气上止点，此时第一缸是有效点火（点燃混合气体），第四缸则是空火，即无效点火，由于第四缸里的压力比第一缸低得多，只需很少放电能量就能保证高压电通过。曲轴转过 360°后，情况正好相反。同时点火只适合汽缸数为偶数的发动机，即 4、6、8 个汽缸时才能采用。

2.4.2 单缸独立点火系统

1. 实物认识

单缸独立点火系统的点火线圈总成如图 2-67 所示。

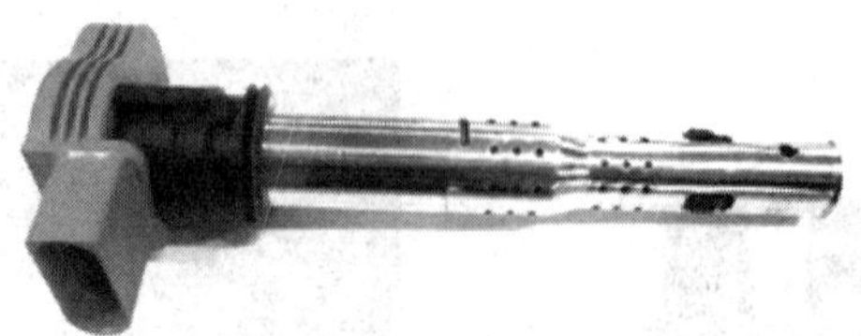

图 2-67 单缸独立点火系统的点火线圈总成

2. 安装位置

单缸独立点火系统的点火线圈总成在各车型上的安装位置是相同的。大众帕萨特点火线圈总成安装位置如图 2-68 所示。

3. 作用

每个汽缸配装一个点火线圈总成。点火线圈总成包括点火线圈和点火控制器。每个点火线圈总成产生的高压电单独地直接向每个汽缸的火花塞供电点火。

4. 工作原理

点火线圈产生的高压电单独地直接向每一个汽缸点火，如图 2-69 所示。

图 2-68 大众帕萨特点火线圈安装位置

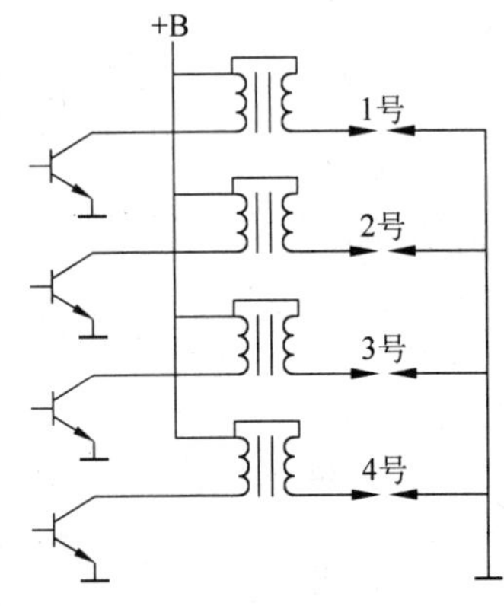

图 2-69 单缸独立点火系统

2.5　进气控制系统

2.5.1　空气供给系统

1. 作用

空气供给系统的作用是向汽油机提供与发动机负荷相适应的、清洁的空气，同时对进入发动机汽缸的空气质量进行直接或间接的计量，使进入发动机汽缸内的空气与喷油器喷出的汽油形成空燃比符合要求的可燃混合气。

2. 组成

以流量型电喷系统为例，空气供给系统主要由空气滤清器、空气流量传感器、节气门总成、进气歧管等部件组成，如图 2-70 所示。

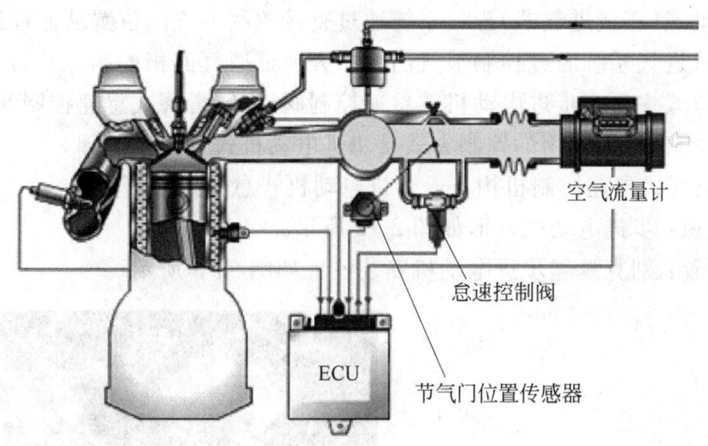

图 2-70　流量型电喷系统的空气供给系统

2.5.2　怠速控制系统

1. 作用

怠速是指发动机在无负荷（对外无功率输出）的情况下维持最低的、稳定的发动机转速。

怠速控制系统的主要作用是稳定发动机的正常怠速，使发动机启动后能迅速暖机；在空调等负载投入工作时，自动调节发动机的怠速转速；还可根据自动变速器挡位状况变化和动力转向开关接通情况引起发动机怠速时的负荷变化，自动调节发动机怠速转速，保证发动机在各种怠速条件下的稳定运转。

2. 怠速控制系统的控制方式

怠速进气量的控制方式因车型而有所不同。对于电控燃油喷射发动机，目前可分为以下两种类型：旁通空气式（见图 2-70）和节气门直动式进气系统（见图 2-71），节气门直

动式进气系统也叫做直接进气式进气系统。

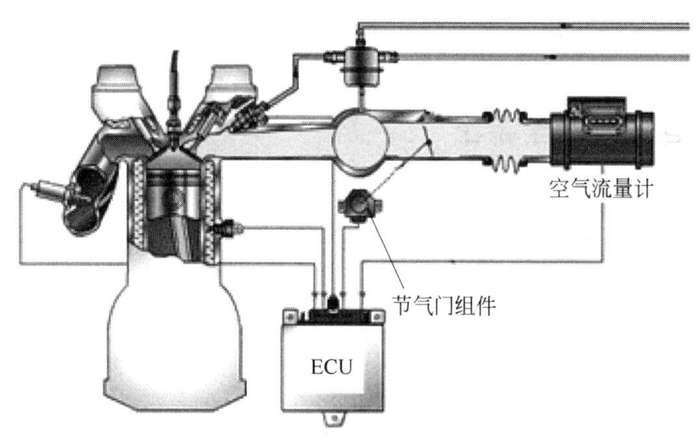

图 2-71　节气门直动式进气系统

节气门直动式(直接进气式)进气系统通过直接控制节气门位置从而控制怠速转速。

旁通空气式进气系统通过控制节气门旁的旁通道通气面积控制怠速转速。控制旁通道通气面积的方式主要有步进电动机式怠速控制阀、旋转滑阀式怠速控制阀、电磁阀式怠速控制阀三种形式,目前常用的控制方式是步进电动机式怠速控制阀。

(1) 旁通空气式怠速控制机构——步进电动机式怠速控制阀

① 实物认识:步进电动机外形如图 2-72 所示。

② 安装位置:别克凯越步进电动机安装位置如图 2-73 所示。

图 2-72　步进电动机

图 2-73　别克凯越步进电动机安装位置

③ 作用:ECU 通过控制步进电动机的转动方向和转动角度来控制丝杠机构杆的移动方向和移动距离(见图 2-74),控制旁通空气道的横截面积,从而达到控制怠速时的进气量、调整怠速转速的目的。

(2) 直接进气式怠速控制机构

① 实物认识:直接进气式怠速控制机构外形如图 2-75 所示。

② 安装位置:直接进气式怠速控制机构安装在节气门组件(有节气门拉线)内部,安装位置如图 2-76 所示。

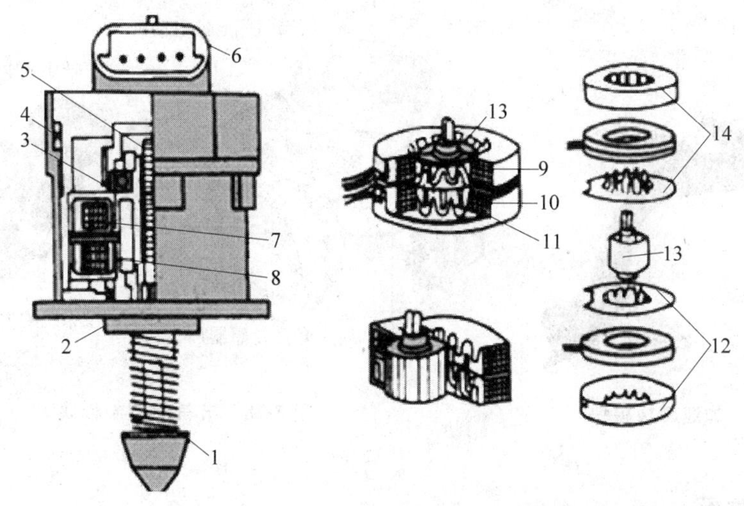

图 2-74　步进电机怠速控制阀结构

1—控制阀；2—前轴爪；3—后轴承；4—密封圈；5—丝杆机构；6—线束连接器；
7—定子；8—转子；9、10—线圈；11—爪极；12、14—定子；13—转子

图 2-75　直接进气式怠速控制机构

图 2-76　节气门控制模块安装位置

③ 作用：怠速时 ECU 直接控制节气门直流电动机的正反转和转动量，直流电动机驱动减速齿轮机构精确地控制节气门的开度，达到控制怠速进气量和怠速的目的。

2.5.3　电子节气门控制系统

下面以大众车系为例，介绍电子节气门控制系统。电子节气门控制系统由带加速踏板位置传感器的加速踏板模块、节气门控制模块、发动机控制单元和电子节气门控制系统的故障指示灯组成。

1. 实物认识

加速踏板模块如图 2-77 所示，节气门控制模块如图 2-78 所示。

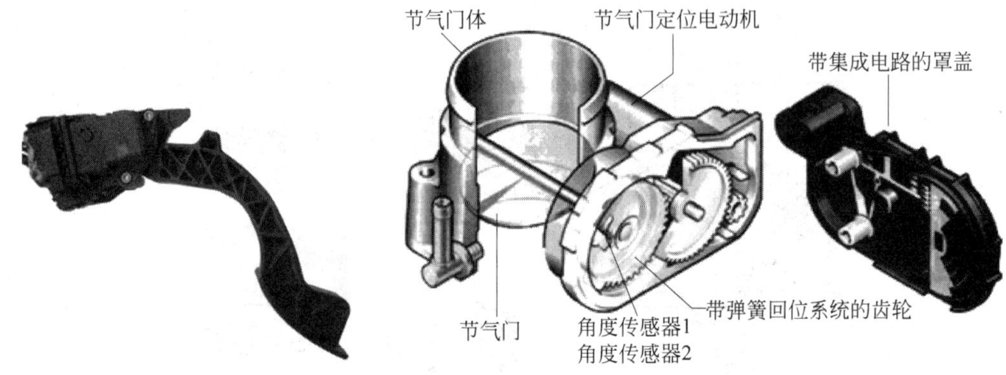

图 2-77　加速踏板模块

图 2-78　节气门控制模块

2. 安装位置

加速踏板模块安装在油门踏板上，如图 2-79 所示。节气门控制模块(无节气门拉线)安装在节气门组件上，如图 2-80 所示。

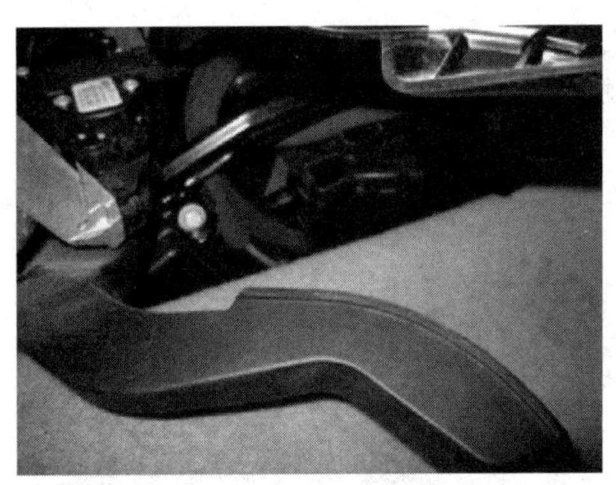

图 2-79　加速踏板模块安装位置

图 2-80　节气门控制模块安装位置

3. 作用

电子节气门控制系统通过电子控制单元控制节气门快速精确地定位，可以根据驾驶员的需求以及整车各种行驶状况确定节气门的最佳开度，保证车辆最佳的动力性能和燃油经济性，并具有牵引力控制、巡航控制等控制功能，提高安全性和乘坐舒适性。

4. 优点

(1) 基于发动机扭矩需求的节气门控制。

传统车辆的节气门开度完全取决于驾驶员的操作意图。电子节气门系统的节气门开度并不完全由加速踏板位置决定，而是发动机控制单元根据当前行驶状况下整车对发动机的全部扭矩需求，计算出节气门的最佳开度，从而控制电机驱动节气门到达相应的开度。因此，节气门的实际开度并不完全与驾驶员的操作意图一致。

(2) 传感器冗余设计。

电子节气门控制系统采用 2 个加速踏板位置传感器和 2 个节气门角度位置传感器。从控制角度讲，使用一个传感器就可使系统正常运转，但冗余设计可使两个传感器相互检测，当一个传感器发生故障时能及时识别，在很大程度上增加了系统的可靠性，保证行车的安全性。

(3) 海拔高度补偿。

在海拔较高的地区，大气压下降，空气稀薄，氧气含量下降，导致发动机输出动力下降。此时电子节气门控制系统可按照大气压强和海拔高度的函数关系对节气门开度进行补偿，保证发动机输出动力和加速踏板位置的关系保持稳定。

(4) 控制功能扩展。

现代电子节气门独立成一个系统，可实现多种控制功能，既可提高行驶可靠性，又使结构简化，成本降低。主要有如下控制功能。

① 牵引力控制。牵引力控制系统又称驱动防滑系统。它的作用是当汽车加速时将滑移率控制在一定的范围内，从而防止驱动轮快速滑动。通过减少节气门开度来降低发动机功率，从而达到控制目的。

② 巡航控制。巡航控制系统又称为速度控制系统，它是一种减轻驾车者疲劳的装置。当驾驶员开启该系统时，车速将被固定下来，驾驶员不必长时间踩踏加速踏板。

③ 怠速控制。电子节气门系统取消了怠速调节阀，而是直接由控制单元调节节气门开度来实现车辆的怠速控制。

④ 减少换挡冲击控制。根据当前车速、节气门开度以及发动机转速等信号，自动变速器控制单元选择合适的传动比，实现自动换挡。

2.5.4　可变配气相位控制系统

现在多数发动机装有可变配气相位技术，以本田的 i-VTEC，丰田的 VVT-i，宝马的 Valvetronic、VANOS 技术为代表。i-VTEC 可以实现气门升程分段调整及连续可变气门正时；VVT-i 可以实现连续可变气门正时；Valvetronic 配合 VANOS 可以实现气门的正时和升程连续可变。它们改变气门正时的方法都相同，即凸轮轴以凸轮轴正时带轮（正时链轮）为基准，顺时针或逆时针转过一定角度，来改变配气相位。下面的介绍以丰田的 VVT-i 为例。

1. 实物认识

VVT-i 作动器如图 2-81 所示。

2. 安装位置

VVT-i 作动器安装在凸轮轴的前端，如图 2-82 所示。

图 2-81　VVT-i 作动器

图 2-82　VVT-i 作动器安装位置

3. 作用

根据发动机转速和负荷的变化，适时调整配气相位。

4. 优点

根据发动机的工作需要（主要指转速和负荷），可以对气门正时、适时地进行改变，对提高发动机的动力性、降低油耗、降低排放和提高驱动性能都有重要影响。

2.5.5　废气涡轮增压系统

1. 实物认识

废气涡轮增压器如图 2-83 所示。

2. 安装位置

废气涡轮增压器安装在排气歧管的出口，如图 2-84 所示。

图 2-83　废气涡轮增压器

图 2-84　废气涡轮增压器安装位置

3. 作用

利用废气动力将空气压缩并压入发动机汽缸，用以提高充气密度，增加进气量的进气控制系统。当更多的空气被压入汽缸时，发动机电子控制单元必须增加燃油量以保持

14.7∶1的空燃比，使发动机功率增大，适应高速、大功率要求，从而改善发动机的动力性。

4. 优点

(1) 提高发动机功率。在发动机排量不变的情况下，通过增加进气密度，让发动机可以多喷油，从而提高发动机的功率，加装增压器后的发动机的功率及扭矩要增大20%～30%。反之在同样的功率输出的要求下可以降低发动机的缸径，缩小发动机的体积和重量。

(2) 改善发动机的排放。废气涡轮增压器发动机通过改善发动机的燃烧效率，减少发动机废气中颗粒物和氮氧化物等有害成分的排量。

(3) 提供高原补偿的功能。部分高海拔地区，海拔越高，空气越稀薄，带涡轮增压器的发动机就可以克服因高原空气稀薄导致的发动机的功率下降。

(4) 提高燃油经济性，降低油耗。带废气涡轮增压器的发动机燃烧性能更好，可以节省燃油3%～5%。

5. 使用注意事项

由于涡轮增压器经常处于高速、高温下工作，增压器废气涡轮端的温度在600℃左右，增压器转子以8000～11000r/min的高速旋转，因此为了保证增压器的正常工作，使用中应注意以下几点。

(1) 发动机需要预热。发动机发动后，特别是在冬季，应让其怠速运转一段时间，以便在增压器转子高速运转之前让润滑油充分润滑轴承。所以发动机刚启动后不能急加油门，以防损坏增压器油封。

(2) 发动机长时间高速运转后，不能立即熄火。发动机工作时，有一部分机油是供给涡轮增压器转子用于轴承润滑和冷却的。正在运行的发动机突然停机后，机油压力迅速下降为零，增压器涡轮部分的高温传到中间，轴承支承壳内的热量不能迅速带走，而同时增压器转子仍在惯性作用下高速旋转，因此，发动机热机状态下如果突然停机，会引起涡轮增压器内滞留的机油过热而损坏轴承和轴。特别要防止急加油门后突然熄火。

(3) 定期清洗润滑油管路。由于增压器经常处于高温下运转，润滑油管路因受高温作用，内部机油容易有部分的结焦，这样会造成增压器轴承的润滑不足而损坏。因此，润滑油管路在运行一段时间后要进行清洗。

2.6 排放控制系统

2.6.1 控制汽油机尾气排放的措施

汽油机的主要污染物有3种：碳氢化合物、一氧化碳(CO)和氮氧化物(NO_x)。碳氢化合物主要来自燃烧室内的未燃燃油，也有一部分来自蒸发源，如燃油箱等；CO是燃烧

过程的副产品，是因空燃比不合适造成的；NO_x 是由燃烧室内部高温富氧时由氮和氧化合而成的。

控制汽油机尾气排放的措施大致有三种：前期净化、机内净化和后处理净化。

1. 汽油机排放污染物的前期净化

前期净化就是提高燃油的质量，即实施燃油无铅化和大幅度降低燃油中硫的含量，改进汽油中苯、芳烃、烯烃等组成性质，提高燃烧效率，使燃油充分燃烧，减少有害物质的排放。

2. 汽油机排放污染物的机内净化

机内净化就是指从改善发动机工作性能的角度来减少汽油机污染物的排放。即采用汽油喷射电控系统、低排放燃烧技术、废气再循环技术和多气门技术等来改善发动机的工作性能，从而达到降低有害物质排放的目的。

(1) 汽油喷射电控系统。汽油喷射电控系统就是利用各种传感器检测发动机的各种状态，经过发动机 ECU 判断和计算，以控制发动机在不同工况下的喷油时刻、喷油量、点火提前角等，使发动机在不同工况下都能获得合适空燃比的混合气，提高燃油的燃烧效率，从而达到降低汽油机污染物排放的目的。

(2) 低排放燃烧技术。低排放燃烧技术主要是依靠稀薄燃烧技术、分层燃烧技术和汽油直喷技术等来改善可燃混合气的形成和燃烧条件，从而大幅度降低 CO、碳氢化合物和 NO_x 的排放。

(3) 废气再循环技术。废气再循环技术是在保证发动机动力性能不降低的前提下，根据发动机的温度和负荷的大小将发动机排出的一部分废气再送回到进气管，和新鲜的空气或新鲜混合气混合后再次进入汽缸参加燃烧，这种方式使得混合气中氧的浓度降低，从而使燃烧反应的速度减慢，有效控制燃烧过程中 NO_x 的生成，降低 NO_x 的排放量。

(4) 多气门技术。多气门发动机是指一个汽缸的气门数目超过两个，在采用多气门技术后，能保证较大的换气通流面积，减少泵气损失，增大充气量，保证较大的燃烧速率，降低汽油机污染物的排放量。

3. 汽油机排放污染物的后处理净化

后处理净化就是对已经排出燃烧室而尚未排入大气中的废气，在排气系统中进行净化处理。主要采用三元催化转化器和空气喷射系统来降低汽油机污染物的排放量。

(1) 三元催化转化器。三元催化转化器是安装在汽油机排气系统中最重要的净化装置，当高温的汽油机尾气通过净化装置时，三元催化器中的净化剂将增强 CO、碳氢化合物和 NO_x 三种气体的活性，促使其进行一定的氧化—还原化学反应，其中 CO 在高温下氧化成为无色、无毒的二氧化碳气体；碳氢化合物在高温下氧化成水(H_2O)和二氧化碳；NO_x 还原成氮气和氧气。三种有害气体变成无害气体，从而降低汽油机污染物的排放。

(2) 空气喷射系统。空气喷射就是将新鲜的空气喷射到排气门后面使尾气中的CO和碳氢化合物在排气管内与空气混合,继续进行氧化的方法,又称为二次空气喷射。当喷射的新鲜空气与尾气混合时,空气中的氧与CO和碳氢化合物反应生成水蒸气和二氧化碳,从而降低汽油机污染物的排放量。

2.6.2　汽油蒸发控制系统

汽油蒸发控制(EVAP)系统是一个密闭系统,它收集有可能从汽油箱散发到空气中的汽油蒸气(其成分是碳氢化合物)。

汽油蒸发控制系统主要由汽油箱、油气分离阀、活性炭罐、碳罐电磁阀及ECU等组成,如图2-85所示。

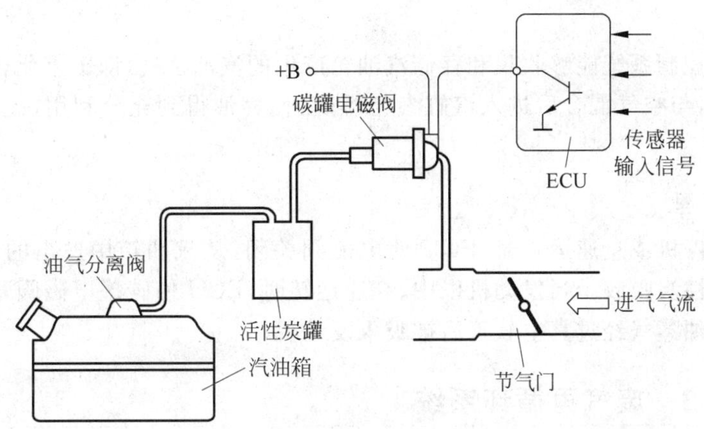

图2-85　汽油蒸发控制系统

1. 实物认识

活性炭罐外形如图2-86所示,碳罐电磁阀外形如图2-87所示。

图2-86　活性炭罐

图2-87　碳罐电磁阀

2. 安装位置

以大众帕萨特为例,活性炭罐安装在右前轮翼子板靠近前门下面(见图2-88),碳罐电磁阀固定在空气滤清器的壳体上(见图2-89)。

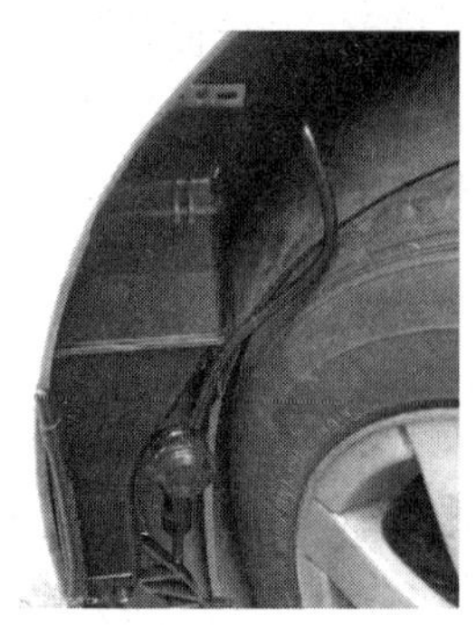
图 2-88　活性炭罐安装位置

图 2-89　碳罐电磁阀安装位置

3. 作用

汽油蒸发控制系统能够收集和存储汽油箱产生的汽油蒸气，即碳氢化合物，并适时地送入进气歧管，与空气混合后进入汽缸参与燃烧，使燃油得到充分利用，提高了燃油的经济性。

4. 工作原理

在发动机停机或怠速运转时，ECU使电磁阀关闭，从汽油箱中逸出的汽油蒸气被活性炭罐中的活性炭吸收。当发动机以中、高速运转时，ECU使碳罐电磁阀开启，储存在活性炭罐内的汽油蒸气经过真空软管后被吸入发动机。

2.6.3　废气再循环系统

按EGR阀的驱动方式不同，EGR电控系统可分为真空驱动型和电驱动型两种类型；按照ECU是否对控制的结果进行监测，分为开环控制系统和闭环控制系统。以别克凯越废气再循环系统为例，采用电驱动型EGR闭环控制系统。

1. 实物认识

EGR阀外形如图2-90所示。

2. 安装位置

别克凯越EGR阀安装在点火线圈右侧，如图2-91所示。

图 2-90　EGR阀

图 2-91　别克凯越EGR阀安装位置

3. 作用

废气再循环系统的作用是把一部分废气引入进气系统中，使其和新鲜混合气一起进入汽缸中参与燃烧，其主要目的是减少氮氧化物（NO_x）的排放。其工作原理如图 2-92 所示。

4. 工作原理

别克凯越废气再循环系统，EGR 阀为电磁阀型，其结构如图 2-93 所示，EGR 阀开度传感器为电位计式，如图 2-94 所示。

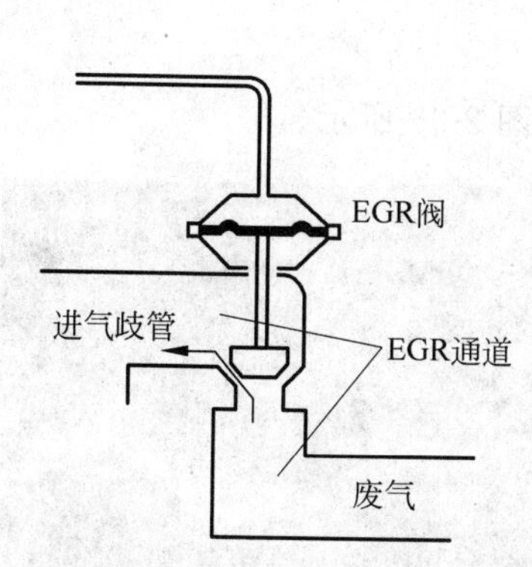

图 2-92　废气再循环系统工作原理

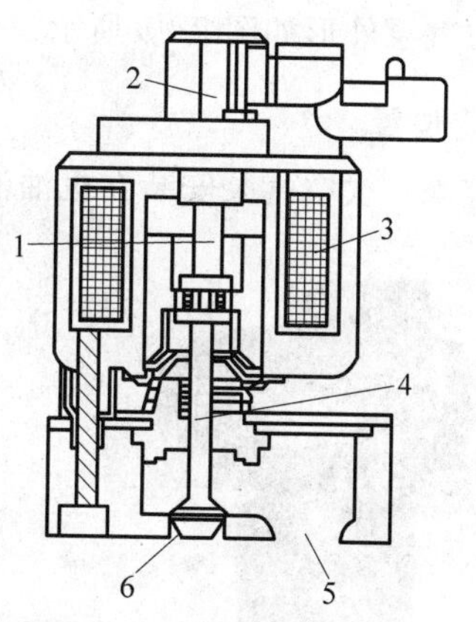

图 2-93　电磁阀型 EGR 阀

1—电枢；2—EGR 阀开度传感器；3—电磁线圈；4—阀杆；5—废气进口；6—废气出口

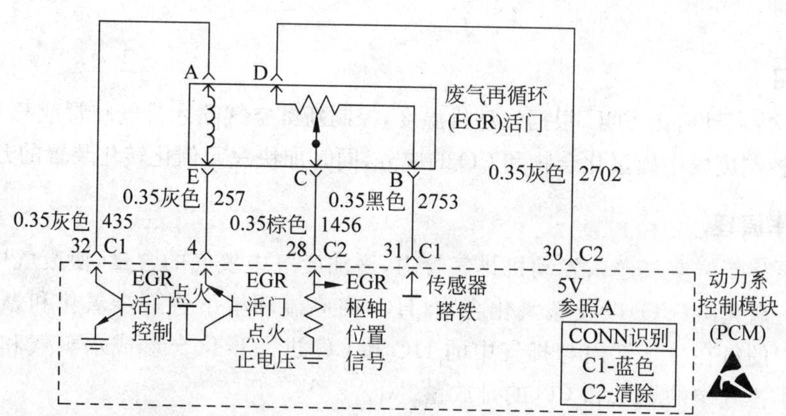

图 2-94　别克凯越废气再循环系统电路图

EGR 系统工作时，ECU 通过控制其通电占空比来改变阀的开度，控制部分废气引入进气系统，与新鲜的燃油混合气混合，使混合气变稀，从而降低了燃烧速度，燃烧温度随之下降，有效地减少 NO_x 的生成。EGR 阀开度传感器检测阀杆的实际位置，并将信号输送给 ECU，ECU 可根据 EGR 阀开度传感器的反馈信号修正电磁阀的开度，以实现 EGR 阀的闭环控制，使 EGR 阀控制精度更高。

2.6.4 二次空气喷射系统

在发动机冷车阶段，未燃烧的碳氢化合物及一氧化碳等有害物质排放相对较高，并且此时三元催化反应器尚未达到工作温度（300℃以上）。所以在轿车排放标准达到国Ⅲ或国Ⅳ要求时，必须装备二次空气系统，以降低发动机冷车阶段有害物质的排放。另一方面，再次燃烧的热量使三元催化反应器很快就达到所需的工作温度。

1. 实物认识

二次空气泵外形如图2-95所示。

2. 安装位置

大众宝来二次空气泵安装在机油油标尺附近，如图2-96所示。

图2-95　二次空气泵

图2-96　大众宝来二次空气泵安装位置

3. 作用

在汽车冷启动时由ECU根据发动机温度，控制新鲜空气喷入排气歧管或三元催化转化装置中，以控制废气中硫氢化合物和CO的成分，同时加快三元催化转化装置的升温过程。

4. 工作原理

空气泵将新鲜空气送入发动机排气管内，增加废气中氧气的含量，使废气中未燃烧的有害物质一氧化碳（CO）以及碳氢化合物（HC）在高温环境下进一步氧化和燃烧，即把导入的空气中的氧在排气管内与排气中的HC和CO进一步化合形成水蒸气和二氧化碳，从而降低了排气中的HC和CO的排放量。

2.7 复习与思考

1. 判断题

(1) 节气门位置传感器用来检测节气门开度的大小。　　(　　)

(2) 目前汽车上的温度传感器较多采用热敏电阻式温度传感器。　　(　　)

(3) 燃油压力调节器的作用是使燃油分配管内压力保持不变，不受节气门开度的影响。（　　）

(4) 怠速是指发动机在小负荷情况下的稳定运转状态。（　　）

(5) 怠速控制的实质就是对怠速工况下的空气供给量进行控制。（　　）

(6) 涡轮增压器损坏会造成发动机动力性能下降。（　　）

(7) VVT-i 系统根据发动机转速和负荷的变化，适时调整配气相位和气门升程。（　　）

(8) 在双缸同时点火系统当中，点火线圈的个数是该发动机汽缸数的一半。（　　）

(9) 废气再循环的作用是减少 HC、CO 和 NO_x 的排放量。（　　）

(10) EGR 控制系统是将适量废气重新引入汽缸燃烧，从而提高汽缸的最高温度。（　　）

(11) 三元催化器能促进 CO 和 NO_x 的氧化反应，达到机后净化的目的。（　　）

(12) 二次空气喷射控制是电控单元根据发动机工作温度，对喷入排气歧管的新鲜空气进行控制，以减少废气中有害物的排放量。（　　）

2. 选择题

(1) 负温度系数的热敏电阻，其阻值随温度的升高而（　　）。

A. 升高　　B. 降低　　C. 不受影响　　D. 先高后低

(2) 轿车电动汽油泵一般安装在（　　）。

A. 发动机附近　　B. 变速器附近　　C. 汽油箱内部

(3) i-VTEC 系统控制是指发动机工作时，根据工作需要对（　　）进行改变的电子控制装置。

A. 气门正时和气门间隙　　B. 气门正时和气门升程

C. 气门间隙和气门升程　　D. 气门开度和气门升程

(4) EVAP 是（　　）的英文缩写。

A. 废气再循环　　B. 燃油蒸发控制

C. 二次空气供给系统　　D. 三元催化转换器

(5) 三元催化转换器的作用是减少（　　）的排放。

A. 碳氢化合物、NO_x　　B. CO、碳氢化合物

C. CO、NO_x　　D. CO、碳氢化合物、NO_x

(6) 活性碳罐主要用来减少（　　）的排放量。

A. CO　　B. 碳氢化合物

C. NO_x　　D. 油箱汽油蒸发

(7) 下列不属于汽油直喷系统的是（　　）。

A. FSI　　B. CGI　　C. GDI　　D. TDI

(8) 汽油直喷系统在（　　）模式工作下，最省油。

A. 分层燃烧

B. 均质稀混合气燃烧

C. 均质混合气燃烧

3. 简答题

(1) 电子节气门的功能有哪些?

(2) 缸内直喷技术的优点有哪些?

(3) 汽车上采用的排放控制系统都有哪些?

(4) 二次空气供给系统的作用是什么?

(5) 无回油供油系统的优点有哪些?

(6) 可变配气相位控制系统有什么优点?

(7) 发动机安装废气涡轮增压器后有哪些优点?

模块 3

柴油发动机电控系统

◎学习目标

1．知识目标

(1) 了解电控柴油发动机的类型；

(2) 熟悉各类电控柴油发动机的特点与组成；

(3) 了解电控柴油发动机的日常维护作业内容。

2．能力目标

(1) 能区分电控柴油发动机和传统柴油发动机；

(2) 能区分电控单体泵和电控共轨柴油发动机。

3.1 电控柴油发动机的发展与应用

3.1.1 电控柴油发动机的发展

随着我国对汽车排放污染物的严格控制和对排放要求标准的提高，以及与国际排放标准的接轨，电控汽油发动机已取代了传统的化油器发动机，电控柴油发动机正逐步取代传统的柴油发动机，同时，纯电动汽车、混合动力车、燃料电池车等新能源汽车也发展迅速。

柴油发动机的电控管理，起始于20世纪70年代，80年代进入应用阶段，90年代得到迅速发展。至今已经历了三次大的技术升级换代。

第一代柴油机电控燃油喷射系统也称位置控制系统，它是通过对柴油机高压油泵的机械部分进行位移控制，自动改变供油量及供油提前角，以精确控制喷油量和喷油正时，所以无须对柴油机的结构进行较大改动，便于对现有机型进行技术改造。缺点是控制系统执行频率响应仍然较慢，控制频率低，控制精度不够稳定，喷油率和喷油压力难以控制，而且不能改变传统喷油系统固有的喷射特性，因此很难较大幅度地提高喷射压力。

第二代系统采用时间控制方式，也称时间控制系统，其特点是在柴油机高压供油油路中设一电磁线圈控制的旁通溢流装置，电控单元控制电磁线圈通断电时间的长短及时刻，来控制喷油量及喷油提前角，它具有直接控制、响应快等特点。

时间控制系统可分为电控泵喷油器系统和共轨式电控燃油喷射系统两类。电控泵喷油器系统按电控单体泵的结构形式，可分为泵喷嘴系统UIS(unit injector system)和单体泵系统UPS(unit pump system)两种，泵喷嘴与控制器如图3-1所示，单体泵与控制单元如图3-2所示。泵喷嘴系统UIS主要应用在乘用车上，在大众品牌乘用车上使用最多，如一汽大众宝来、捷达等车，在结构上高压油泵和喷油器做成一体，可直接安装在发动机缸盖上，由发动机顶置凸轮轴驱动。单体泵主要应用在商用车上，在重型卡车上最为常用，单体泵和喷油器由一根较短的高压油管连接，分别安装在缸体和缸盖上，单体泵同样由凸轮轴驱动。

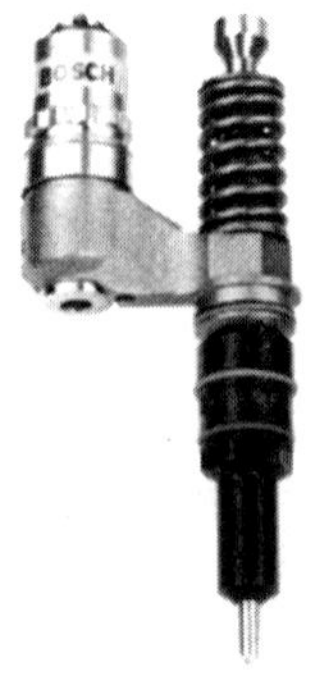

图3-1 泵喷嘴和控制器

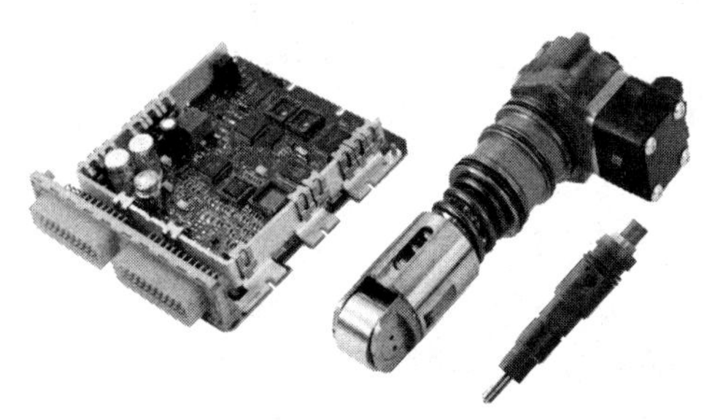

图3-2 单体泵和控制单元

单体泵主要应用于中、重型柴油机车，也用于轻型车、皮卡车等，单缸功率范围为20～70kW。20世纪90年代末功率达180MPa喷油压力的单体泵柴油喷射系统开始在乘用车和商用车上使用。国外单体泵主要生产厂商是德国BOSCH公司和美国Delphi公司。

第三代为高压共轨系统，它彻底改变了原来每个汽缸一支高压油管单独供油的模式，将所有高压燃油都汇集在一支共用管路中，用压力自动调节装置使管路中的燃油始终保持在一个稳定的压力。各缸的喷油器均连接在共用的管路上，由电控单元(ECU)按需要发出电脉冲给喷油器，以电脉冲发出的时刻及延续时间的长短，控制各喷油器在恒压下的喷油提前角及喷油量。由于共轨方式燃油喷射压力不受发动机转速影响，在低速和高速时都能得到高的燃油雾化与燃烧性能，而且整体系统具有宽泛灵活的可变适应性，是国际最有前途的柴油发动机电控管理系统。

这种高压共轨技术也已经历了"液压驱动式喷油器"、"电磁驱动先导式喷油器"、"压电泄压式喷油器"的三次技术升级。以"压电泄压式喷油器"为喷油执行器，以多次缸内燃油预喷射为燃烧特点的高压共轨电控系统，称为第三代高压共轨电控系统。第三代高压共轨电控系统是目前国际上最前沿的技术。

3.1.2　电控单体泵与共轨技术的应用

单体泵每个缸配装一个高压泵，最高喷射压力可以达到200MPa，它的优势是结构相对简单，性能可靠，故障率低，寿命长，维修方便。单体泵系统制造工艺相对简单，成本低，产品结构也简单。另外，单体泵对油品的清洁度不太灵敏，尤其是大功率柴油机。由于喷射压力比传统柴油发动机高得多，在当前国内油品无法满足要求的条件下，要达到国家规定的排放标准，使用单体泵具有更好的保障。

既然单体泵技术拥有这么多的优势，为什么国内多数主流卡车厂和发动机厂都采用共轨技术升级国Ⅳ，而很少采用单体泵呢？之前，在主流发动机企业中，只有玉柴一家企业选择了单体泵技术，他们认为国外300kW以上的主流发动机普遍采用单体泵技术，例如，奔驰欧Ⅴ之前的产品全部用单体泵，欧Ⅵ才可能采用高压共轨技术。国内中轻型柴油机使用高压共轨系统没有问题，但中重型发动机目前宜采用单体泵，因为持续高压对发动机的可靠性是严峻考验，对材料的要求很高。另外，国内的油品质量相对较差，容易导致高压共轨油嘴的密封带质量不合格。

大柴原先推出的国Ⅲ产品采用了高压共轨系统，后来又引进采用单体泵技术的德国道依茨产品。大柴认为开发大客车市场是大柴的发展战略，所以要引进技术成熟、性能可靠的产品。而且认为单体泵系统性能可靠、维护方便，比较适合国情，应该有较大的发展应用空间。

在欧Ⅱ升级欧Ⅲ的过程中，单体泵和共轨一直是两条平行的技术路线，都是通过电控喷油来实现燃烧的高效率。由于欧洲柴油油品杂质少、含硫少，因此这两条路线并无好坏之分。但在后来欧Ⅲ升级欧Ⅳ的过程中，共轨却超越单体泵，成为主流的技术路线。

这是由于博世等厂家在共轨方面做了大量研发，在不长的时间内就把共轨系统做到可以满足未来的欧Ⅵ排放标准。而单体泵由于使用和研发较少，一直是跟随而没有超越

当前的标准。从这个意义上说，高压共轨已经是成熟的技术，而单体泵则还要在更高标准下经受考验，只能算是发展中的技术。

欧Ⅳ的实施比中国早了几年，在欧洲升级欧Ⅳ的时候，由于BOSCH等公司研发投入的加大，相比单体泵，共轨技术不仅更成熟，而且已经成为采用最广泛的路线。所以，等到几年后中国实施重型车国Ⅳ的时候，一方面，国内的重型发动机公司要借鉴欧洲的经验；另一方面，博世(BOSCH)、西门子、日本电装等共轨系统生产商在国内大量扩张产能，让更多的发动机公司采用共轨路技术成为可能。受BOSCH影响，国内重型发动机厂，比如潍柴、东风康明斯、玉柴、菲亚特红岩等的国Ⅳ升级路线，大部分采用共轨技术。共轨技术和单体泵技术各有优劣势，之所以多数厂家都采用共轨发动机，就在于相比单体泵，如今的高压共轨系统也已具备成本低、维修率低和油品适应性好等一些特点，而且共轨发动机布置较紧凑，外观上更为美观。但目前单体泵在重型卡车和大客车上还占有较大的市场，随着时间的推移，以及我国油品品质的提高和柴油机燃油控制技术的进一步提高，其应用可能会减少。

3.2 电控泵喷嘴和电控单体泵

3.2.1 电控泵喷嘴和电控单体泵的区别

泵喷嘴和单体泵同属直列泵系统，两者虽然在结构上有一定的差别，但工作原理相似，喷油特性基本相同。电控泵喷嘴(UIS)和电控单体泵(UPS)的低压系统、电子控制系统和外设装置均可通用，只在高压系统有些差别，泵喷嘴柱塞采用顶置凸轮驱动，泵油的柱塞和喷油的喷油器安装在泵喷嘴的统一体内(见图3-1和图3-3)。柱塞式单体泵由传统的外凸轮驱动，泵和喷油器分开，由一根短的高压油管连接(见图3-2和图3-4)。

图3-3 泵喷嘴

(a) 电控式单体泵　(b) 机械式单体泵　(c) 电控单体泵与喷油器

图3-4 单体泵外形示意图

电控单体泵系统属于时间控制系统，取消了传统喷油泵中的油量调节机构，用高速电磁阀直接控制高压燃油的通断，喷油量由高速电磁阀的开启或关闭持续时间决定。时间控制系统的主要特点是数字量控制，机械结构简单，喷油压力提高，喷油量控制和喷油正时控制合二为一，控制的自由度更大。但时间控制系统仍采用脉冲高压供油原理，喷油压

力无法控制是电控单体泵无法解决的缺点。

3.2.2　电控泵喷嘴

德国人鲁道尔夫狄塞尔在柴油机闻世不久的1905年就提出了泵喷嘴的概念。在20世纪80年代后期由于排放对高喷油压力的要求及电控技术的高速发展，电控泵喷嘴成了极有发展潜力的新一代喷油系统。BOSCH公司在1994年开始生产卡车用电控泵喷嘴，随后在1998年开始生产轿车用电控泵喷嘴。德国大众公司在柴油轿车Lupo上采用了博世公司的电控泵喷嘴系统，使得1.3L的发动机达到了最大功率45kW，最大扭矩140N·m，百公里油耗仅为2.99L，并达到欧洲排放标准第3阶段。德尔福公司(实际是由卢卡斯公司)在1993年开发了卡车用电控泵喷嘴，其结构和性能与BOSCH公司开发的类似。

在国内一汽的一些乘用车上也使用泵喷嘴，如：宝来TDI、途安TDI和奥迪TDI等。国内柴油车生产厂商在卡车与客车的柴油发动机上使用泵喷嘴系统。泵喷嘴技术相对于之前的技术(如柱塞泵)，已经具有明显改进，而其最大的好处是大大增加了喷油压力，其涡轮增压泵喷嘴的喷射压力都能达到200MPa以上。由于喷射压力直接影响柴油燃烧做功效率，因此，泵喷嘴的燃烧效率很高。

1. 电控泵喷嘴(UIS)的组成与特点

时间控制型泵喷嘴系统就是将高压油泵与喷油嘴合成一体，安装在缸盖上，如图3-5所示。由于省去了高压油管，所以可以消除高压油管中的压力波和燃油压缩的影响，高压容积大大减少，因此可以大大提高喷射压力。电控泵喷嘴与机械式泵喷嘴相比，最大的区别是加装了一套电子控制系统，电磁阀部件直接安装在泵喷嘴内部，由衔铁、电磁线圈、电磁阀阀芯、电磁阀弹簧等组成，在电控系统ECU的指令下，管理喷油定时、定量的工作，但泵油、喷油仍按机械方式进行。对于采用泵喷嘴燃油喷射系统的发动机来说，有几个汽缸，就有几个泵喷嘴。

图3-5　泵喷嘴安装位置

泵喷嘴系统驱动机构比较特殊，一般采用凸轮轴的凸轮驱动摇臂的一端，摇臂的另一端来驱动泵喷嘴（见图 3-6），因此泵喷嘴系统最适宜与顶置式凸轮驱动方式匹配，正是由于受到顶置凸轮轴布置的限制，目前国Ⅲ柴油机采用电控泵喷嘴燃油喷射系统的电控柴油机相对很少。电子控制泵喷嘴系统主要由泵喷嘴、驱动摇臂机构、电子控制单元（ECU）、各种传感器等组成。

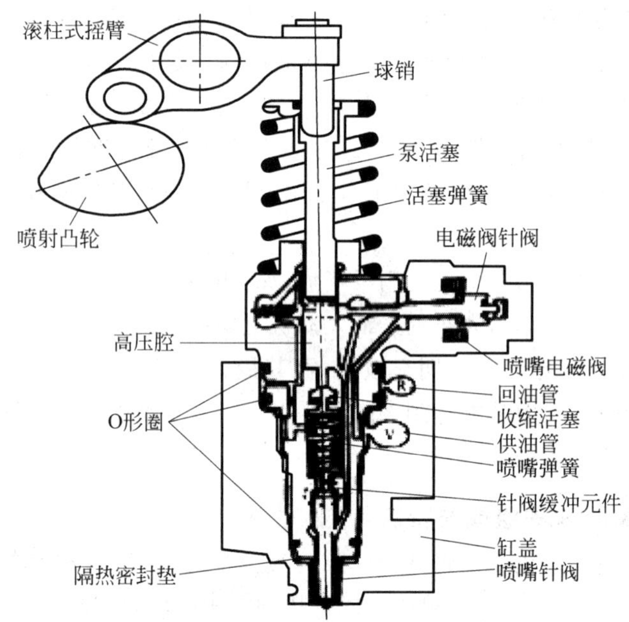

图 3-6　泵喷嘴内部结构示意图

电控泵喷嘴由机械泵和电磁阀两部分组成。泵喷嘴的喷油始点和喷油终点由快速启闭的电磁阀控制。电磁阀关闭，将柱塞高压油腔与低压油路切断，燃油加压并开始喷射。电磁阀开启则泄掉喷射压力，结束喷射。喷油量由中低压油泵的供油压力和电磁阀的关闭延续时间决定。通过电磁阀的多次动作产生多次喷射，实现对喷油速率的控制，从而使燃烧过程得到优化，可靠性和效率得到提高。该系统能改善各缸供油均匀性及调速特性，并具有良好的怠速稳定性和冷启动性能。

2. 电控泵喷嘴系统的供油系统

电控泵喷嘴系统的供油系统如图 3-7 所示，主要部件的作用如下。

（1）单向阀：柴油机不工作时，防止燃油回流；

（2）旁通阀：若燃油内有空气，则通过此处排出；

（3）节流孔与过滤器：收集并分离供油管内空气；

（4）供油限压阀（1）：调节供油管内压力大于 0.75MPa 时打开；

（5）回流限压阀（2）：保持回油管内压力在 0.10MPa。

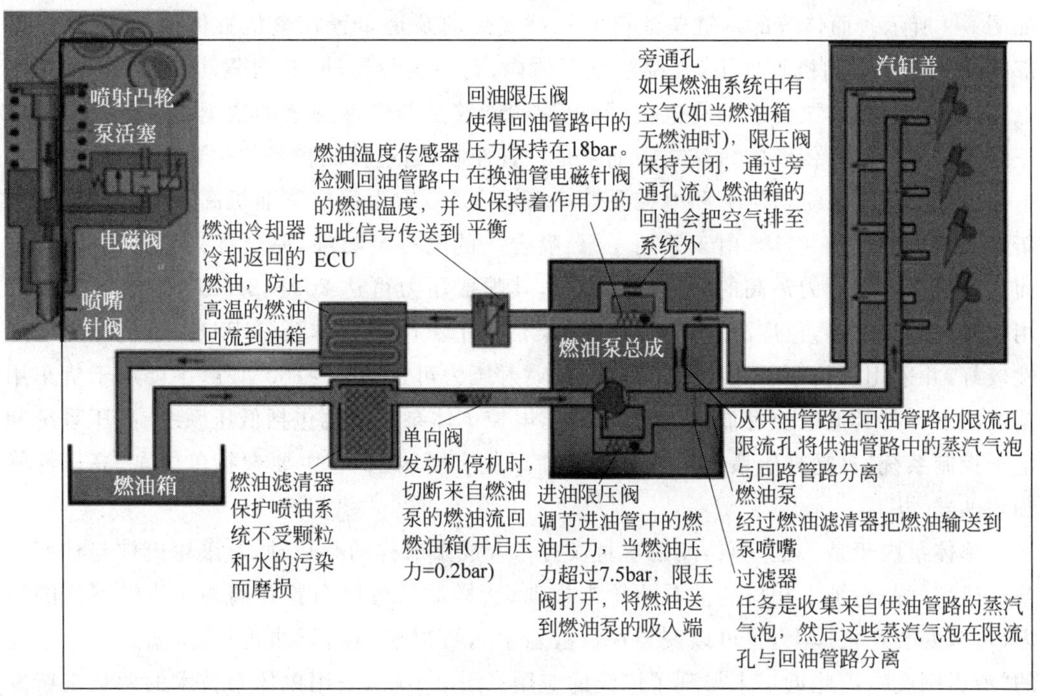

图3-7　电控泵喷嘴系统的供油系统(1bar＝100kPa)

3.2.3　电控单体泵

1. 单体泵的特点

电控单体泵供油系统与传统的机械式喷油泵相比，在结构形式上主要有两点不同：第一点是每个油泵都是独立的，分别安装在发动机汽缸体上，对应每个汽缸，一缸一泵，因发动机机体设计不同，安装方式有直接安装在缸体上或由组合泵箱固定在机体外。直接安装方式在汽缸体上有安装单体泵的孔，每缸有一个单体泵，单体泵是由整个发动机的凸轮轴来驱动的，也就是说，单体泵一般作为整体部件装在柴油机的汽缸体上，由配气凸轮轴上的喷射凸轮驱动。采用电控单体泵的柴油发动机如图3-8所示。车用单体泵的组成

图3-8　采用电控单体泵的柴油发动机

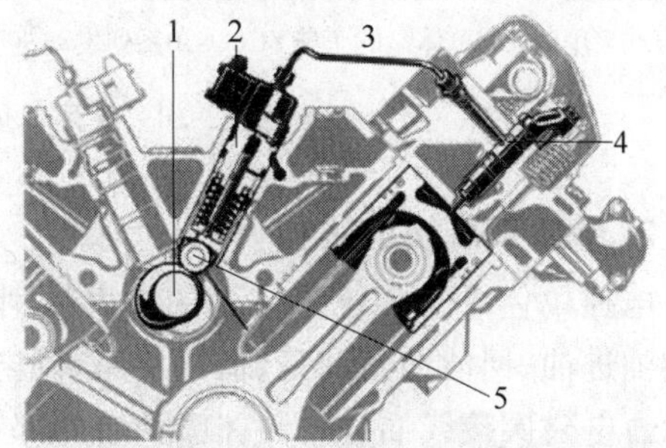

图3-9　单体泵的组成

1—凸轮轴；2—单体泵喷油泵；3—高压油管；4—喷油器；5—滚轮挺柱

如图 3-9 所示。而传统的六缸柴油机的机械式喷油泵是布置在整机缸体的外侧，通过外部托架固定在发动机缸体上，在喷油泵泵体内，有一根凸轮轴，专门驱动六套柱塞。第二点不同是电控单体泵的上部有电磁阀，电磁阀能够按照特性图谱的数据精确地控制喷射正时及喷油时间。传统的机械式喷油泵是位置控制，通过控制齿条的位置来控制油量。

电控单体泵系统（UPS）和电控泵喷嘴系统（UIS）均为适应柴油机高压喷射而发展的新型燃料供给系统。UIS 由于采用了泵、嘴合一的电控泵喷嘴，完全省去了高压油管，因而成为目前喷射压力最高的燃料供给系统，其喷射压力可达 200～220MPa。UIS 不仅可用在各种载货车辆，也广泛应用到乘用车柴油机上。电控单体泵（UPS）由于机械结构刚性较好，并采用了较短的高压油管，泵端或喷射压力可达 140～160MPa，主要用于货车用柴油机上。与其他电控燃油供给系统相同，电控单体泵系统也包括低压系统、高压系统和电子控制系统，只是高压系统与电控泵喷嘴系统有所区别，它主要包括单体泵、高压油管和喷油器。

单体泵由于是一缸一泵，油泵本身没有像合成泵那样的凸轮轴，其滚轮挺柱与柱塞由柴油机配气凸轮轴上相应的油泵凸轮来推动，这样油泵可以布置在离相应汽缸不远的地方（可以安装在机体上，也可以安装在汽缸盖上），可以缩短高压油管长度，增大整个系统的“液力刚度”，因此近年来得到了广泛的应用。图 3-10 是采用单体泵技术的两款玉柴发动机。

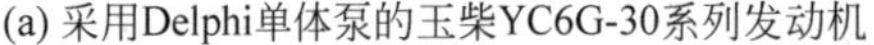

(a) 采用Delphi单体泵的玉柴YC6G-30系列发动机

(b) 采用单体泵技术的玉柴YC6L-30发动机

图 3-10　采用单体泵技术的玉柴发动机

2. 单体泵系统的结构

电控单体泵与传统单体泵的最大区别是加装了一套电磁阀及相关零部件，因此改变了燃油进油、回油油路及高、低压油路，以电控单体泵为主的整个机械液力系统如图 3-11 所示。电磁阀接线插孔安装在喷油泵外部，如图 3-12 所示。

3. 电控单体泵系统供油油路

电控单体泵系统供油油路如图 3-13 所示。

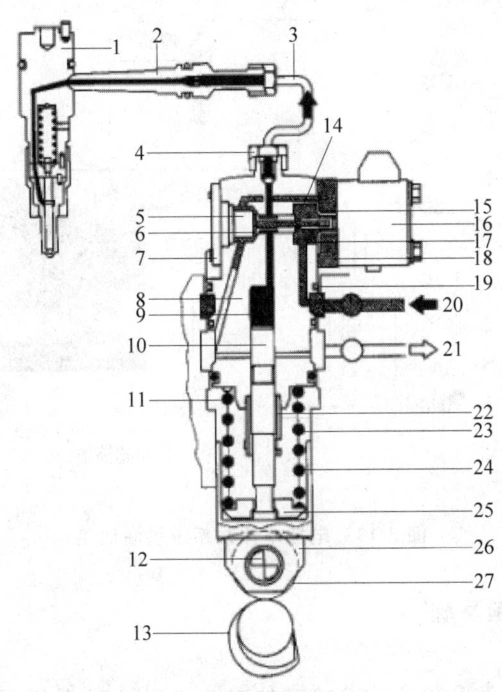

图 3-11　电控单体泵与喷油器

1—喷油器；2—高压油管接头；3—高压油管；4—螺纹接头；5—行程限制器；6—针阀；7—盖板；8—泵体；9—柱塞顶部高压腔；10—柱塞；11—柴油机机体；12—滚轮挺柱销；13—凸轮；14—弹簧座；15—电磁阀弹簧；16—高压电磁阀；17—衔铁板；18—中间轴；19—密封圈；20—进油；21—回油；22—柱塞导向套；23—杠杆弹簧；24—杠杆体；25—弹簧座；26—滚轮挺柱；27—滚轮

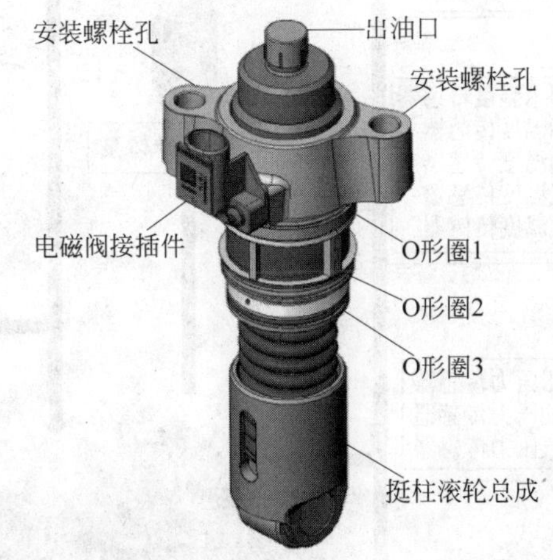

图 3-12　电控单体泵外形结构

电控单体泵的工作原理：将柴油吸出油箱后，经油水分离器和手油泵、燃油分配器、燃油输油泵、燃油滤清器、进入单体泵，从单体泵出来的高压燃油经过高压油管进入喷油器，最后进入汽缸，回油从单体泵经过燃油调压阀、回油管回到油箱。

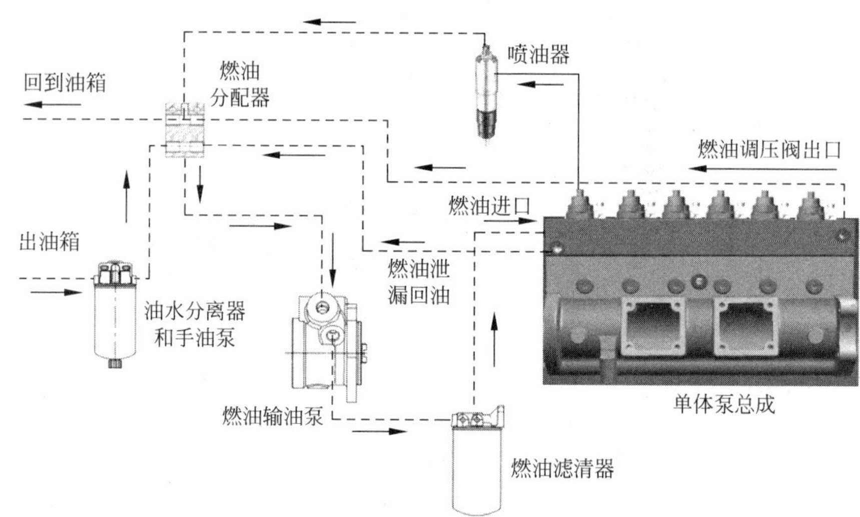

图 3-13　电控单体泵系统供油油路

4. 电控单体泵控制系统

1）控制系统组成

电控单体泵控制系统的组成与泵喷嘴控制系统相同，由传感器、控制器和执行器件组成。德尔福电控单体泵控制系统的组成如图 3-14 所示。

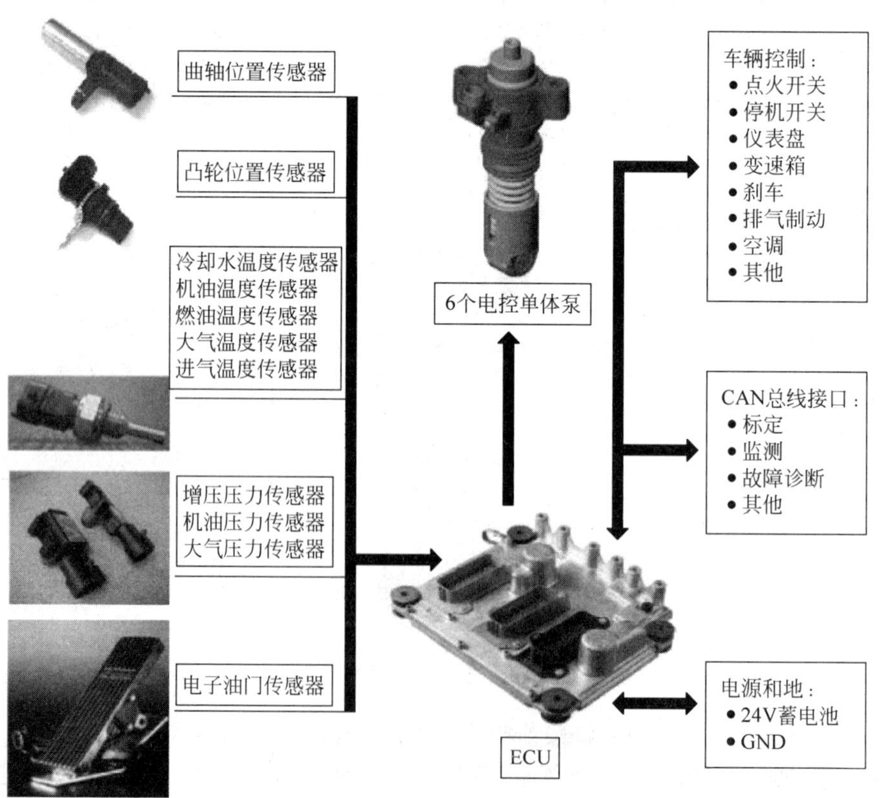

图 3-14　德尔福电控单体泵控制系统的组成

传感器采集发动机运行工况信号，包括转速、油门踏板位置以及其他修正信号，输入到电子控制单元 ECU。ECU 是柴油喷射控制的核心，它对信号进行计算处理，产生控制执行器动作的输出信号，从而精确控制喷油。在一般控制系统中，通常对控制系统整体采用闭环反馈控制，但是柴油机混合气的形成和燃烧过程极为复杂，无法建立精确的数学模型。目前，各种柴油机电控喷油系统采用的基本对策是：把发动机转速和油门踏板位置信号作为反映发动机实际工况点的基本信号，通过发动机和整车试验得出的 MAP 来选择喷油量和喷油正时等控制量的目标值，并对其进行反馈控制。

2）传感器控制功能

控制系统中的各传感器作用见表 3-1。

表 3-1　德尔福控制系统中主要传感器的功能

传　感　器	作　　用
凸轮轴位置传感器	判缸，同时在曲轴传感器失效后可执行失效安全策略
曲轴位置传感器	精确计算曲轴位置，用于喷油时刻和喷油量计算、转速计算，同时在凸轮轴传感器失效后可执行失效安全策略
增压压力传感器(MAP)	测量增压压力，与进气温度一起计算空气密度和喷油量，在瞬态工况时用于冒烟控制
冷却水温度传感器	测量冷却水温度，用于冷启动、目标怠速计算等，同时还用于修正
进气温度传感器	测量进气温度，与进气压力一起计算空气密度和喷油量，同时用于修正喷油提前角、最大功率保护等
燃油温度传感器	根据燃油密度修正喷油量和所需的喷油脉宽

3）控制系统的控制功能

控制系统的核心器件是控制器 ECU，德尔福的控制器 ECU 如图 3-15 所示。

图 3-15　德尔福的控制器 ECU

电控单体泵系统的功能强大，主要为燃油控制功能，此外还有通信、测试和诊断功能，这些功能涵盖了发动机和整车管理功能。

理想的柴油机电控喷射系统应能具有以下多个控制功能：在各种工况下对循环喷油量进行精确控制，并保证各缸循环喷油量的均匀性；在各种工况下对喷油正时进行精确控制；在各种工况下对喷油规律进行精确控制，以获得燃烧过程中理想的放热率；在各种工况下对喷油压力进行精确控制，以得到足够高的燃油流出初速度，使燃油粒子细化，以提高雾化质量并加快燃烧速度。柴油机电控系统最基本的功能就是控制燃油喷射量。根据发动机工况和司机的意愿，由 ECU 确定最佳油量，并由喷油泵调节机构进行调节，获得需要的喷油量。油量控制包括如下子功能。

(1) 启动油量控制。启动阶段考虑发动机冷却液温度和发动机转速，提供安全和不冒烟所需的启动油量。启动油量与脚踏板位移无关，可以防止脚踏板误操作引起的启动冒烟和加速滞后。

(2) 怠速油量控制。闭环同步调速系统可以降低怠速转速,减少耗油量,减小怠速转速波动,降低怠速振动。怠速转速与负荷无关,附属装置的功率输出,如空调压缩机、自动转向机构等,均不会导致怠速变动。而且,怠速转速与机械机构无关,重复精度高。

(3) 全负荷油量控制。可以得到满足不同要求如烟度、转矩、转速限制的全负荷特性。

(4) 部分负荷油量控制。部分负荷油量主要由脚踏板位移和转速决定。部分负荷油量基于和发动机特性的匹配,获得整个车辆性能的协调。

3.3 电控共轨系统

3.3.1 高压共轨技术概述

高压共轨技术(common rail direct injection,CRDI)意为高压共轨柴油直喷技术,德国 BOSCH 公司研发的高压共轨系统的主要组成部件如图 3-16 所示。

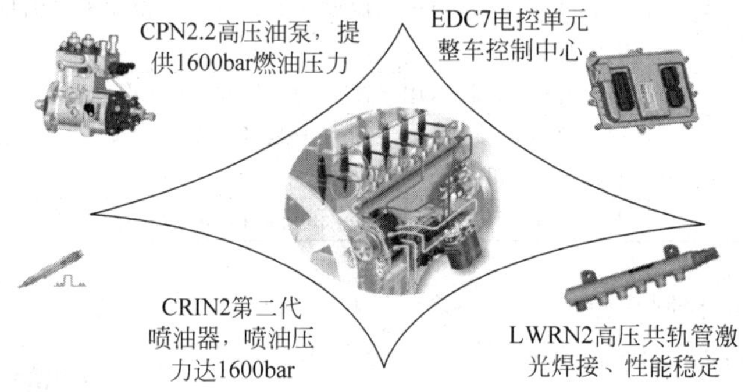

图 3-16　BOSCH 高压共轨系统的主要组成部件(1bar=100kPa)

高压共轨(common rail)由燃油系统和控制系统组成,它是由高压油泵将高压燃油输送到公共供油管(rail),供油管内的油压实现精确控制,使高压油管压力大小与发动机的转速无关,可以大幅度减小柴油机供油压力随发动机转速变化的程度,从而使控制过程更具有柔性,能更准确地实现小油量的精确控制,更好地实现多次喷射。目前共轨系统已发展到第三代——压电式(piezo)共轨系统,压电执行器代替了电磁阀,使喷射控制更加精确,取消了回油管,使结构更加简单。压力调节范围为 200~2000bar,使调节范围更广,最小喷射量可控制在 0.5mm^3,减小了烟度和 NO_x 的排放,它比传统增压柴油机燃烧效率提高 8%、二氧化碳排放降低 10%、噪声下降 15%。

柴油共轨系统已开发了以下三代。

第一代共轨高压泵总是保持在最高压力,导致燃油的浪费和很高的燃油温度。第一代共轨系统为商用车设计的,最高喷射压力为 140MPa,乘用车喷射压力为 135MPa。

第二代共轨系统可根据发动机需求而改变输出压力,并具有预喷射和后喷射功能。带有控制油量的油泵,喷射压力能达到 220MPa。

第三代共轨系统带有压电直列式喷油器。共轨系统的压电执行器代替了电磁阀,使

得喷射控制更加精确；省去了回油管，在结构上更简单；压力可在 20～200MPa 弹性调节；最小喷射量可控制在 0.5mm³，最高喷射压力达到 180MPa。此套采用新研发的压电直列式喷油器的系统使带预喷和后喷的喷油率曲线范围更为自由。

共轨高压喷射具有很多优点：改善了进气和燃油的混合及燃烧过程，降低了柴油机污染物的排放；高压泵的驱动扭矩小，机械噪声小；适用性强，不需要对柴油机的结构进行重大改进即可替代传统喷油系统；多点喷射能降低噪音、减少白烟、减少烟雾，引导喷射可使点火延迟期间喷射的燃料减少，回避急剧的燃烧压上升，降低噪声。宽范围的调节压力和精确的喷油量控制，减小了烟度和 NO_x 的排放。

目前，共轨燃油喷射系统应用十分普遍，BOSCH 公司共轨系统在欧洲乘用车和轻型车柴油机上已得到普通应用，目前国内主要引进德国 BOSCH、美国德尔福和日本电装的电控柴油机技术。BOSCH 公司已生产出 2500 万套共轨系统，并在江苏无锡投资建设了技术中心和工厂，实现了本地化生产。长城汽车与 BOSCH 公司开发出了高压共轨柴油发动机，此外奥迪、奔驰、华泰等品牌也推出了采用共轨系统的汽车。部分大学、研究所和企业也通过合作或独立自主研发，取得了各具特色的研究成果，并有数十项专利公布。因此，我国在电控直喷式柴油机方面已积累了一定的经验，但总体来说，与国外还存在差距，主要体现在制造工艺和批量生产的质量控制。此外，国内共轨系统相关配套体系不健全，部分零部件还依靠进口，如单片机芯片、共轨压力传感器等。

随着国内经济的高速发展，环境污染已成为一个严重的社会问题，所以国家对汽车排放标准也日趋严格。2005 年 12 月 30 日，北京率先实施国Ⅲ排放标准。2006 年 7 月 31 日，上海公交、出租车行业新车实施国Ⅲ排放标准。2006 年 9 月 1 日，广州开始实施国Ⅲ排放标准。到 2007 年 7 月 1 日全国将全面实施国Ⅲ排放标准；到 2013 年 7 月 1 日，全国实施国Ⅳ排放标准。排放标准的提升，必然推动发动机技术的发展。对于汽油发动机，由于技术相对成熟且有后处理，因此可以满足目前排放标准。对于柴油发动机，由于目前大部分还是机械式燃油系统，且柴油机直喷技术发展历程较短，因而为满足排放标准要求必须重新设计发动机。我国目前大部分采用引进技术来满足现阶段排放标准(国Ⅲ)。随着排放标准的提高，柴油机必须采用电控喷射系统。目前国内柴油电控系统主要有共轨、单体泵等，与国外先进技术相比，虽然还不具备对等的实力，但发展势头良好。如无锡一汽油泵油嘴研究所研发的共轨系统已在无锡公交上使用，同时国内从事电控柴油机研发的企业数量较多，因而国内在电控柴油机市场今后一定会有所作为。当然，国内在电控柴油机系统方面还面临很多挑战，如制造工艺不成熟，批量规模较小；燃油品质难以保证；柴油机后处理技术水平不高等。但这些问题会随着时间的推移而逐步得到解决的。

3.3.2 高压共轨系统的组成

1. 共轨式喷油系统组成

共轨式喷油系统组成部件实物如图 3-17 所示，共轨式喷油系统组成如图 3-18 所示。

共轨式喷油系统主要由高压泵、高压蓄压器(共轨)、喷油管和喷油器组成。实车上的共轨式喷油系统如图 3-19 所示，共轨上有 6 根高压油管连接发动机上的 6 个喷油器。共轨式喷油系统的工作过程为：燃油箱(1)中的燃油经输油泵滤网(2)→燃油输油泵(3)→

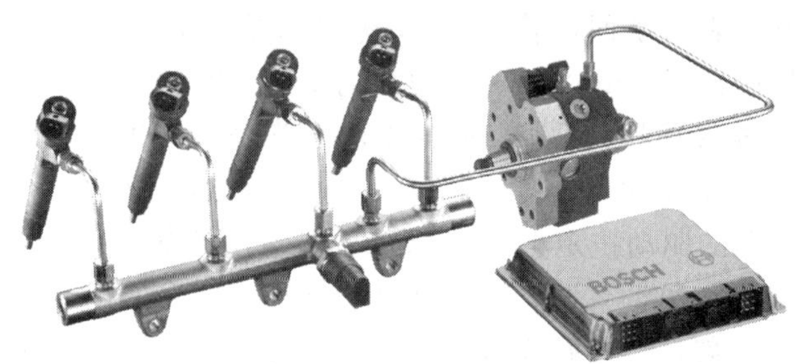

图 3-17　共轨式喷油系统组成部件

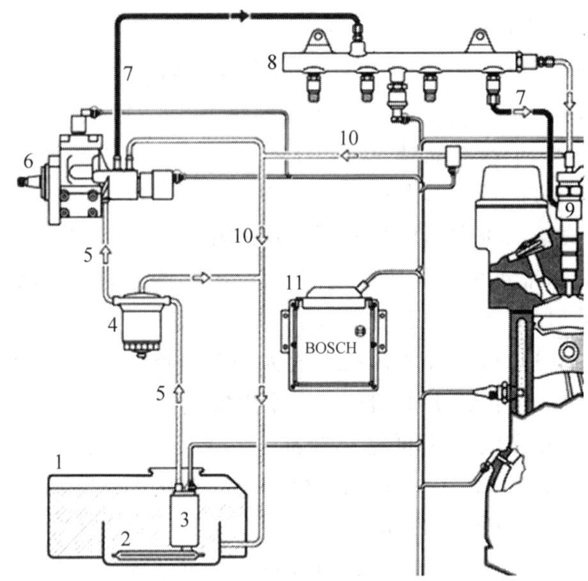

图 3-18　高压共轨系统的组成

1—燃油箱；2—滤网；3—燃油输油泵；4—燃油滤清器；5—低压油管；6—高压泵；7—高压油管；8—共轨；9—喷油器；10—回油管；11—ECU

图 3-19　实车上的共轨式喷油系统(潍柴 WP10)

低压油管(5)→燃油滤清器(4)→高压泵(6),高压泵出来的燃油压力达 160～200MPa→高压油管(7)→共轨(8)→高压油管(7)→喷油器(9),在 ECU 的控制下→汽缸,多余燃油→喷油器(9)→回油管(10)→油箱。

共轨式喷油系统将喷射压力的产生和喷射过程完全分开。通过对共轨管内的油压实现精确控制,使高压油管压力大小与发动机的转速基本无关。这一柴油发动机技术的创新最大限度地降低了柴油发动机车型的振动和噪声,同时将油耗进一步降低,使排放更加清洁。但是,共轨技术的喷油压力低于泵喷嘴系统,一般只能达到 160MPa。由于喷油压力调节宽泛,采用共轨技术的柴油车能更好地适应各种工况,起步也不会困难。

电控高压共轨喷油系统与传统的凸轮驱动的机械调节式喷油系统相比,其特点主要表现在以下 5 个方面。

(1) 广阔的应用领域。电控高压共轨喷油系统用于小型乘用车和轻型载重车,每缸功率可达 30kW;用于重型载重车、内燃机车和船舶,每缸功率可达 200kW。

(2) 喷油压力可达 135MPa,甚至更高。

(3) 喷油开始点可变。

(4) 可实现预喷射、主喷射和后喷射。

(5) 喷油压力可随柴油机运转工况而变化。

2. 控制系统组成

与电控汽油发动机控制系统一样,控制系统由传感器、ECU(计算机)和执行机构组成。

在共轨式喷油系统中,喷油压力由高压油泵建立,高压燃油存储在“共轨”中,燃油喷油量由控制器 ECU 控制,其任务是对喷油系统进行电子控制,实现对喷油量以及喷油正时随运行工况的实时控制。采用转速、油门踏板位置、喷油时刻、进气温度、进气压力、燃油温度、冷却水温度等传感器,将实时检测的参数同时输入控制器(ECU),与 ECU 内部储存的设定参数值或参数图谱(MAP 图)进行比较,经过处理计算按照最佳值或计算后的目标值把指令送到执行器。执行器根据 ECU 指令控制喷油量和喷油正时,同时对废气再循环阀、预热塞等执行机构进行控制,使柴油机运行状态达到最佳。

共轨式喷油控制系统的传感器,有的与电控汽油发动机传感器的结构和工作原理完全相同,如曲轴转速传感器、凸轮轴转速传感器、加速踏板传感器、冷却水温传感器,进气温度传感器和空气质量流量计等,有的则是电控柴油发动机特有的,如增压压力传感器、共轨压力传感器等。曲轴转速传感器检测发动机转速,凸轮轴转速传感器检测发火顺序(相位)。加速踏板传感器检测发动机的负荷情况,空气质量流量计检测实时的空气质量流量。在涡轮增压并带增压压力调节的发动机,增压压力传感器用以测定增压压力。在低温和发动机处于冷态时,ECU 可根据冷却水温度传感器和进气温度传感器的数值对喷油始点、预喷和其他参数的额定值进行匹配。

3.3.3　共轨式燃油系统

共轨式燃油系统的主要组成部分如图 3-20 所示,可分为低压系统和高压系统两部分。

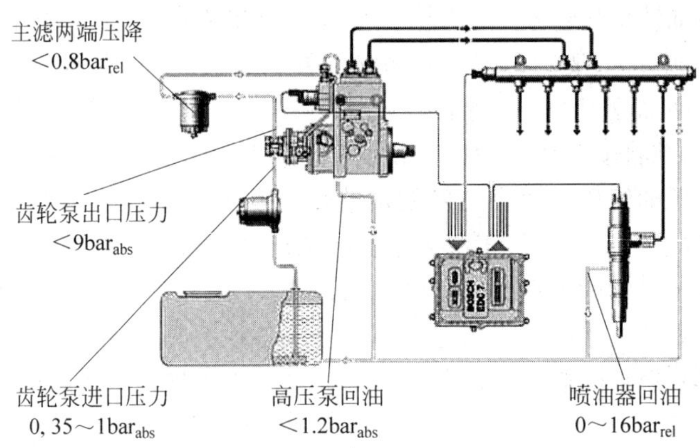

图 3-20　共轨燃油系统的组成

1. 低压部分

电控高压共轨喷油系统的低压供油部分的作用是向高压泵输送足够的清洁燃油，由燃油箱、粗滤器、输油泵（带有滤网）、精滤器及低压管路组成。图 3-20 注明了各段的油压。不同型号的共轨系统会有所差异，但基本燃油系统是一样的。

1）燃油箱

燃油箱必须抗腐蚀，且至少能承受 2 倍的实际工作油压，并在不低于 0.03MPa 压力的情况下仍保持密封。如果油箱出现超压，需经过适当的通道和安全阀自动卸压。即使车辆发生倾斜，或在弯道行驶，甚至发生碰撞时，燃油不会从加油口或压力平衡装置中流出。同时，燃油箱必须远离柴油机，如果车辆发生交通事故时，可减小发生火灾的危险。

2）低压油管

低压供油部分，除采用钢管外还可使用阻燃的包有钢丝编织层的柔性管。油管的布置必须能够避免机械损伤，并且在其上滴落的燃油既不能聚积，也不会被引燃。

3）输油泵

输油泵是一种带有滤网的电动泵或齿轮泵，它将燃油从燃油箱中吸出，将所需的燃油连续不断地供给高压泵。

4）滤清器

燃油滤清器将进入高压泵前的燃油滤清净化，去除燃油中杂质，从而防止高压泵、出油阀和喷油器等精密件过早磨损和损坏。

2. 高压部分

电控高压共轨喷油系统的高压供油部分除了产生高压外，还对燃油进行检测、控制和分配。主要由调压阀的高压泵、高压油管、作为高压存储器的共轨（带有共轨压力传感器）、限压阀和流量限制器、喷油器、回油管等组成。

1）高压泵

高压泵将输油泵输送来的燃油加压后供给共轨，其压力可达 135MPa，甚至更高，高压燃油经高压油管进入类似管状的共轨中。

2）共轨

在共轨中燃油仍保持压力，即使在喷油器喷油时由于燃油的弹性而产生蓄压作用，燃油压力仍基本保持不变。燃油压力由共轨压力传感器测定，通过调压阀调节到规定数值。限压阀的任务是将共轨中的燃油压力限制在 150MPa 以内。

3）喷油器

当高压燃油在喷油器中被电子控制的电磁阀释放时，喷油嘴开启，将燃油直接喷入柴油机燃烧室。

4）高压油管

高压燃油油管必须能够经受喷油系统的最大压力和喷油间歇时的局部高频压力波动。该油管是由钢管制成，通常外径为 6mm，内径为 2.4mm。

各缸的高压油管长度是完全相同的，共轨与各缸喷油器之间的不同间距是通过各缸高压油管的弯曲程度进行长度补偿的，但油管长度应尽可能短一些。

3. 共轨式喷油系统主要部件的结构与工作原理

1）电动输油泵

低压输油泵分电动式和机械式两种，电动输油泵如图 3-21 所示，只用于轿车和轻型商务汽车。它不但负责将燃油供给至高压泵，还能在 ECU 控制下实现燃油切断。机械式齿轮燃油泵如图 3-22 所示，也是用来为共轨高压油泵提供燃油的，因为它的可靠性比电动输油泵高，所以它在汽车上应用更为广泛。它既可以集成在高压油泵中，由高压油泵驱动轴驱动，也可以直接连接到发动机上，由发动机驱动。

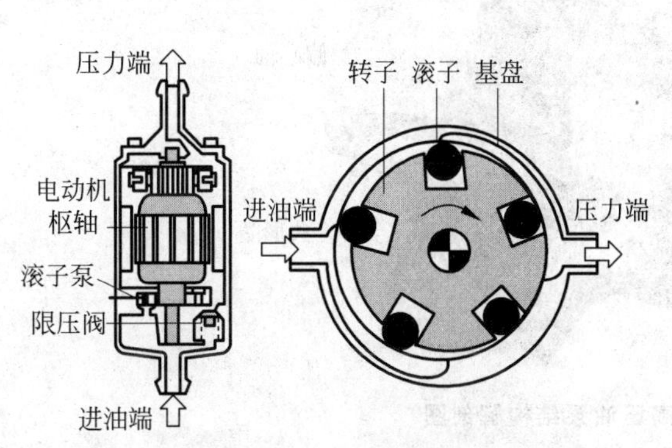

图 3-21　电动输油泵

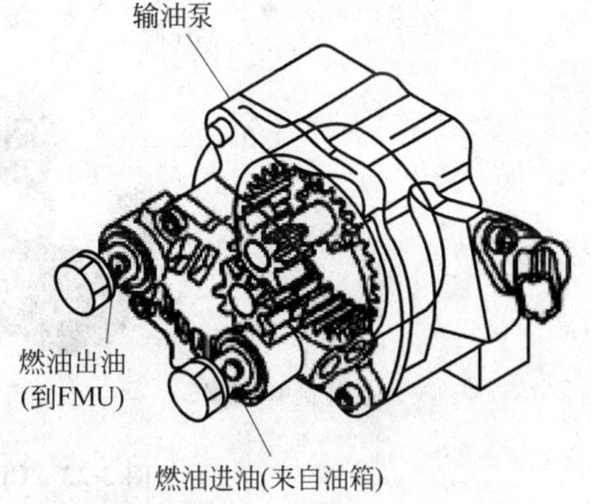

图 3-22　齿轮输油泵

2）高压油泵

高压油泵安装在柴油发动机上的低压部分和高压部分之间，以齿轮、链条或同步带传递动力。BOSCH 公司生产的高压油泵有多种型号，如 CPI、CPIH、CP2、CP3 等，这些高压油泵结构大体相同，都是三缸径向往塞转子泵，不同的是 CPI 型泵带有断油电磁阀用以减少泵油能量损失，防止油温过高。而在改进型 CPIH 型泵上，使用油量控制电磁阀，即脉冲宽度调制（PWM）电磁阀取代了断油电磁阀，在不同的占空比下使控制活塞在不同的位置，对油孔产生不同的开度，以达到控制油量的目的，也减少了能量损失，防止了油温过高。油量控制电磁阀也应用到了 BOSCH CP3.3 高压油泵上。下面以 CPI 为例介绍共轨高压油泵的结构与工作原理。

CPI 型高压油泵为三缸径向往塞泵，3 个柱塞沿圆周呈 120°夹角均匀分布，传动轴由发动机带动旋转，柱塞位于驱动轴的凸轮上，在偏心凸轮及柱塞弹簧的作用下，做往复运动，产生吸油及泵油功能。

由于每转 1 圈有 3 个供油行程，因此驱动峰值扭矩小，泵驱动装置受载均匀。驱动扭矩为 16N · m，仅为同等级分配泵所需驱动扭矩的 1/9 左右，所以共轨喷油系统对泵驱动装置的驱动要求比普通喷油系统低，泵驱动装置所需的动力随共轨压力和泵转速（供油量）的增加而增加。排量为 2L 的柴油机，额定转速下共轨压力达 135MPa 时，高压泵（机械效率约为 90%）所消耗功率为 3.8kW。喷油嘴中的泄漏和所需的喷油量及调压阀的回油，使其实际功消耗率要更高些。

如图 3-23 所示为 CPI 高压油泵结构解剖图。在 CPI 型高压油泵上安装有断油电磁阀，它的作用是在发动机部分负荷时停止 1 缸供油，而其他缸柱塞依然正常供油。目的是减少能量损失，防油温过高。压力控制阀安装在高压油泵内部，是一个脉冲宽度调制（PWM）电磁阀。采用脉冲宽度调制（PWM）信号来控制电流的变化，改变了电磁力，也就改变了通向油轨的燃油压力大小，使油轨压力保持在期望值。它的作用是根据发动机的工况，确定油轨的压力，并将其保持在该压力范围内。

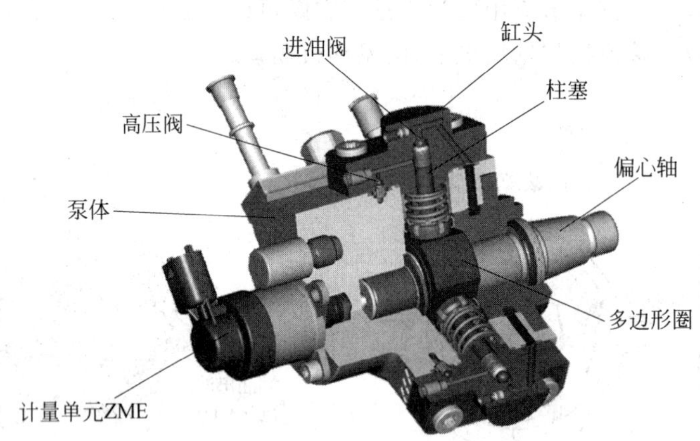

图 3-23 CPI 高压油泵结构解剖图

3）共轨管

共轨中通常注满了高压燃油，充分利用高压对燃油的压缩来保持存储压力，并用高压泵来补偿脉动供油所产生的压力波动。因此，即使从共轨中喷射出燃油，共轨中的压力也近似为恒定值。共轨管如图 3-24 和图 3-25 所示，共轨管上有连接进油管和回油管的管孔、与汽缸数相同的安装喷油器的管孔，以及轨压传感器和限压阀。

4）压力限制阀

压力限制阀如图 3-26 所示，安装在共轨管的一端。压力限制阀内部有阀门、阀体、活塞和阀门弹簧，传感器膜片将孔末端封住。在压力作用下的燃油经压力室孔流向膜片。

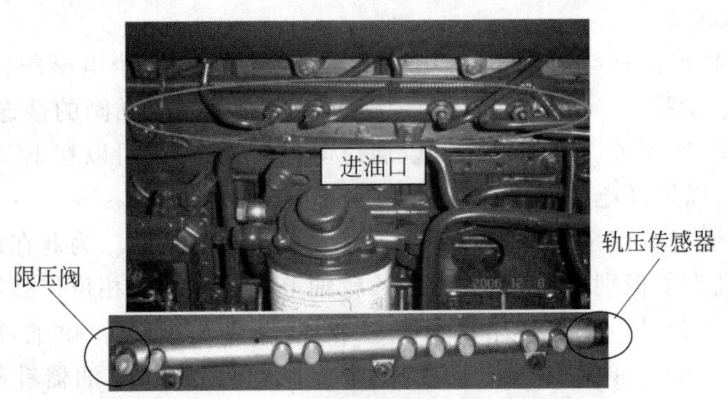

图 3-24 实车上的共轨管

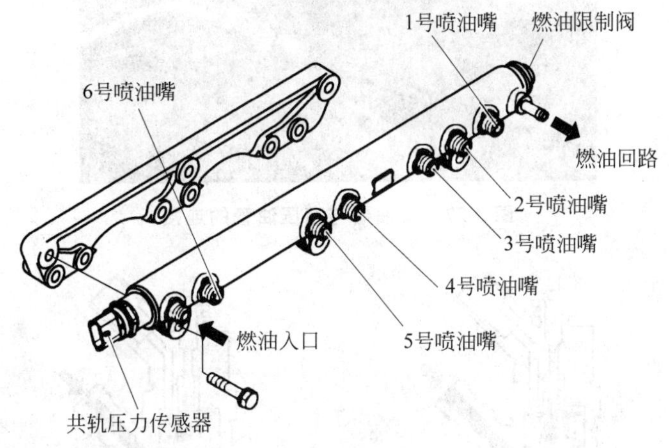

图 3-25 共轨管的结构

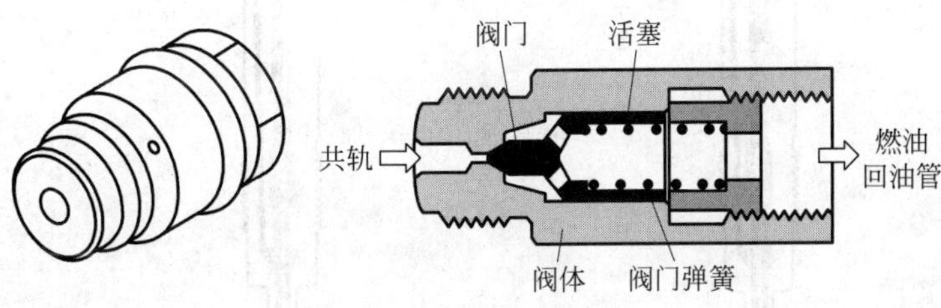

图 3-26 压力限制阀

在此膜片上装有传感元件,用以将压力转换成电信号,通过一根连接导线将产生的信号传输到向 ECU 提供放大测量信号的求值电路。当共轨内的油压低于规定值时,在阀门弹簧的作用下阀门关闭;当共轨内的油压高于规定值时,油压将克服阀门弹簧的力将阀门打开,共轨中的燃油经压力限制阀、回油管回到油箱。

5）流量限制阀

流量限制阀的作用是防止喷油器可能出现的持续喷油现象。当从共轨中流出的油量超过最大油量时,流量限制器将流向相应喷油器的进油管路关闭。流量限制阀属于选装件。

6）电磁式喷油器

喷油器通过高压油管与共轨相连，主要由 1 个喷油嘴和 1 个电磁阀构成。ECU 控制电磁阀通电，就开始喷油。在一定压力下，喷入的燃油量与电磁阀的接通时间成正比，而与柴油机或泵的转速无关。喷油量既可以通过电磁阀控制，也可以在 ECU 中通过高电压和大电流来控制，以提高电磁阀的响应特性。

喷油正时是通过电控系统中的角度——时间系统来控制的。为此在曲轴上装有一个转速传感器，并且为了识别缸序或相位，在凸轮轴上也装有一个相位传感器。

喷油器安装在缸盖上，与高压油管的连接如图 3-27 所示。喷油器的基本结构如图 3-28 所示，由孔式喷油嘴、液压伺服系统、电磁阀组件构成，喷油器针阀安装在阀体顶端，控制阀受电磁线圈控制。

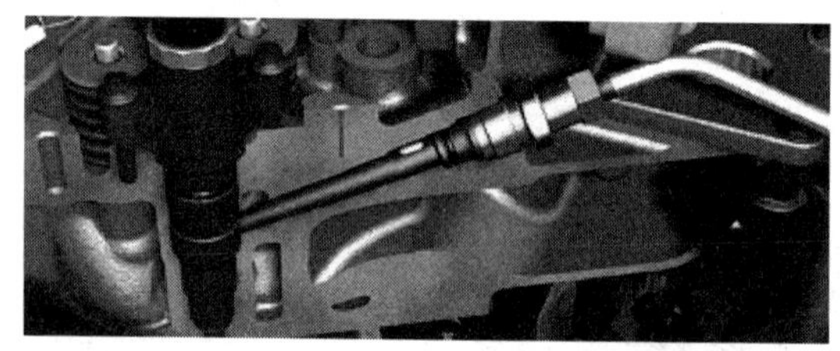

图 3-27　喷油器与高压油管的连接

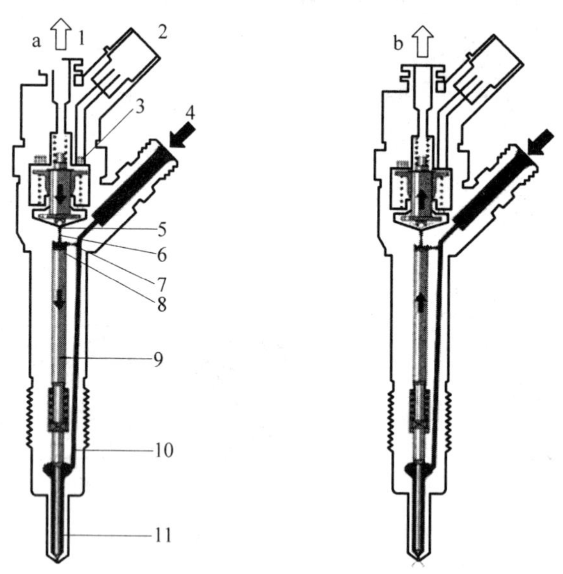

(a) 喷油器关闭(禁止)状态　　(b) 喷油器打开(喷油)状态

图 3-28　喷油器的基本结构

1—回油孔；2—电线接头；3—电磁阀；4—高压进油孔；5—球阀；6—回油节流孔；7—进油节流孔；8—阀控制室；9—阀控制柱塞；10—至喷嘴的进油道；11—喷油嘴针阀

喷油器根据 ECU 的控制指令控制喷油始点和喷油量，喷油器用卡夹装在汽缸盖中，在直喷式柴油机中的安装不需要汽缸盖在结构上有很大改变。

在柴油机和高压泵工作时，喷油器的功能可分为 4 个工作状态：喷油器关闭(依靠其中存有的高压)、喷油器打开(喷油开始)、喷油器完全打开、喷油器关闭(喷油结束)。

7）压电式喷油器

德国 BOSCH 公司和西门子公司还开发了采用压电晶体驱动器的新一代高压共轨电控喷油系统，其核心是采用压电晶体驱动的高速开关阀，取代高速电磁开关阀驱动电控喷油器，实现了精确控制的多次预喷射和后喷射，使高压共轨喷油系统的特性有了明显的改善。

采用压电晶体驱动器的新一代高压共轨电控喷油系统，除了喷油器外，其余部件基本与采用高速电磁阀控制的高压共轨系统相同。压电式喷油器如图 3-29 所示。

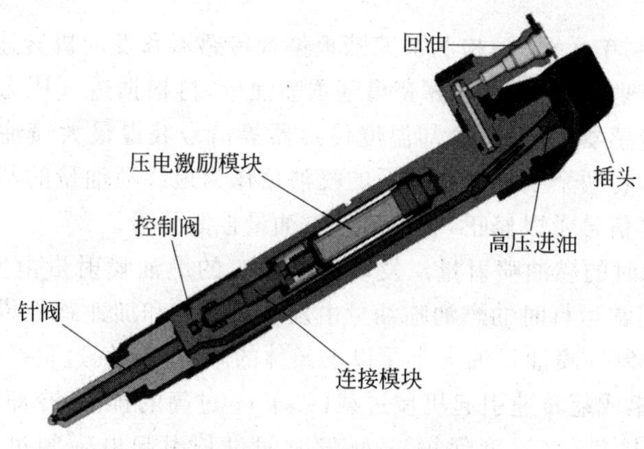

图 3-29　压电式喷油器

3.3.4　共轨控制系统

1. 共轨控制系统的组成

共轨控制系统主要由传感器、控制单元和执行器 3 部分组成，如图 3-30 所示。

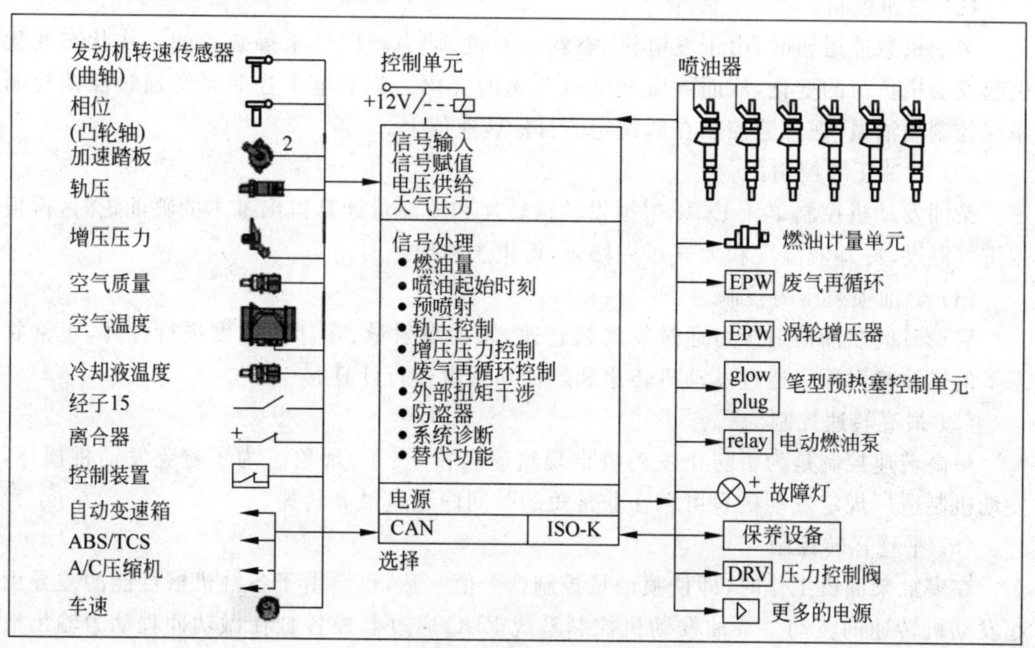

图 3-30　共轨控制系统的组成

2. 共轨控制系统的控制功能

共轨控制系统的控制功能可分为基本控制功能和扩展功能。

1）基本控制功能

基本功能是ECU在正确时刻以正确的数量和需要的压力控制燃油的喷射，从而保证燃油比耗量低和柴油机工作平稳。

（1）喷油量控制。

柴油发动机控制单元ECU检测加速踏板位置传感器和发动机转速传感器信号，根据ECU内部存储的调速器特性图，计算获得基本喷油量，再根据进气压力传感器、进气温度传感器、大气压力传感器、发动机冷却温度传感器等信号获得最大喷油量，将上述两个喷油量进行分析比较，将两个喷油量中较低的喷油量作为最终喷油量的基本值，再通过发动机转速、喷油压力等信号予以修正，获得最终喷油量控制信号。

① 发动机启动时的燃油喷射量。发动机启动时的燃油喷射量由发动机启动转速和冷却液温度确定，正常运行时的燃油喷油量由发动机转速和加速踏板位置确定。

② 喷油量的限制。喷油量的大小受以下条件的限制：废气过量排放超过限值；碳烟过多排放；高的扭矩或超转速引起机械过载（飞车）；过高的排气、冷却液、机油、涡轮增压器温度引起超高的热负荷（温度保护）；触发时间过长引起电磁阀过高的热负荷（热稳定性）。

③ 喷油量补偿。对喷油器供油量补偿（IMA）而言，在喷油器生产过程中对每一个喷油器大量的测量参数被监测，该数据以数据矩阵码（IQA码）的形式被粘贴或激光刻制在喷油器上。对内嵌压电喷油器而言，升程响应的数据被包括在这个矩阵码内。这个数据在车辆制造时被输入ECU，在发动机运行时被用于补偿计量和开关响应的偏离。

（2）怠速控制。

柴油机怠速运转时，由于发电机、空调压缩机、动力转向油泵等装置的工作状态变化引起发动机负荷的变化，从而导致发动机转速的变化。柴油电子控制系统通过反馈控制系统控制喷油量，把怠速控制在所设定的目标转速值上。

（3）喷油正时控制。

柴油发动机控制单元ECU根据发动机转速和喷油量计算得出基本的喷油正时，再根据进气温度、冷却液温度和大气压力修正，得出主喷射正时。

（4）燃油喷射压力控制。

启动时的燃油喷射压力通过发动机转速、燃油喷射量、冷却液温度进行计算，正常状态下的燃油喷射压力通过发动机转速和燃油喷射量进行计算。

（5）最高转速控制。

最高转速控制是为了防止发动机出现超速运转（飞车）现象。为了避免发动机损坏，发动机制造厂规定发动机只可以在非常短的时间内超过最高转速。

（6）平稳运转控制。

在多缸柴油机工作时，即使喷油量控制指令值一致，也会由于各缸机械性能的差异引起发动机转速的波动。柴油发动机控制系统EDC通过监控各缸在做功冲程动力输出造成转速的变化，自动修正各缸喷油量指令控制值，降低发动机转速的波动，使发动机平稳

运转。

(7) 发动机制动控制。

当汽车发动机制动被应用时，喷射的燃油量被降为零或怠速喷油量。为了这个目的，ECU检测发动机制动开关位置信号。部分车型还设计了进排气门关闭功能：在一定车速，如果ECU收到制动信号，则控制可变凸轮机构把进排气门关闭，并停止喷油，使汽缸成为一个空气压缩机的状态，增加发动机制动的效果。

(8) 海拔高度补偿。

随着海拔高度升高，大气压力下降，使得汽缸被充填较少的空气，这意味着喷油量必须相应的减少，否则会有过量的碳烟生成。为了正确地修正高海拔地区的喷油量，ECU通过装在自身上的大气压力传感器测量大气压力的变化。根据这个测得的大气压力信号，ECU根据大气压力的变化因素对喷油量进行修正。大气压力对增压压力控制和扭矩限制也产生影响。

(9) 启动预热控制。

当ECU检测到发动机转速信号和冷却液温度较低时，判断出需要启动预热，输出控制信号给电热塞预热指示灯，点亮电热塞预热指示灯，同时输出控制信号给电热塞继电器线圈，使电热塞继电器触点闭合，电流通过保险丝、电热塞继电器触点到电热塞，起到启动预热作用。

(10) 其他控制功能。

① 自我监测功能。ECU对传感器、电磁线圈、执行机构实施监测，诊断系统通过仪表板上的故障灯显示故障。

② 跛行回家功能。如果一些次要的传感器失效，ECU将用其他传感器的信号来替代或用一个固定的数值来控制；如果是重要的传感器失效，仪表板上的故障灯被点亮。

③ 紧急停车功能。当油路上的电磁阀断电时，可以切断燃油供给，此功能由独立的电子停油机构(ELAB)完成。如果喷油量执行机构失效时，也可以关闭发动机。

2) 扩展功能

扩展功能主要用于减少废气排放和燃油比耗量，或提高安全性和舒适性。例如，用来实现废气再循环、增压压力调节、车速调节和电子防盗锁等。总线系统CAN可与车辆的其他电子系统(如防抱死制动系统和变速器电子控制系统)进行数据交换，诊断接口可分析车辆检查时系统存储的数据。

3. 控制单元

ECU是电控发动机的控制中心，通过接收各传感器传送来的发动机运行信息，加以运算处理后控制各执行器动作。如图3-31所示是玉柴发动机上使用的控制器ECU。

4. 传感器

电控共轨柴油发动机的运行由发动机控制系统控制。发动机控制系统ECU是控制中心，所有的传感器信号都被传送到ECU。传感器的信号是ECU计算、分析、比较的基本参数。传感器实质上是一种信号转换器，它的作用是检测发动机运行参数或状态，并将非电量的有关参数或状态转化为电信号，不失真地将有关信息提供给控制器。

图 3-31　玉柴发动机控制器 ECU

电控共轨柴油发动机主要传感器的功能见表 3-2。

表 3-2　共轨电控系统传感器的功能

序号	名　　称	功　　能
1	曲轴位置传感器	计算曲轴位置和转速，用于计算喷油时刻和喷油量
2	凸轮轴位置传感器	汽缸判别
3	进气温度传感器	测量进气温度，修正喷油量和喷油正时，过热保护
	增压压力传感器	监测进气压力，调节喷油控制，与进气温度传感器集中在一起
4	机油压力与温度传感器	测量机油压力和温度，用于喷油的修正和发动机的保护
5	冷却水温传感器	测量发动机冷却水的温度，用于冷启动、目标怠速计算等，同时用于修正喷油提前角、最大功率保护等
6	共轨压力传感器	测量共轨中的燃油压力，保证油压控制稳定
7	油门踏板位置传感器	将驾驶员的意图(发动机负荷信号)传送给 ECU
8	车速传感器	提供车速信号给 ECU，用于整车驱动控制
9	大气压力传感器	集成在 ECU 中，校正控制参数

5. 执行器

发动机依据传感器的信号结合内部储存的程序与数据进行分析计算，输出控制信号给执行器。执行不同的功能。执行器主要有喷油器、进油计量阀、预热控制单元(GCU)、故障指示灯(MIL)、诊断接口、ECU 继电器、预热指示灯、A/C 继电器等。主要执行器功能见表 3-3。

表 3-3　执行器功能

序号	名　　称	功　　能
1	燃油计量阀	控制高压油泵进油量，保持共轨压力满足指令需求
2	喷油器电磁阀	精确控制喷油提前角、喷油量
3	继电器	用于空调压缩机、排气制动和冷启动装置的控制
4	指示灯	故障指示灯、冷启动指示灯
5	转速输出	用于整车转速表
6	CAN 总线	用于与整车动力总成、ABS、ASR、仪表、车身等系统的联合控制
7	K 线	用于故障诊断和整车标定

3.4　电控共轨喷油系统日常维护需要注意的问题

3.4.1　日常维护基本注意事项

(1) 相对传统的机械式燃油系统而言，电控高压共轨喷油系统对燃油的清洁度与含水量有很高要求。不清洁的燃油会使油轨产生锈蚀，也会使运动部件和偶件受到磨损而缩短使用寿命。因此对电控高压共轨喷油系统维护保养时，要特别注意操作现场的清洁。

(2) 在日常的维护保养中，要定期更换燃油滤清器及油水分离器。

(3) 不要加注不符合国标的燃油，应该到正规的加油站进行加油。由于国内油品整体水平不高，水分和杂质较多，用户应该定期放出油水分离器中的水分。

(4) 所有的燃油系统管路在拆装过程中要妥善保管，避免被脏污。严禁在柴油机运转时拆卸高压油管，因为此时高压油管中的油压很高，所以一定要停机15min以上才能拆卸油管，以确保安全。

(5) 必须使用柴油机生产厂家认可的高压共轨柴油机专用柴油滤清器芯。柴油滤清器芯更换周期为每运行15000km或累计运行300h更换一次。更换滤清器芯时，要用专用工具将滤清器芯从柴油滤清器座上拧下，用力要均匀，以免挤压变形；检查新滤清器芯的密封圈是否完好；不允许往新滤清器芯中灌注柴油。更换柴油滤清器芯后，要按用户手册的要求打手油泵排空。

3.4.2　进排气系统日常维护注意事项

(1) 进排气系统的作用是保证进气清洁、充足，排气通畅。如果进排气系统出现问题，会引发零部件早期磨损，燃油消耗增高，功率不足等故障。

(2) 绝对禁止柴油机在不装空气滤清器或空气滤清器失效的情况下工作。

(3) 平时可以通过观察装在空气滤清器后的进气管上的空气阻力指示器来判断空滤器的堵塞情况，如果空气阻力指示器的颜色由绿变为红色，说明需要更换滤清器芯。如果没有阻力指示器，则视环境空气中含尘量高低来确定检查、清理或更换的周期。

(4) 每运行5000～8000km应更检查并清洁空气滤清器芯，由于车辆用途和使用环境差异性很大，应该灵活检查或保养空气滤清器芯的时间。

(5) 定期检查进气管路的增压器，要求：管路连接可靠，无破损；增压器叶轮转动灵活，轴向间隙适当，无窜油窜气现象；排气制动阀和消声器无堵塞。

3.4.3　润滑系统日常维护注意事项

(1) 共轨柴油机零部件的精度很高，因而对于机油油品的要求较高，必须使用高质量等级的、正规厂家的品牌机油。

(2) 机油的工作温度要求在90～110℃。机油压力在正常工作时为0.3～0.6MPa，怠速时不低于0.15MPa。当柴油机压力表显示值有问题时要及时停车检查，否则会引发

烧瓦等故障。日常驾驶中应避免急速停车，开车和停车前均应怠速运转3～5min，使润滑油路的油压建立起来，避免瞬时缺油，损坏增压器及其他相关部件。

(3) 定期检查油底壳内润滑油面高度和油品质量，油面要保持在标尺的上下限度之间，机油变质后要及时更换。

(4) 汽车行驶8000～10000km后，就更换机油及机油滤清器，启动频繁或经常在高速大负荷下运行时就适当缩短换油周期。

3.4.4 综合注意事项

(1) 柴油机蓄电池的电容量不足时，不能用快速启动电源进行启动，可以采用蓄电池辅助启动。

(2) 在进行柴油机的故障检查过程中，不能随便拔插电器接头及元件，应在点火开关关闭后进行，检测方法应按技术手册要求进行。此外，还应注意接头及元件的保洁，不要让水、燃油或灰尘进入。

(3) 不能直接对装备电控柴油机的车辆进行电焊工作，需将控制单元拆除后才能进行这些方面的作业，冬天还应注意人体静电对电器元件的损害。

(4) 如需要对燃油系统进行拆卸，一定要在柴油机停机一段时间后才能进行管路和器件的拆卸，具体时间由各车型、柴油机型号和电控系统的不同而不同。在组装时，要注意保持接头的清洁及紧固后的密封性，根据拆卸的情况进行排空燃油。对于部分柴油机要逐段进行排空，首先是油箱到滤清器，然后是滤清器到油泵，将泵体上的排气塞或排气口旋开，用手动真空泵将泵体内的气体排空。

(5) 不能用传统的方法进行新型电控柴油机的故障诊断。只有经过该系统专业知识培训后的维修技师方能从事新型电控柴油系统的故障诊断，并在故障诊断时要应用合适的诊断设备、专用工具。同时，在故障诊断前需要详细阅读柴油机制造厂的操作指南和技术说明。

(6) 电控柴油机系统故障诊断多采用逆源诊断法：先使用诊断设备找出故障的可能原因，然后从外围设备到控制单元逐步寻找故障所在的部位，最后加以解决。

3.5 复习与思考

1. 判断题

(1) 泵喷嘴上部装有一根较短的油管。 (　　)

(2) 采用泵喷嘴燃油喷射系统的发动机，其泵喷嘴个数等于汽缸数。 (　　)

(3) 泵喷嘴系统和单体泵系统的驱动机构是相同的。 (　　)

(4) 柴油机控制器把发动机转速和油门踏板位置信号作为计算喷油量的基本信号。 (　　)

(5) 电控单体泵与泵喷嘴控制系统相同，由传感器、控制器和执行器件组成。(　　)

(6) 电控共轨上使用的喷油器只有电磁式一种。 ( )

(7) 电控共轨柴油发动机第一次启动时，必须进行低压油路和高压油路的排气和充油。 ( )

2. 选择题

(1) ( )是单体泵。

A.  B. 

(2) 如图 3-32 所示柴油发动机上安装的是( )系统。

图 3-32 柴油发动机

A. 泵喷嘴 B. 单体泵 C. 共轨

(3) 电控单体泵的泵端或喷射压力可达( )。

A. 100～160MPa B. 200～220MPa C. 140～160MPa

(4) 电控单体泵控制系统具有控制功能和( )功能。

A. 通信 B. 测试 C. 诊断

3. 填空题

(1) 根据所采用的控制技术的不同，电控柴油机可分为________系统、________系统和________系统 3 种不同类型。

(2) ________的泵和喷油器是用一根油管连接的。

(3) 泵喷嘴喷油量由________和________的关闭延续时间决定。

(4) 电控泵喷嘴的喷油压力主要受________影响。

(5) 单体泵一般作为整体部件装在柴油机的汽缸体上，由________驱动。

(6) 高压共轨系统由________系统和________系统两部分组成。

(7) 控制系统由________、________和________执行机构组成。

(8) 共轨低压部分由________、________、________和________组成。

(9) 写出如图 3-33 所示油路图中各编号对应的部件名称。

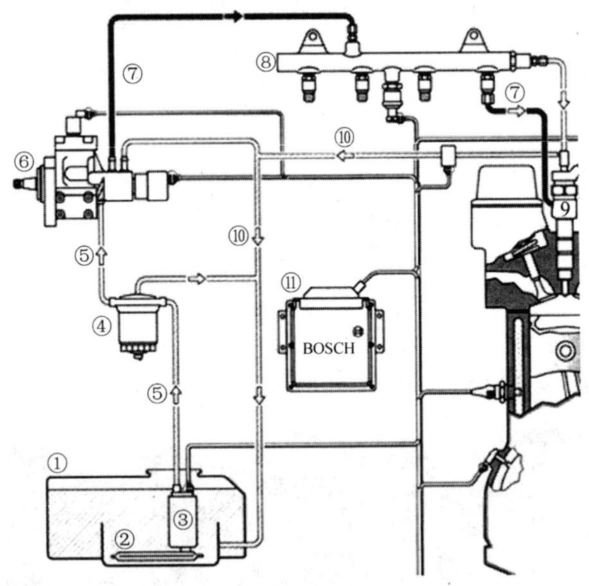

图 3-33 油路图

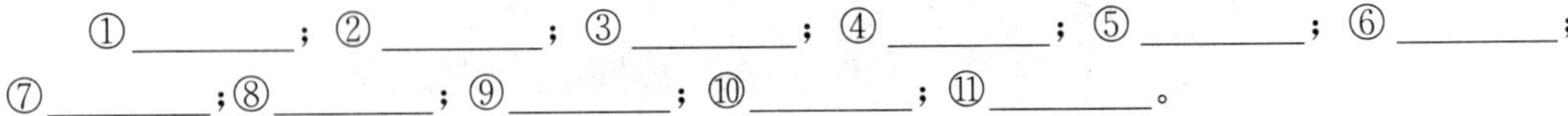

① ________；② ________；③ ________；④ ________；⑤ ________；⑥ ________；⑦ ________；⑧ ________；⑨ ________；⑩ ________；⑪ ________。

模块 4

自动变速器

◎学习目标

1. 知识目标

(1) 了解自动变速器的功能、技术发展及其类型；

(2) 了解自动变速器的基本组成与工作原理；

(3) 掌握自动变速器的操作使用与日常检查维护作业内容；

(4) 了解无级自动变速器的特点及其基本工作原理。

2. 能力目标

(1) 认识自动变速器的组成总成件；

(2) 熟悉自动变速器的挡位与开关的使用；

(3) 熟悉自动变速器的维护作业。

4.1 自动变速器概述

自动变速器的研发是为了减少驾驶员操作强度，方便各类驾驶员操作。当前，大部分中高档乘用车都装备自动变速器。

4.1.1 自动变速器的功能与优点

1. 功能

汽车在行驶中有各种状态，如前进、倒车、停车等。自动变速器可根据车辆实际的负载和车速等情况自动换挡，完成传动比的变化。

2. 优点

(1) 减轻了驾驶员的操作强度(如图 4-1 所示)。

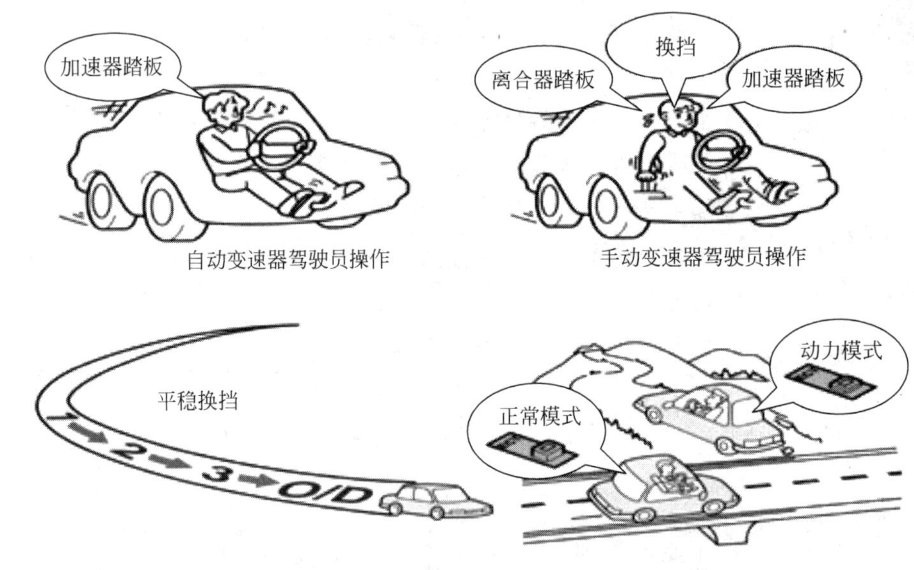

图 4-1　自动变速器的功能与优点

(2) 发动机和传动系均不易产生过载。

(3) 自动变速器能根据道路状况和发动机的负荷状况，在一定范围内，恰到好处地升降挡，从而提高了汽车的动力性和经济性。

(4) 自动变速器由于适时升降挡，延长了发动机及传动系统的使用寿命，减少了传动过程的冲击，既改善了汽车乘坐的舒适性，又延长了传动零部件的使用寿命。

4.1.2 自动变速器的技术发展

1. 自动变速器向多挡位方向发展

自动变速器在 20 世纪 70 年代初开始被批量地采用，最初使用三前速全液压控制，如

日本的 AISIN 公司提供给 TOYOTA 汽车使用的 A40 自动变速器。随着汽车技术的发展，20 世纪 70 年代中期开始生产四前速自动变速器，如 TOYOTA 的 A40D 自动变速器。1983 年，丰田(TOYOTA)汽车公司首次使用了由电控单元控制换挡的自动变速器。这是全世界第一种电控换挡自动变速器，称为 A140E 自动驱动桥。五前速电控变速器较早由德国的 ZF 公司生产。随着自动变速器技术的成熟，2002 年，由 BMW 和 ZF 公司合作开发了六前速自动变速器，主要使用在 BMW745i 等车型上。BENZ 在 2003 年 8 月份以后的 V8 车型上使用七前速自动变速器，称为 722.9 自动变速器(见图 4-2)。最近，在最新款的 LEXUS LS460L 上推出了八前速的自动变速器。这是目前轿车上使用的挡位最多的自动变速器。多挡位自动变速器主要的优点是变速器的换挡品质、加速性能，以及经济性能都比较好。

图 4-2　奔驰七前速自动变速器

2. 控制系统向人性化控制方向发展

为改善变速器的性能和满足各种类型的驾驶员的要求，电控自动变速器由传统的变速器控制系统进入目前较新的模糊逻辑控制系统。

采用模糊逻辑控制之后，变速器的控制更人性化，更能满足个性化需求。20 世纪 90 年代末，开始在中高档车型上采用手动和自动换挡混合控制的变速器，称为 MAT(如图 4-3 所示)。

图 4-3　自动变速器手自一体换挡操纵机构

3. 自动变速器向无级变速方向发展

无级变速器称为CVT，如图4-4所示为使用在奥迪A6上的CVT的选挡杆及变速机构。从车辆的整体性能来看，装有multitronic无级/手动一体式变速器的奥迪A6 2.8L轿车的100km/h加速时间比装普通自动变速器的同级车快了1.3s。同时，按照欧洲的燃料消耗标准，它比装常规自动变速器车辆百公里油耗少。CVT将是自动变速器发展的趋势。

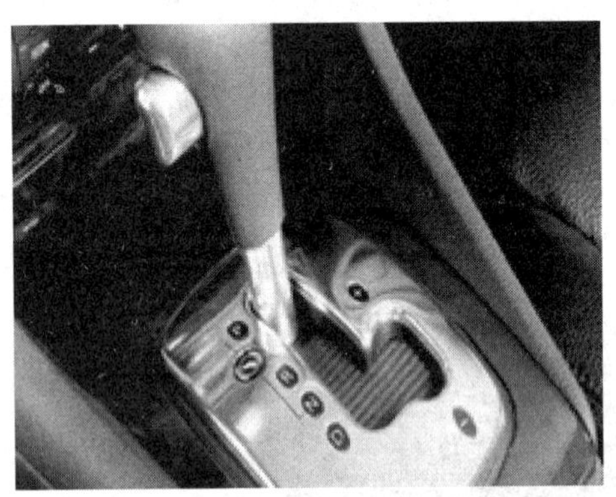

图4-4 奥迪A6无级变速器换挡操纵机构及变速机构

4.1.3 自动变速器分类

1. 按照车辆驱动方式分类

自动变速器按照车辆驱动方式可分为发动机前置后轮驱动和发动机前置前轮驱动两种。后轮驱动的变速器也称自动变速器，后轮驱动的变速器与前轮驱动变速器的基本工作原理一样，只是其变速器、主减速器与差速器分开(如图4-5(a)所示)。前轮驱动的变速器也称自动驱动桥，其变速器、主减速器与差速器没有分开，它们是一个总成件(如图4-5(b)所示)。

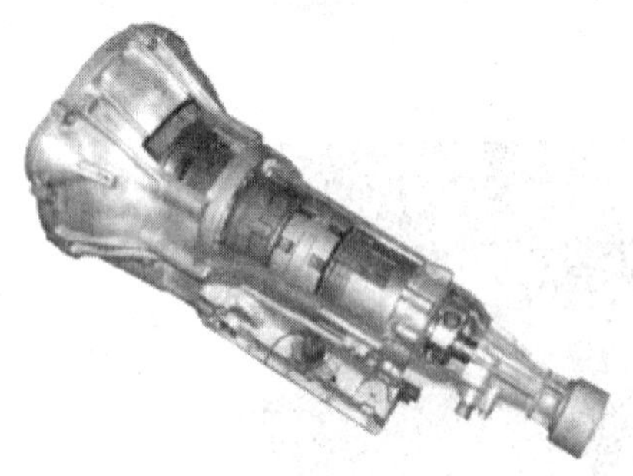

(a) 前置后驱自动变速器

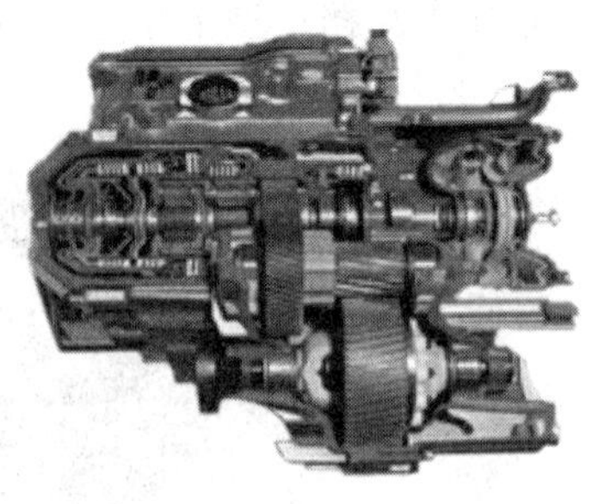

(b) 前置前驱自动变速器

图4-5 自动变速器

2. 按传动齿轮形式分类

自动变速器按传动齿轮形式可以分为行星齿轮式自动变速器和平行轴式自动变速器两大类型。行星齿轮式自动变速器的传动机构主要由太阳轮、行星轮、行星架、齿圈等部

件组成。平行轴式自动变速器就是采用普通齿轮作为机械齿轮传动机构。

4.1.4 自动变速器型号的含义

下面将几个大型汽车公司的自动变速器的具体型号含义举例说明如下。

1. 宝马公司自动变速器型号

宝马 ZF5HP19-EH 自动变速器,表示自动变速器由德国 ZF 公司生产,前进挡位数为 5,控制类型“H”代表液压控制,齿轮类型“P”代表行星齿轮,额定转矩 19N·m,末尾的“EH”表示电液控制类型。

ZF 公司的变速器也可以通过变速器的标牌来识别,如图 4-6 所示。

图 4-6 ZF 变速器识别

2. 通用公司自动变速器型号

该公司自动变速器的型号主要有 4T60E、4L60E 等,第一位阿拉伯数字表示前进挡的个数,“4”表示有 4 个前进挡;第二位字母表示驱动方式,“T”表示自动变速器横置(Transverse),“L”表示后置后驱动;第三、四位数字表示自动变速器的额定驱动转矩;第五位字母表示控制类型,“E”表示电子控制。

3. 丰田公司自动变速器型号

丰田自动变速器的型号分为两大类:一类为型号中除字母外有两位阿拉伯数字,另一类为型号中除字母外有三位阿拉伯数字。

型号中有两位阿拉伯数字的自动变速器,如 A40、A45DL、A43D 等。字母“A”代表自动变速器。若左起第一阿拉伯数字分别为“1”“2”“5”,则表示该自动变速器为前轮驱动车辆用,即自动变速器内含主减速器与差速器。若左起第一位阿拉伯数字分别为“3”“4”“6”“7”,则表示该自动变速器为后轮驱动车辆用。左起第二位阿拉伯数字代表生产序号。数字后附字母的含义分别为“H”或“F”,表示该自动变速器用于四轮驱动车辆;“D”表示该自动变速器有超速挡;“L”表示该自动变速器有锁止离合器片;“E”表示该自动变速器为电控式,同时带有锁止离合器片;若无“E”,则表示为全液压控制自动变速器。

型号中有三位阿拉伯数字的自动变速器,如 A130L、A140L、A240L、A241L、A340E、A540E 等。左起第一个字母“A”表示自动变速器,左起第一位阿拉伯数字以及后附字母的解释同上。左起第二位阿拉伯数字代表该自动变速器前进挡的个数。左起第三位阿拉伯数字代表生产序号。

需说明的是,上述各自动变速器中,A340H、A340F、A540H 型自动变速器,其后面均省略了“E”,均为带锁止离合器片的电控自动变速器；A241H、A440F、A45DF 型自动变速器,其后面均省略了“L”,均为带锁止离合器片的自动变速器。

4.2 自动变速器的基本组成与工作原理

4.2.1 自动变速器的组成

1. 液力传动装置

1）液力变矩器的作用与安装位置

液力变矩器是连接发动机曲轴和变速器输入轴的装置。液力变矩器可以平稳地把发动机的动力传递到变速器。液力变矩器允许发动机与变速器之间有相对滑转,从而在停车时不脱开行驶挡也能维持发动机转动。液力变矩器也可在汽车承受负荷时,起增大转矩的作用以改善汽车的性能。液力变矩器安装在自动变速器的前方,安装在发动机的飞轮上(如图 4-7 所示)。

图 4-7　液力变矩器的安装位置

2）液力变矩器的结构

典型的液力变矩器由安装在一个独立壳体中的下列元件组成：泵轮、涡轮、导轮、单向离合器和锁止离合器(如图 4-8 所示)。

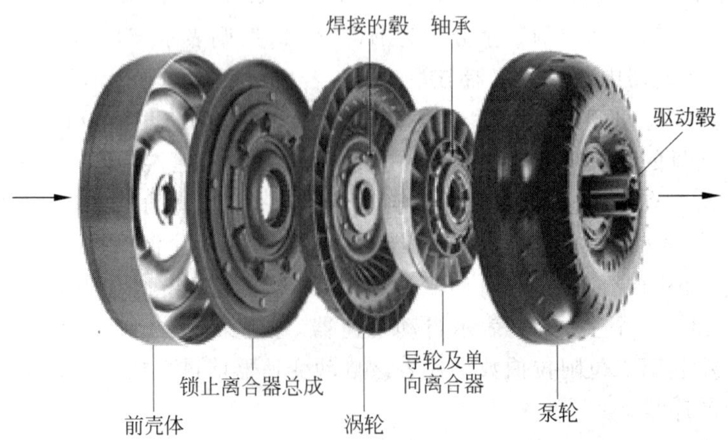

图 4-8　液力变矩器的组成元件

（1）泵轮是变矩器的主动元件，是液力变矩器的驱动部分，它通过与其焊接的壳体以发动机转速转动。泵轮的叶片直接固定在变矩器壳上。因此，泵轮是变矩器的输入装置，并且总是以发动机转速转动（如图4-9(a)所示）。

泵轮的作用：将发动机的机械能转变为液流的动能，并通过延伸套驱动变速器油泵工作。

（2）涡轮是变矩器的输出元件，并与变速器的输入轴连接。涡轮被来自泵轮的液流驱动，并且以相同的方向转动；涡轮表面的叶片与泵轮的叶片相对。泵轮和涡轮都有内叶片，但是其叶片的方位方向相反（如图4-9(b)所示）。

(a) 泵轮实物图

(b) 涡轮实物图

图4-9　泵轮与涡轮

涡轮的作用是：将液流的动能转变为机械能，驱动变速器输入轴。

（3）导轮位于泵轮与涡轮之间，通过单向离合器安装在与变速器壳体连接的导管轴上。导轮的直径大约是泵轮或涡轮直径的一半，并且位于泵轮和涡轮之间，导轮与泵轮或涡轮之间没有机械连接。所有从涡轮返回到泵轮的液流都要经过导轮。导轮使涡轮引导的液流改变方向返回到泵轮。

导轮支承在单向离合器上，单向离合器使导轮只能与泵轮同向转动。当泵轮和涡轮达到耦合器工作状况时，单向离合器允许导轮空转。

导轮的作用是：在汽车起步和低速行驶时，增大变速器输入的扭矩。

（4）单向离合器由外座圈、内座圈、保持架、楔块等组成（如图4-10所示）。

当固定单向离合器的外座圈时，单向离合器的内座圈只能朝一个方向自由转动，另一个方向则是锁止的。同样，当固定单向离合器的内座圈时，单向离合器的外座圈只能朝一个方向自由转动，另一个方向则是锁止的。

（5）锁止离合器。

当变矩器进入耦合器的工作状态时，发动机和变速器之间采用机械连接的方式，这样就可以减小功率损失，保证发动机的扭矩更有效地传输到变速器。实现发动机与变速器之间的直接机械传动最为普遍的方法是采用液力操纵锁止离合器。20世纪70年代开始采用这种方法，这种方法完全由液力控制和操纵，并且仅当变矩器在超速挡工作时才提供直接机械传动。今天的变速器能在更多个前进挡工作中提供直接机械传动，并且采用计算机控制电磁阀来控制进入锁止离合器的液压。

锁止离合器机构由锁止活塞、摩擦片和减震弹簧构成，整套装置安装在涡轮毂上，涡轮的前端。减震弹簧在离合器接合时，吸收扭震，防止产生振动。摩擦片粘在变矩器壳体或变矩器锁止活塞上，用以防止离合器接合时打滑（如图4-11所示）。

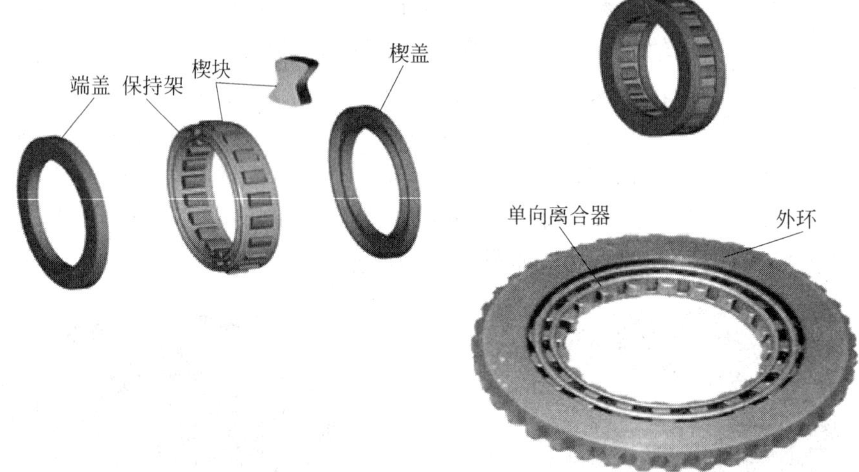

图 4-10　单向离合器的结构图

图 4-11　液力变矩器锁止离合器

4.2.2　自动变速器齿轮传动机构

1. 简单行星齿轮机构

行星齿轮机构可以按需要的行驶方向和车速提供不同的传动比。简单行星齿轮机构由一个太阳轮、若干个行星齿轮、一个行星架和一个齿圈组成。这些齿轮是工作平稳的典型斜齿轮(如图 4-12 所示)。

位于行星齿轮机构中心的是太阳轮,太阳轮因其位置而得名。行星齿轮围绕着太阳轮,就像太阳系中地球和其他行星围绕着太阳一样。这些行星齿轮由行星架定位支承,并且每个行星齿轮在各自独立的轴上转动。行星齿轮与太阳轮和齿圈是常啮合的,齿圈位于行星齿轮机构的外层,齿圈有内齿并围绕着行星齿轮机构的其他元件,因而齿圈与行星齿轮常啮合。行星齿轮的个数取决于变速器的设计负荷,重负荷需要增加行星齿轮的个数,以使工作负荷由更多的轮齿来负担。

行星齿轮机构可以提供降速挡、超速挡、直接挡、倒挡和空挡。因为其齿轮是常啮合

的，所以不像一般的手动变速器那样通过齿轮的接合或脱离实现换挡，而是采用离合器和制动器通过固定或释放行星齿轮机构的不同元件，改变行驶方向和传动比。

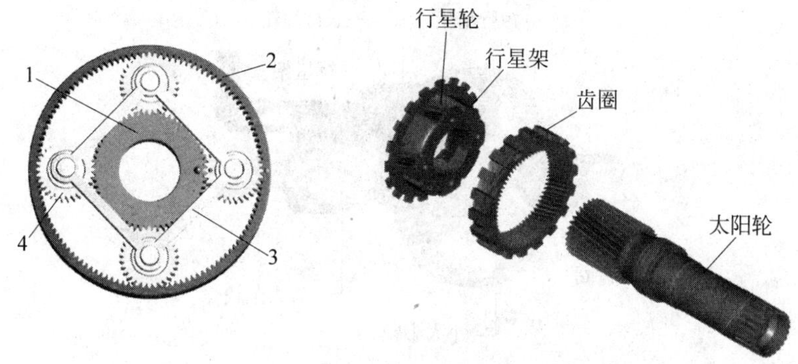

图 4-12　简单行星齿轮机构

1—太阳轮；2—齿圈；3—行星架；4—行星齿轮

2. 辛普森式行星齿轮机构

辛普森式行星齿轮机构是由共用一个太阳轮的两组行星齿轮、两个齿圈和两个行星架组成的。

它可以提供三个前进挡和一个倒挡。行星齿轮机构的一半或一部分称为前行星齿轮机构，而另一部分称为后行星齿轮机构。两排行星齿轮机构共有四个独立元件，即前排齿圈、前排行星架/后排齿圈、前后太阳轮、后排行星架(如图 4-13 所示)。

图 4-13　辛普森式行星齿轮机构

3. 拉维娜式行星齿轮机构

拉维娜式行星齿轮机构由两个太阳轮共用一个行星架、一个齿圈的两组行星齿轮组合而成。与辛普森式行星齿轮机构相比较，拉维娜式行星齿轮机构结构紧凑，执行元件数量少。拉维娜式行星齿轮机构采用一大一小两个太阳轮，三个长行星齿轮和三个短行星齿轮都可以在自己的轴上转动，所有的行星齿轮轴固定于共用的行星架上，拉维娜式行星齿轮机构只有一个共用齿圈。小太阳轮与短行星齿轮啮合，短行星齿轮充当惰轮驱动长行星齿轮，长行星齿轮与大太阳轮和齿圈啮合。拉维娜式行星齿轮机构有四个独立元件，即齿圈、行星架、大太阳轮、小太阳轮(如图 4-14 所示)。一套拉维娜式行星齿轮机构可以获得四个前进挡和一个倒挡。

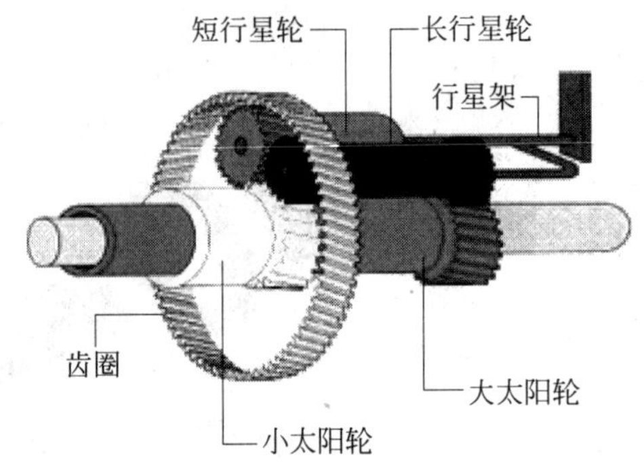

图 4-14 拉维娜式行星齿轮机构

4. 串联式行星齿轮机构

串联式行星齿轮机构是由前后两个行星排组成,其特点是前行星排齿圈与后行星排行星架连成一体,前行星排行星架和后行星排齿圈连成一体,因此被称为串联式。串联式行星齿轮机构有四个独立元件,即前排齿圈/后排行星架、前排行星架/后排齿圈、前排太阳轮、后排太阳轮(如图 4-15 所示)。一套串联式行星齿轮机构可以获得四个前进挡和一个倒挡。

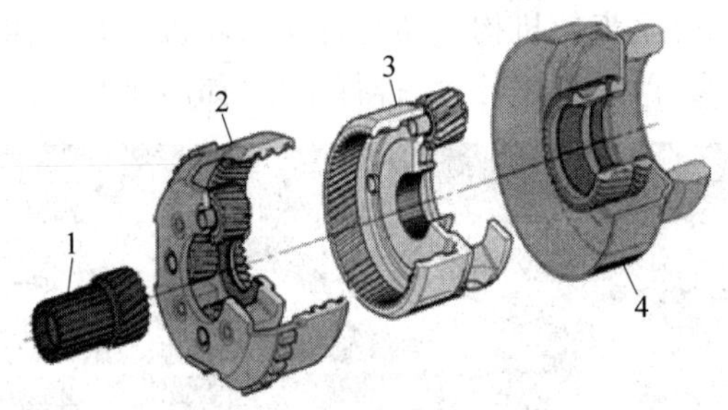

图 4-15 串联式行星齿轮机构

1—前排太阳轮;2—前排行星架/后排齿圈;
3—前排齿圈/后排行星架;4—后排太阳轮

 4.2.3 自动变速器换挡执行元件

自动变速器换挡执行元件主要由离合器、制动器和单向离合器三种执行元件组成,离合器和制动器是以液压方式控制行星齿轮机构元件的旋转,而单向离合器则是以机械方式对行星齿轮机构的元件进行锁止。单向离合器前面已做介绍,这里只介绍离合器和制动器。

1. 离合器

自动变速器换挡执行元件的离合器是液压多片式离合器。

(1) 离合器的组成

离合器由卡环、输出转鼓、钢片、摩擦片、弹簧座卡环等元件组成,如图 4-16 所示。

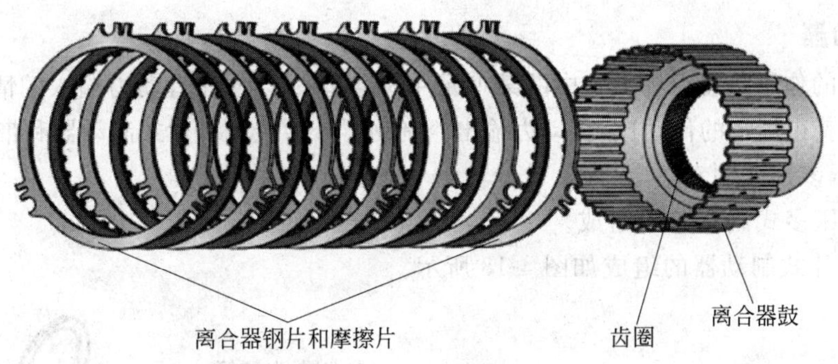

图 4-16 离合器

卡环：安装在输入轴转鼓的卡环槽内，限制活塞的行程。

输出转鼓：其中心有齿形花键与输出轴相连，边缘有键槽。

钢片：是光板，外缘有矩形花键与输入轴转鼓内键槽相连。

摩擦片：内圆有花键，与行星齿轮某一元件相连接，其表面有铜基粉末冶金层或合成纤维层，以增大摩擦力。钢片与摩擦片相间排列，可轴向移动。

弹簧座卡环：安装在输入轴卡环槽内。许多个回位弹簧沿圆周方向均匀分布。

(2) 离合器的作用

离合器的作用有两个，即通过与输入元件的连接传递转矩或使两个独立元件连接，以便获得相同的运动状态。

(3) 离合器的工作原理

当离合器结合时，控制油压通过输入轴中心孔进入活塞，克服回位弹簧力，将钢片和摩擦片压紧，产生摩擦力。这时动力从输入轴经过离合器传到输出轴，如图 4-17 所示。

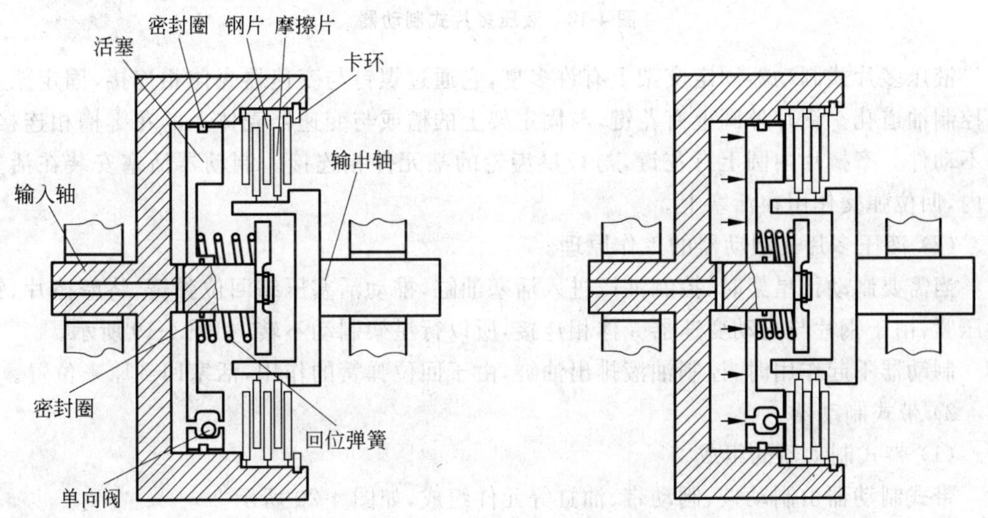

图 4-17 离合器工作原理

当需要离合器分离时，控制油压通过原来的管路排出，由于回位弹簧的作用，活塞回到初始的位置，摩擦片和钢片分离，动力不能传递。

2. 制动器

制动器的作用是将行星齿轮中的某个元件固定起来，以便在有动力输入的情况下，使行星齿轮结构获得固定的传动比，将动力输出。制动器分为液压多片式制动器和带式制动器。

1）液压多片式制动器

（1）液压多式制动器的组成。

液压多片式制动器的组成如图 4-18 所示。

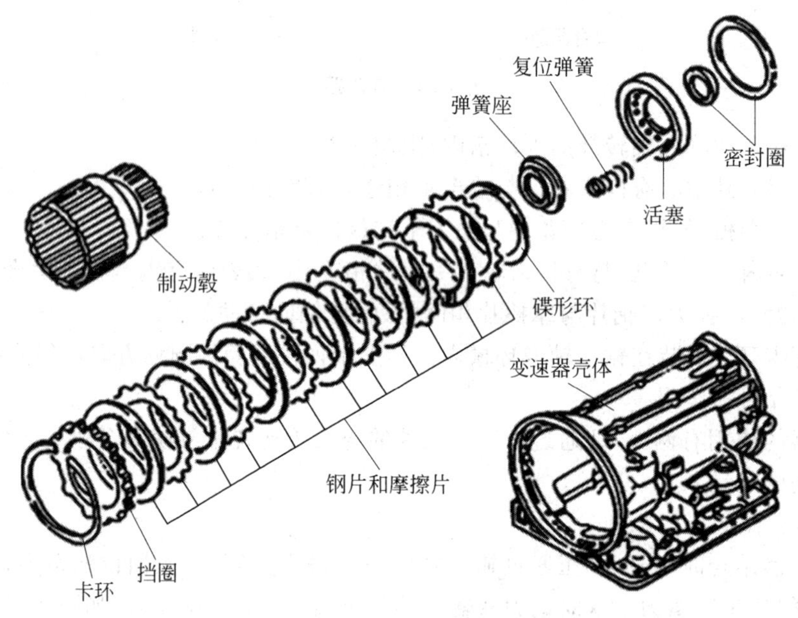

图 4-18　液压多片式制动器

液压多片式制动器固定支架上有许多槽，它通过螺钉与变速器壳体相连接，固定架上有控制油道孔。钢片外圆上有花键，与固定架上的槽或与变速器壳体上的花键槽相连接，是不动件。摩擦片内圆上有花键，与行星齿轮的某元件相连接。制动器活塞安装在活塞缸内，回位弹簧作用在活塞上。

（2）液压多片式制动器的工作原理。

当需要制动行星架时，控制油压进入活塞油缸，推动活塞压缩回位弹簧，将摩擦片、钢片压紧，由于钢片与自动变速器壳体相连接，所以行星架制动不转，如图 4-19 所示。

制动器不起作用时，控制油液排出油缸，由于回位弹簧的作用，活塞回到原来位置。

2）带式制动器

（1）带式制动器的组成。

带式制动器由制动鼓、制动带、油缸等元件组成，如图 4-20 所示。

制动鼓：制动鼓与行星齿轮的某一元件相连接。

制动带：制动带围在制动鼓的外圆上，它的外表面是钢带，内表面有摩擦材料，制动带的一端用锁销固定在自动变速器壳体上，另一端与液压油缸的推杆相接触。

油缸：油缸固定在自动变速器壳体上，其内部有活塞和推杆相连接。

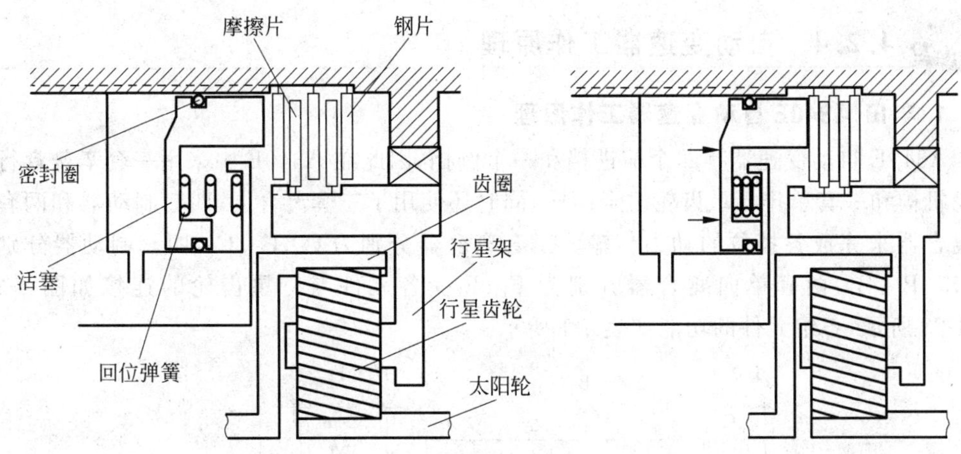

图 4-19　液压多片式制动器工作原理

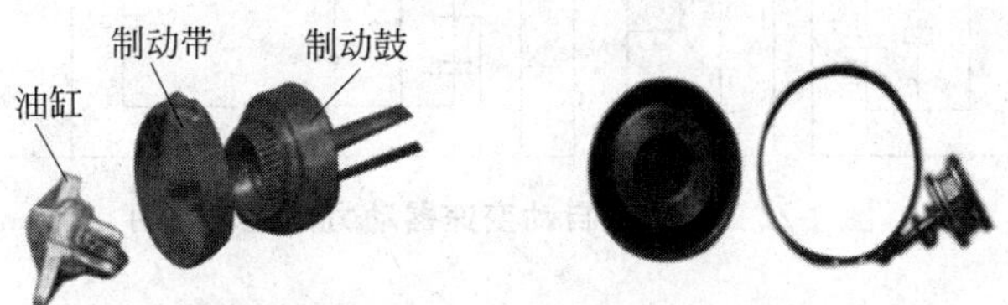

图 4-20　带式制动器

(2) 带式制动器的工作原理。

当液压缸无油压时,制动带与制动鼓之间要有一定的间隙,制动鼓可随与它相连的行星排元件一同转动。

当液压缸通油压时,作用在活塞上的油压力推动活塞,使之克服回位弹簧的弹力而移动,活塞上的推杆随之向外伸出,将制动带压紧在制动鼓上,于是制动鼓被固定而不能转动,此时,制动器处于制动状态,如图 4-21 所示。

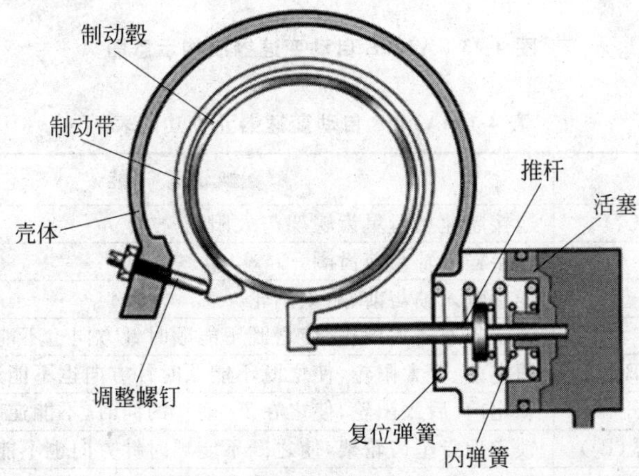

图 4-21　带式制动器工作原理

4.2.4 自动变速器工作原理

1. 丰田 A340E 自动变速器工作原理

A340E 自动变速器有四个前进挡和一个倒挡，因此在 A340E 中采用一套辛普森行星齿轮机构和一套单排行星齿轮组合而成，同时还使用了三套离合器、四套制动器和两套单向离合器来完成各挡位的动力传输。三套离合器分别为 C_0、C_1、C_2，四套制动器分别为 B_0、B_1、B_2、B_3，两套单向离合器分别为 F_1、F_2。各元件与行星齿轮的连接如图 4-22、图 4-23 所示，各组元件的功能如表 4-1 所示。

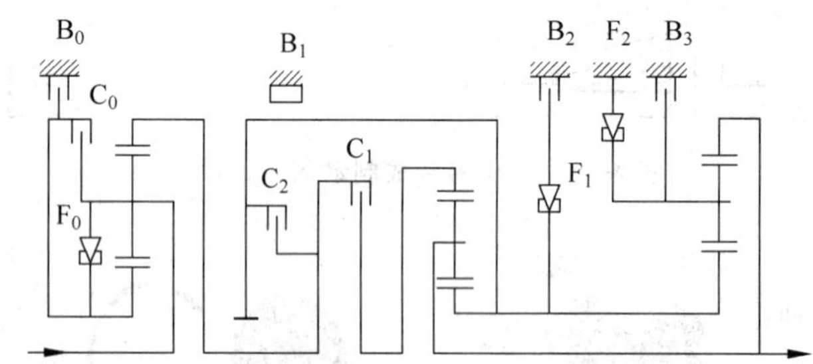

图 4-22 A340E 自动变速器动力传递示意图

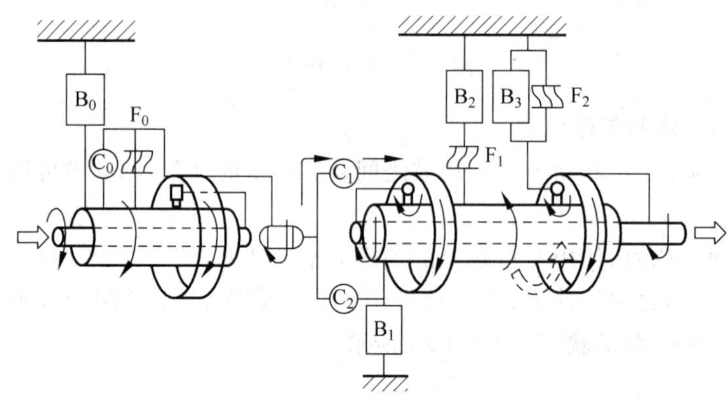

图 4-23 A340E 自动变速器结构示意图

表 4-1 A340E 自动变速器元件功能表

名　称	功　能
超速直接挡离合器(C_0)	连接超速挡行星齿轮架与太阳轮
前时挡离合器(C_1)	连接输入轴与前齿圈
直接挡离合器(C_2)	连接输入轴与前、后太阳轮
超速挡制动器(B_0)	锁定超速挡太阳轮，使之既不能顺时针方向也不能逆时针方向转动
第 2 挡滑行制动器(B_1)	锁定前、后太阳轮，使之既不能顺时针方向也不能逆时针方向转动
第 2 挡制动器(B_2)	锁定前、后太阳轮，使之在 F_1 动作的同时，不能逆时针方向转动
第 1 挡及倒挡制动器(B_3)	锁定后行星齿轮架，使之既不能顺时针方向也不能逆时针方向转动
超速挡单向离合器(F_0)	锁定超速挡行星齿轮架，使之不能绕太阳轮逆时针方向转动
1 号单向离合器(F_1)	在 B_2 动作时，锁定前、后太阳轮，使之不能逆时针方向转动
2 号单向离合器(F_2)	锁定后行星齿轮架，使之不能逆时针方向转动

要理解各挡位的动力传输流程，必须了解各元件分别在哪些挡位参与工作，如表 4-2 所示。

表 4-2 A340E 自动变速器各挡位元件工作表

选挡杆位置	挡位	C_0	F_0	C_1	C_2	B_0	B_1	B_2	F_1	B_3	F_2
P	驻车挡	○									
R	倒挡	○			○					○	
N	空挡	○									
D,2	第 1 挡	○	○	○							○
D	第 2 挡	○	○	○					○		
D	第 3 挡	○	○	○	○				○		
D	超速挡			○	○	○			○		
2	第 2 挡	○	○	○			○		○		
1	第 1 挡	○	○	○						○	

注：○表示该元件工作。

2. 大众 01M 变速器工作原理

01M 变速器由一套拉维娜式行星齿轮机构三套离合器、两套制动器和一套单向离合器构成。三套离合器分别为：K_1 连接输入轴和小太阳轮、K_2 连接输入轴与大太阳轮、K_3 连接输入轴与行星架；两套制动器分别为：B_1 连接行星架与壳体用于锁止行星架、B_2 连接大太阳轮与壳体用于锁止大太阳轮；单向离合器用于防止行星架逆时针方向旋转（如图 4-24、图 4-25 所示）。

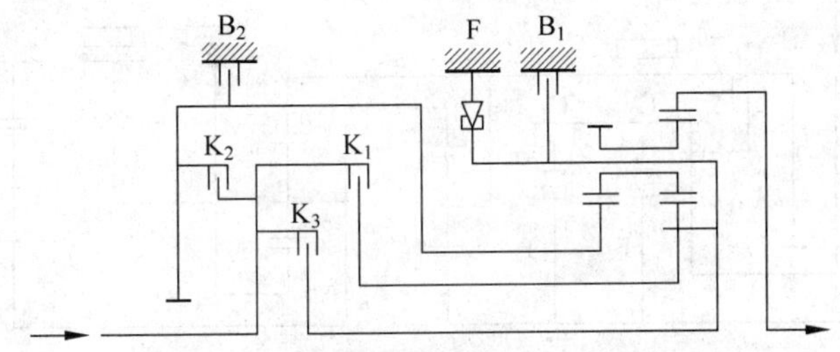

图 4-24 01M 自动变速器动力传递示意图

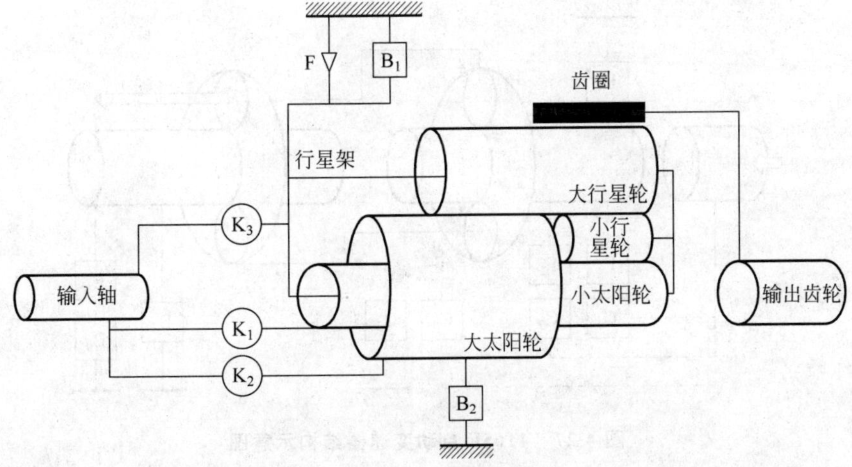

图 4-25 01M 自动变速器结构示意图

要理解各挡位的动力传输流程，必须知道各挡位下有哪些元件参与工作，01M 变速器各挡位的元件工作表如表 4-3 所示。

表 4-3　01M 变速器各挡位元件工作表

挡　位	K_1	K_2	K_3	B_1	B_2	F
R 挡		○		○		
D 位置 1 挡	○					○
D 位置 2 挡	○				○	
D 位置 3 挡	○		○			
D 位置 4 挡			○		○	
1 位置 1 挡	○			○		○

注：①○表示元件工作；②变速器选挡杆在 3 位置、2 位置时的各挡位的元件工作与 D 位置时是一样的。因此本表只列出 D 位置和 1 位置时的元件工作表。

3. 通用 4T65E 自动变速器工作原理

4T65E 自动变速器行星齿轮机构结构如图 4-26、图 4-27 所示，其前、后行星排的太阳轮独立运动；前行星排的行星架与后行星排的齿圈为一体；前行星排的齿圈与后行星排的行星架为一体，是动力输出端。这样，行星齿轮机构共有四个部件，分别为：前排太阳

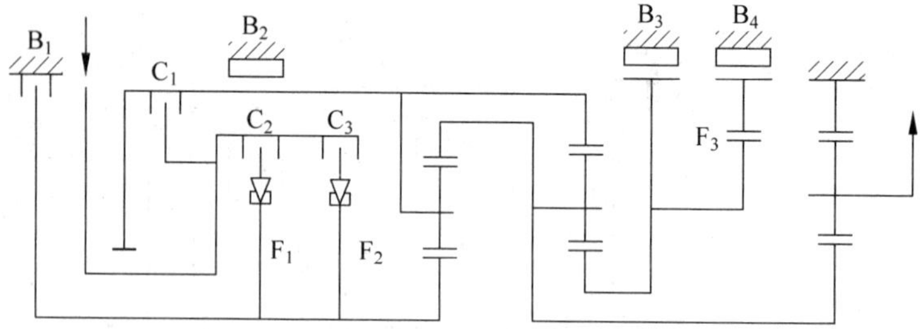

图 4-26　4T65E 自动变速器动力传递路线示意图

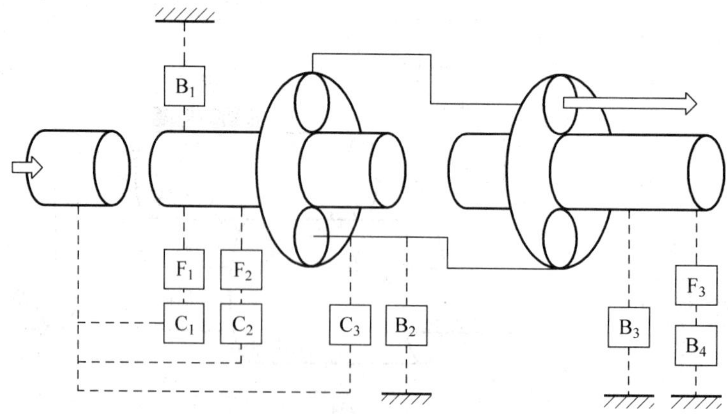

图 4-27　4T65E 自动变速器结构示意图

轮，也叫输入太阳轮；前排行星架/后排齿圈，也叫输入行星架；后排太阳轮，也叫被动太阳轮；后排行星架/前排齿圈，也叫被动行星架，是动力输出端。在上述四个部件中，后排行星架/前排齿圈是动力输出端，所以它既不能驱动，也不能固定。这样，可以驱动或固定的部件只有三个，不同挡位时，各部件的状态如表4-4所示。

表4-4 不同挡位时行星齿轮机构各部件的状态

挡位	输入部件	固定部件	输出部件
1	前排太阳轮	后排太阳轮	后排行星架/前齿圈
2	前排行星架/后齿圈	后排太阳轮	后排行星架/前齿圈
3	前排太阳轮＋前排行星架/后齿圈	无固定部件	后排行星架/前齿圈
4	前排行星架/后齿圈	前排太阳轮	后排行星架/前齿圈
R	前排太阳轮	前排行星架/后齿圈	后排行星架/前齿圈

4.2.5 自动变速器电子控制系统

自动变速器电子控制系统(ECT)用于精确控制自动变速器的换挡时机和锁止离合器的工作，同时使换挡更加平顺。它主要由信号输入元件、处理器(电控单元)以及执行元件等组成，如图4-28所示。

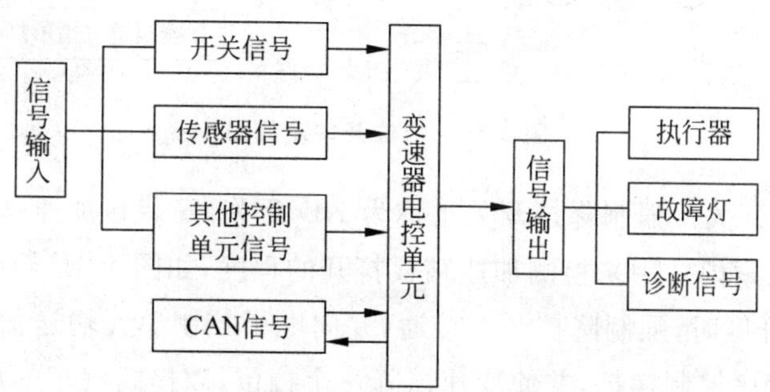

图4-28 自动变速器电子控制系统组成

1. 信号输入元件

信号输入分为开关信号输入和传感器信号输入，以下介绍各种输入信号。

1) 开关信号

自动变速器信号开关有：模式选择开关、挡位开关、强制降挡开关、制动开关、超速挡开关和手动开关等。

(1) 模式选择开关。模式选择开关一般安装在中控台选挡杆的边上，是提供给驾驶员用来选择所需的行驶模式的开关。在不同的车型上，模式选择开关用不同的方式表现，大部分车型用“N”(NORMAL＝常规模式)、“PWR”(POWER＝动力模式)表示，有些车型还有“E”(ECONOMY＝经济模式)，另外还有部分车型用“S”(SPORT＝运动模

式)、“W”(WINTER=冬季模式)、“*”(*=雪地模式)等表示，如图 4-29 所示，电控单元根据所选择的行驶模式选择换挡及锁止方式，并且相应地改变换挡正时及锁止正时。经济模式以获得最佳燃油经济性为目标设计换挡规律；动力模式以获得最大动力性为目标设计换挡规律；标准模式介于经济模式和动力模式之间。

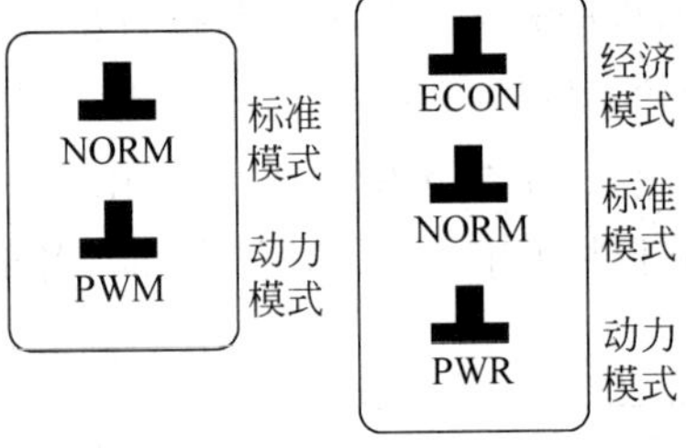

图 4-29　模式选择开关

(2) 挡位开关。挡位开关一般装在变速器的侧边的手动阀联动杆上，或装在选挡杆的下面，用于检测变速器选挡杆的位置，并将此信号送到变速器电控单元及仪表上，作为电控单元控制升挡的依据及仪表的挡位指示灯的显示；另外，大部分车型的 P/N 挡启动开关也组合在挡位开关内部，只有挡位置于 P/N 挡时，才可能启动汽车，如图 4-30 所示。

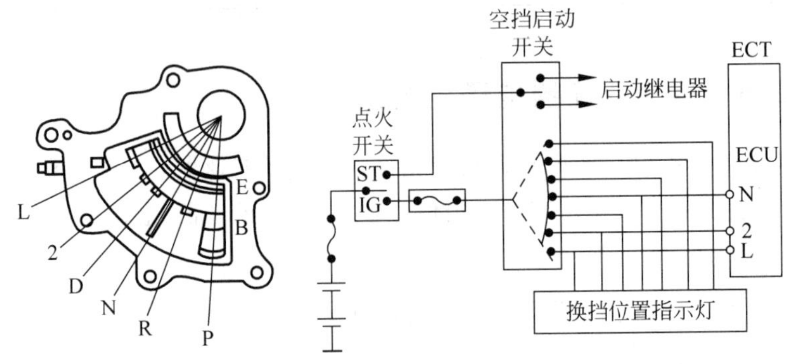

图 4-30　挡位开关及线路

(3) 强制降挡开关。强制降挡开关也称为 KD 开关，安装在加速踏板的后面(大众车型组合在节气门拉索内)，用来检测加速踏板打开的程度，如图 4-31(a)所示。当加速踏板超过节气门 95%开度时，强制降挡开关接通，并向电子控制单元输送信号，这时电子控制单元按其设置的程序控制换挡，并使变速器降一个挡位，以提高汽车的加速性能。开关的线路构成如图 4-31(b)所示，在大众 AG4 系列自动变速器中，当触动此开关时电子控制单元执行以下动作。

① 当车速≥120km/h 时，触动此开关，电子控制单元不反应；

② 当车速≤50km/h 时，触动此开关，则向下换一挡；

③ 当车速约等于 80km/h 时，触动此开关，切断空调压缩机 8s。

如果开关有故障，自动变速器一般不进入应急状态，可用诊断仪器对其进行故障查询和数据读取。如更换拉索，要做基本设定。电子控制单元可根据加速踏板踩下速度强制降挡。

(4) 制动开关。制动开关安装在制动踏板支架上，用于判断制动踏板是否被踩下，如图 4-32 所示。当制动踏板被踩下时，制动开关输送信号到变速器电子控制单元，电子控制单元用于解除选挡杆锁定及取消巡航系统的工作，同时还用于控制锁止离合器的脱开，

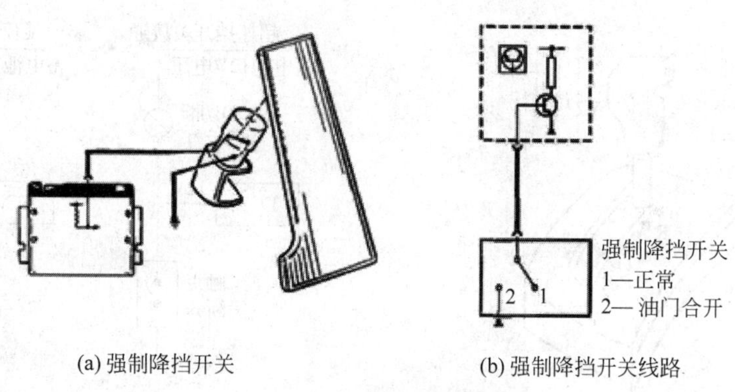

(a) 强制降挡开关　　(b) 强制降挡开关线路

图 4-31　强制降挡开关

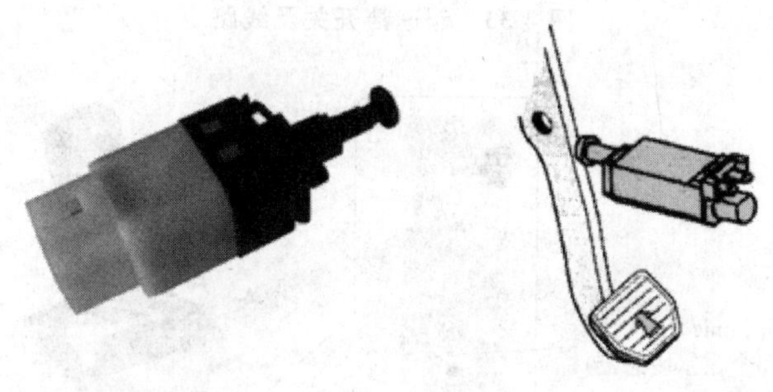

图 4-32　制动开关及安装位置

保证车辆稳定行驶。在采用模糊逻辑控制的电控自动变速器中，在电子控制单元启动下坡行驶模式时，制动开关连续被接通，电子控制单元会控制变速器降挡或延迟变速器升挡。

(5) 超速挡开关。大部分自动变速器都配有超速挡(O/D)开关。超速挡开关一般安装在选挡杆或仪表台上，如图 4-33(a)所示。开关信号给到电子控制单元，用于控制变速器是否可以进入超速挡行驶。当开关接通时，仪表板上 O/D OFF 指示灯亮，此时电子控制单元控制变速器不能进入超速挡行驶。当开关断开时，指示灯灭，此时电子控制单元控制变速器在条件允许时可以进入超速挡行驶。开关的线路构成如图 4-33(b)所示。

(6) 手控换挡开关。手控换挡开关用在手动和自动混合控制的变速器上(MAT)，开关一般安装在选挡杆的下面。不同的车型对手控换挡开关的命名不同，如 BMW 称为 Steptronic 开关，AUDI 称为 Tiptronic 开关(如图 4-34 所示)，BENZ 称为 Touch shift 开关。为了方便阐述，统称为手控换挡开关。当自动变速器选择用手控操纵换挡模式时，手控换挡开关首先给出电控单元挡位确认信号，然后通过操纵选挡杆，电控单元根据手控换挡开关的信号“+”控制升挡，“-”控制降挡，如图 4-34 所示。当手控换挡开关失效时，电控单元不再根据选挡杆的操作控制升挡和降挡。

2) 传感器信号

自动变速器传感器有节气门位置传感器、车速传感器、发动机转速传感器、转速传感器、温度传感器等。

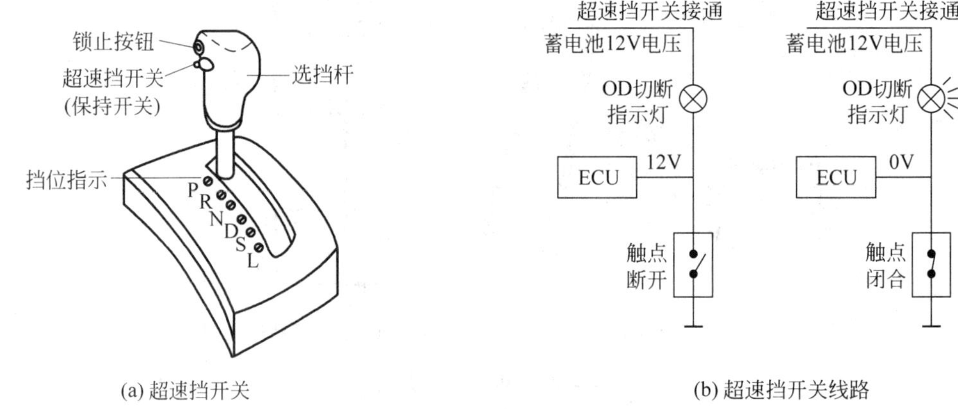

(a) 超速挡开关　　(b) 超速挡开关线路

图 4-33　超速挡开关及线路

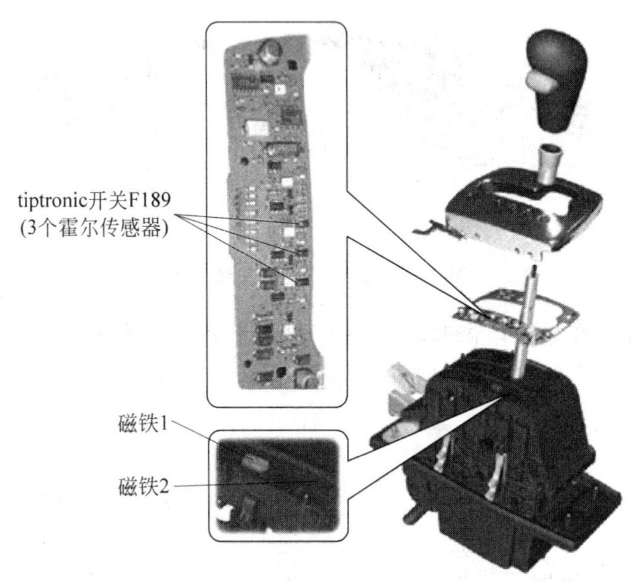

图 4-34　奥迪 Q8 手控换挡开关

(1) 节气门位置传感器。节气门位置传感器(TPS)安装在节气门体上，用来检测节气门开度大小，然后将数据传送至电子控制单元，电子控制单元根据此信号判断发动机负载的大小，从而控制变速器的换挡及锁止正时。节气门位置传感器的线路构成如图 4-35 所示。当节气门位置传感器信号失效时，变速器电子控制单元会以固定的方式控制换挡，同时会记忆故障代码。当节气门位置传感器调整不当时，会影响变速器的换挡点。

下面以大众车型为例介绍 TPS 信号，当 TPS 信号出现故障，电子控制单元不进入应急状态时，以中等负荷信号(50%)来进行工作，但此时停止模糊逻辑控制，锁止离合器停止工作(变速器此时无刚性挡)。

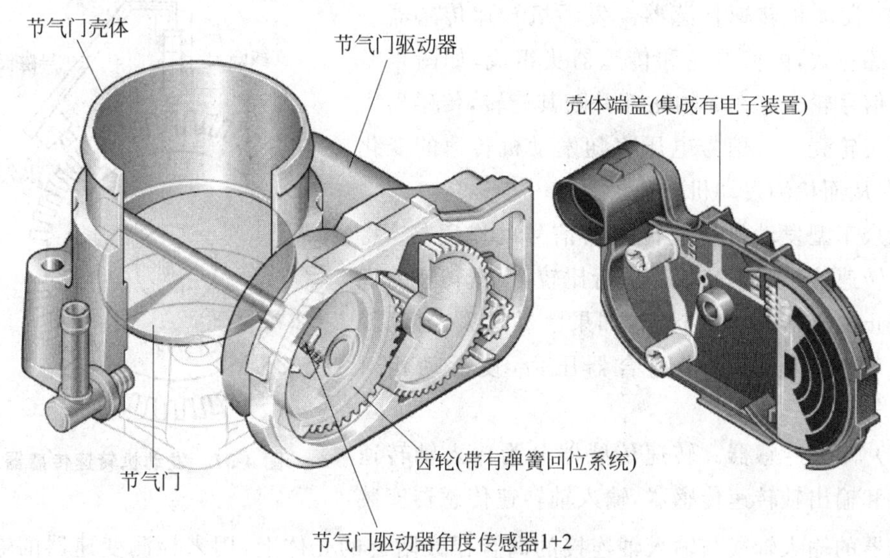

图 4-35　节气门位置传感器

(2) 车速传感器。大部分车速传感器(VSS)由永久磁铁和电磁感应线圈组成,安装在输出轴或与输出轴连接的离合器鼓附近的壳体上,靠近安装在输出轴上的停车锁止齿轮或感应转子,如图 4-36 所示。车速传感器用来检测输出轴的转速,电子控制单元根据传感器的信号计算出车速,并根据此信号控制变速器的换挡和锁止。当车速传感器信号失效时,电子控制单元会记忆故障代码,同时执行失效保护模式。

大众车型车速传感器信号的作用:一是与节气门位置传感器一起确定换挡正时;二是感知液力变矩器的滑差。对于装有自动定速巡航系统的车辆,还用于速度调节。如果该信号中断,控制单元用发动机转速信号代替车速信号进行换挡,但液力变矩器将失去锁止功能。

图 4-36　车速传感器及其安装位置

(3) 发动机转速传感器。发动机转速传感器一般为磁感应式,由信号轮和传感器头组成,如图 4-37 所示。信号轮安装在曲轴尾部并随其旋转,传感器头固定在飞轮壳上。信号电压将随发动机转速的变化而变化,从而检测发动机转速。

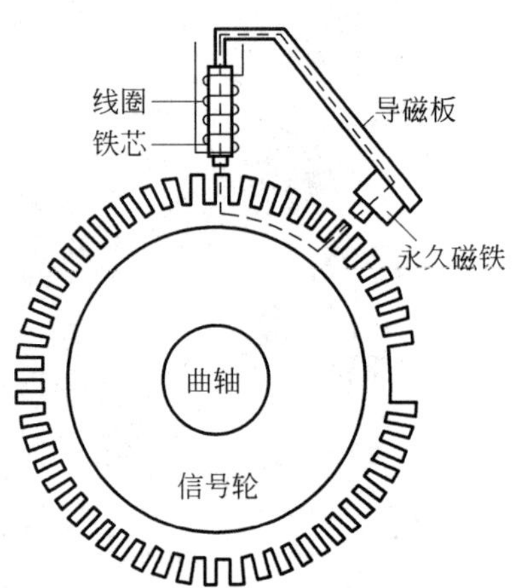

图 4-37 发动机转速传感器

大众车型发动机转速传感器信号的作用是:将发动机转速信号和车速信号进行比较,根据转速差识别出锁止离合器的打滑状态,如果滑动过大,自动变速器控制单元增大锁止离合器压力,使滑动相对减少。

(4) 转速传感器。转速传感器分为输入轴转速传感器和输出轴转速传感器,输入轴转速传感器安装在变速器的输入轴或与输入轴连接的离合器鼓附近的壳体上,用来检测变速器的输入轴转速;输出轴转速传感器安装在输出轴或与输出轴连接的离合器鼓附近的壳体上,用来检测输出轴转速,如图 4-38 所示。

大众车型转速传感器作用:一是识别换挡正时,在换挡过程中推迟点火提前角,降低发动机转矩,以减小换挡冲击;二是在换挡过程中控制相关离合器的油压,减小换挡冲击。该信号如果中断,控制单元进入应急状态。

(5) 温度传感器。变速器电子控制单元根据冷却液温度传感器或油温传感器信号来检测发动机的冷却液温度和变速器油液的温度,并根据温度信号控制变速器的换挡点、工作压力及锁止离合器的锁止。水温传感器一般安装在发动机的缸盖或水道的附近,并将信号送到发动机电子控制单元,由发动机电子控制单元送到变速器电子控制单元。油温传感器一般安装在变速器的阀体上或是在电磁阀的线束上,如图 4-39 所示。

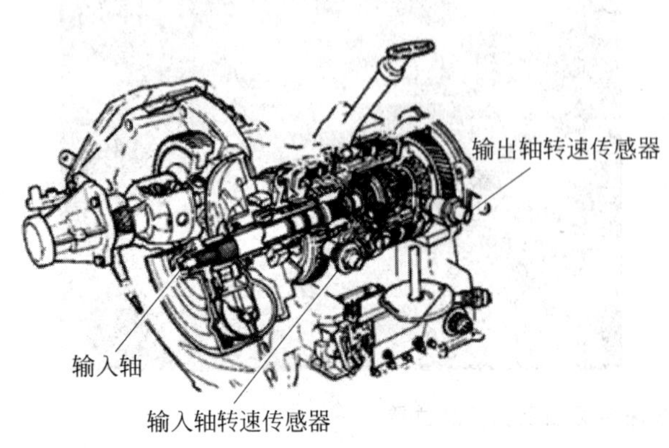

图 4-38 转速传感器

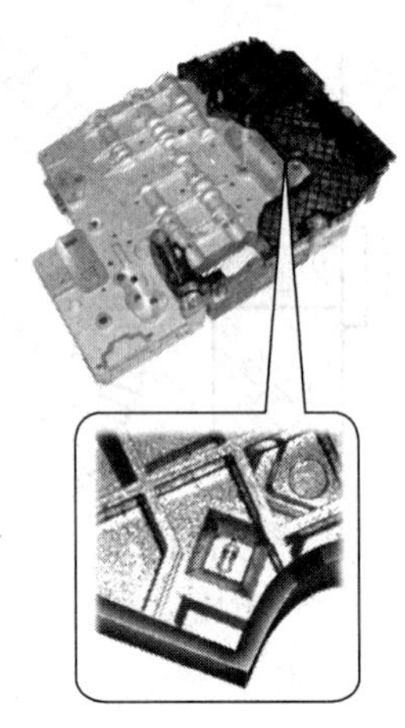
图 4-39 奥迪 Q8 油温传感器

大众车型温度传感器作用：使自动变速器工作在最适宜的温度，当温度超过 150℃时，锁止离合器锁止(不让油液发生搅动)，如油温仍不下降，则自动变速器自动切换到下一挡。

2. 电子控制单元(ECU)

电子控制系统完成汽车正常行驶当中所必需的各种状态、各种功能的体现主要由电子控制单元的控制来实现，电子控制单元一般和液压控制单元组装在一起，如图 4-40 所示。在传统控制系统中，电子控制单元完成变速器的换挡正时、锁止离合器的锁止正时以及换挡品质的控制。而在新型模糊逻辑控制的车型中，电子控制单元除了完成基本控制功能以外，还要实现其他的一些功能，这些功能包括驾驶风格识别，即电子控制单元通过驾驶员的操作习惯，计算出驾驶员属于运动型还是温柔型等，并针对不同性格的驾驶员改变变速器的换挡正时，满足不同类型的驾驶员的驾驶需求。

图 4-40　奥迪 Q8 电子控制单元

另外，电子控制单元还通过路况变化的识别、自动控制变速器的挡位变化，以改变车辆的舒适性和操控性能。模糊逻辑控制自动变速器的电子控制单元可以根据车速和节气门开度信号，识别到车辆处在下坡状态，同时结合驾驶员的操作，如制动开关第一次接通，则电子控制单元开始启动下坡模式，若制动开关第二次接通，则电子控制单元控制变速器降一个挡位，实现减速的目的，这样避免因为长时间踩制动而造成制动失效等故障的产生，进一步改善了安全性能。电子控制单元的功能如图 4-41 所示。

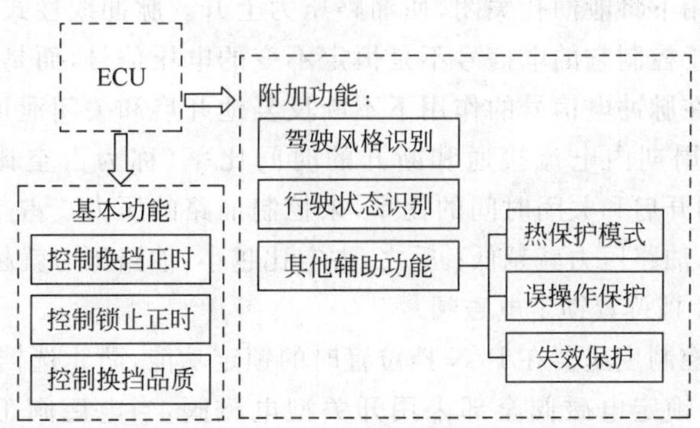

图 4-41　电子控制单元的功能

3. 执行元件

电控系统中的执行器主要指各种电磁阀、故障警告灯。电磁阀根据其工作原理可分为开关式电磁阀和脉冲线性式电磁阀。根据其功能不同，又大致可分为控制换挡电磁阀、控制锁止离合器电磁阀、控制变速器工作压力电磁阀、控制换挡压力电磁阀、控制选挡杆P/N挡锁定的电磁阀等。以下说明各种类型电磁阀的工作原理。

1）开关式电磁阀

开关式电磁阀的作用是开启或关闭液压油路，通常用于控制换挡阀及变矩器锁止控制阀的工作。开关式电磁阀由电磁线圈、衔铁、回位弹簧、阀芯和阀球组成，如图4-42所示。开关式电磁阀可分为常开式电磁阀和常闭式电磁阀两种。常开式电磁阀是指电磁阀未通电时，阀芯离开阀座，如图4-42(a)所示；当电磁线圈通电时，电磁力使阀芯上移，推动阀球关闭进油孔。常闭式电磁阀是指电磁阀未通电时，阀芯顶住阀座，如图4-42(b)所示，当电磁线圈通电时，电磁力使阀芯下移离开阀座。

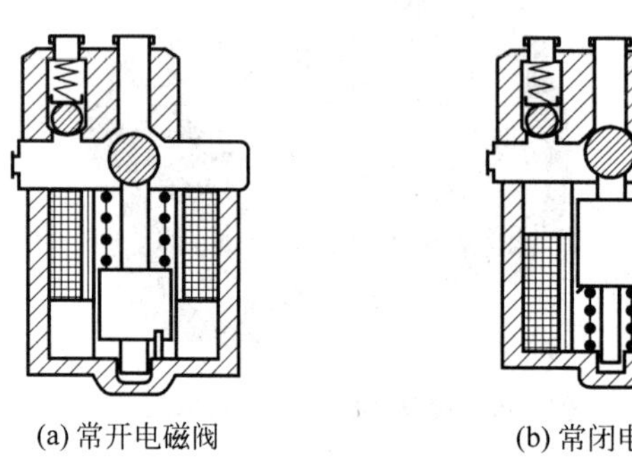

(a) 常开电磁阀　　(b) 常闭电磁阀

图4-42　开关式电磁阀

2）脉冲线性式电磁阀

脉冲线性式电磁阀的结构与开关式电磁阀相似，也是由电磁线圈、衔铁、阀芯或滑阀等组成，如图4-43所示，它通常用来控制油路中的油压。当电磁线圈通电时，电磁力使阀芯或滑阀开启，液压油经泄油孔排出，油路压力随之下降。当电磁线圈断电时，阀芯或滑阀在弹簧弹力的作用下将泄油孔关闭，使油路压力上升。脉冲线性式电磁阀和开关式电磁阀的不同之处在于控制它的电信号不是恒定不变的电压信号，而是一个固定频率的脉冲电信号。电磁阀在脉冲电信号的作用下不断反复地开启和关闭泄油孔，电子控制单元通过改变每个脉冲周期内电流接通和断开的时间比率(称为占空比，变化范围为0～100%)，改变电磁阀开启和关闭时间的比率，来控制油路的压力。占空比越大，经电磁阀泄出的液压油越多，油路压力就越低；反之，占空比越小，油路压力就越大。

3）选挡杆P/N挡位置锁定电磁阀

此电磁阀用于控制变速器在P/N挡位置时的锁定功能，防止选挡杆误挂，造成危险。选挡杆P/N挡位置锁定电磁阀全部采用开关型电磁阀，当电磁阀工作时，挡位不能从P/N挡位置移开。必须是打开点火开关、踩下制动踏板时(制动开关接通)，才能将挡位从P/N位置移开。选挡杆P/N挡位置锁定电磁阀的构成如图4-44所示。

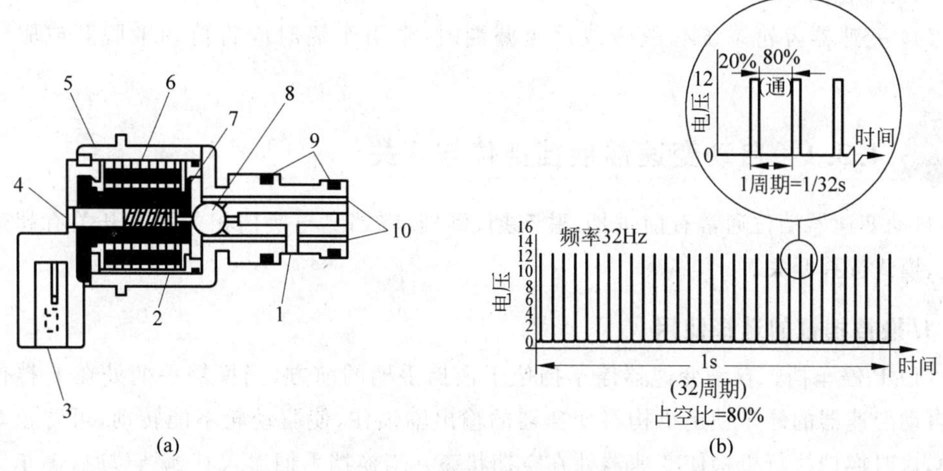

图 4-43 脉冲线性式电磁阀

1—经滤清器的 3 挡工作油液；2—柱塞；3—插座；4—排泄口；5—壳；6—线圈绕组；7—磁芯；8—限位球；9—“O”形圈；10—变矩器离合器信号油液

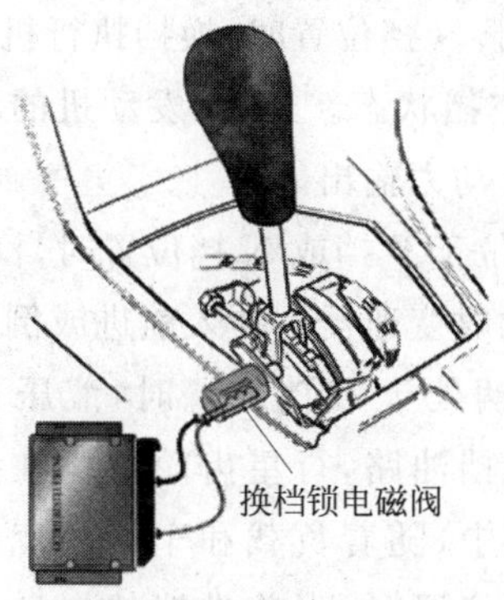

图 4-44 选挡杆 P/N 挡位置锁定电磁阀

4.3 自动变速器的操作使用与日常检查维护

带有自动变速器的汽车使用时应注意以下四项。

(1) 发动机不工作时，油泵也不工作，变速器内无控制油压。采用推车启动发动机时，即使变速器处于 D 位或者 R 位，输出轴实际上是空转，发动机无法启动；

(2) 车辆被牵引时，发动机不工作，油泵无法运转，变速器内没有润滑油的循环流动。长距离牵引，齿轮系统无润滑油，离合器和制动器磨损加剧。因此牵引距离不应超过 50km，牵引速度不得高于 50km/h；

(3) 车辆不能空挡滑行。因为车辆空挡滑行时，发动机处于怠速运转，油泵工作效率低，出油量少，不能对齿轮系统进行正常润滑，导致离合器和制动器磨损加剧。这样，既不

安全又得不偿失；

(4) 变速器齿轮系统有故障或严重漏油时，牵引车辆时应将传动轴脱开或驱动轮悬空。

4.3.1 自动变速器换挡挡位与开关

自动变速器挡位通常有前进挡、驻车挡、倒挡、空挡。与换挡相关联的开关有超速挡开关、模式选择开关。

1. 换挡挡位的选择使用

(1) P停车挡。自动变速器停车挡位于换挡手柄的前方，当换挡手柄处在P挡位置时，自动变速器的停车锁定机构将变速器的输出轴锁住，使驱动轮不能转动，可防止车辆移动，这时换挡执行机构使变速器处在空挡状态。当换挡手柄置入其他挡位时，停车锁定机构被解除锁定。

(2) R倒挡。自动变速器换挡手柄在R位置时，自动变速器处在倒挡，这时液压系统倒挡油路被接通，驱动轮反转，实现倒挡行驶。

(3) N空挡。换挡手柄处于N挡位置时，换挡执行机构的动作和停车挡相同，自动变速器行星齿轮机构空转，处于空挡状态。这时，发动机的动力经输入轴传入自动变速器，只能使各齿轮空转，输出轴没有动力输出。

发动机只有在换挡手柄处位于P挡或N挡位置时，汽车才能启动。该功能依靠空挡启动开关来实现，目的是为启动时变速器不挂入前进或倒挡中，保证安全。

(4) D前进挡。当换挡手柄处于D挡位置时，液压系统根据节气门位置信号和车速信号等自动接通相应的前进挡油路，行星齿轮机构在换挡执行机构的控制下得到相应的传动比。车辆在行驶过程中，随着负载和车速的变化，在前进挡中自动升降挡，实现自动变速。换挡手柄在该挡位置时，五前进挡的自动变速器可以实现5个不同传动比的挡位，即1、2、3、4挡和超速挡。其中，1挡传动比最大；2、3、4、5挡传动比逐次下降；1、2、3挡为低速挡；4挡为直接挡，传动比为1；5挡为超速挡，超速挡传动比小于1。

(5) 2挡。当自动变速器换挡手柄处在2挡位置时，液压系统只能接通前进挡中的1、2挡油路，自动变速器只能在这两个挡位间自动换挡，不能升入更高的挡位。其中2挡为发动机制动挡，使汽车获得发动机的制动效果。

(6) 1挡。当换挡手柄处在1挡位置时，车辆只能在该挡位行驶而无法升入高挡。1挡为低速时发动机制动挡，这时发动机的制动作用更强，该挡一般多用于山区行驶、爬陡坡或下坡时，能有效地利用发动机的制动作用来稳定车速，以确保行驶安全。

(7) S和L前进低挡。有些自动变速器换挡位置设有S和L挡位。换挡手柄在S挡位置时，自动变速器只在1、2、3挡之间自动变换；当换挡手柄在L挡位置时，自动变速器只能在1挡或只能在1、2挡之间变换。

有些车型，自动变速器标有OD、3、2、1挡位，其中OD为超速挡。当换挡手柄在OD挡位置时，自动变速器可在1～4挡之间自动变换；当换挡手柄在3挡位置时，自动变速器可在1～3挡之间自动变换；当换挡手柄在2挡位置时，自动变速器可在1挡与2挡之间自动变换；换挡手柄在1挡位置时，自动变速器只能以1挡工作。

2. OD超速挡开关的使用

OD超速挡开关用来控制自动变速器的超速挡，它一般安装在换挡手柄或仪表板上，如图4-45所示。对于具有4个前进挡的自动变速器来说，其4挡通常是传动比小于1的超速挡。当把OD开关打开后，如果换挡手柄在D挡位，自动变速器随车速的提高而升挡时，最高可升到4挡，即超速挡；当OD开关处在OFF位置时，自动变速器最高只能升到3挡。OD开关处在OFF位置时，表示OD开关关闭，超速挡控制开关被断开，仪表板上的“OD OFF”指示灯随之亮起，表示已经限制超速挡的使用。

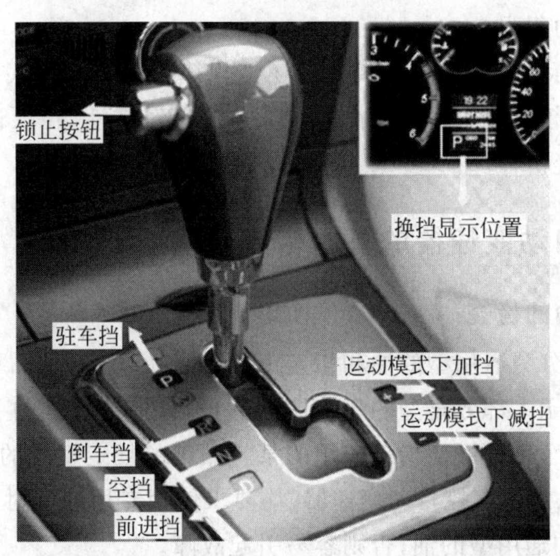

图4-45　自动变速器换挡手柄位置图

3. 换挡模式选择开关的使用

为了适应不同的行驶道路条件，发挥车辆本身的动力性、经济性，电控自动变速器都装有换挡模式选择开关。这些开关安装在换挡手柄上或地板上，如图4-46所示。自动变速器换挡模式选择开关一般有以下几种。

(1) ECONOMY经济模式。车辆在城市道路行驶中接通经济模式时，可以降低油耗，这时，根据自动变速器的换挡规律，能使发动机在汽车行驶过程中经常在经济转速范围内运转，因此，燃油经济性好。在使用经济模式时，若具有相同的节气门开度，升挡车速较高，液力变矩器锁止离合器工作范围宽，可在较低挡位上实现直接传动。由于液力变矩器锁止离合器的接合，使液力变矩器的涡轮和泵轮接合起来直接传动，减少了液力损失，提高了传动效率，发动机的燃油经济性也得到了提高。

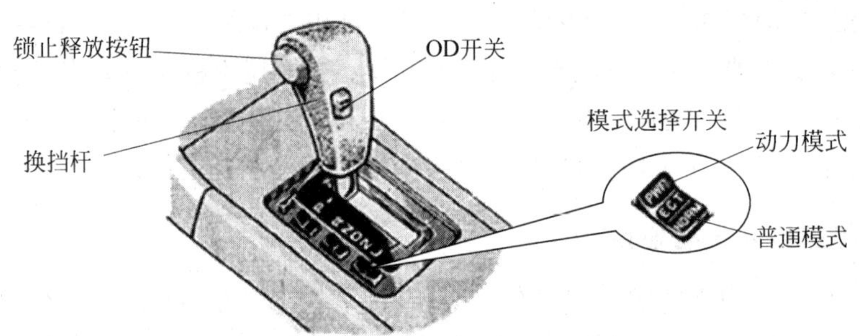

图 4-46　自动变速器换挡模式选择开关位置图

(2) POWER 动力模式。当车辆在上坡时或在山路上行驶时或希望发动机在高转速下工作时，可选择动力模式。这时，根据自动变速器的换挡规律，能使发动机在车辆运行过程中经常在大功率范围运转，可大大发挥它的动力性和爬坡能力。汽车在动力模式下行驶时，它的加速能力很强。

(3) NORMAL 标准模式。标准模式的换挡规律介于经济模式和动力模式之间。当选择 NORMAL 标准模式时，可兼顾车辆的动力性和经济性，在保证一定的动力性的同时，又有较好的燃油经济性。

4.3.2　自动变速器的基本检查

1. 自动变速器油的检查

自动变速器油可分为通用型的油和指定专用油两大类型，如图 4-47 和图 4-48 所示。通用型的油指可使用于大部分车型的变速器油，如 GM 制定标准的 DEXRON Ⅲ型的油。而指定专用油指由汽车生产厂商指定使用的某一品牌的规定型号的油，如 BMW、BENZ、AUDI 等车型的五速、六速电控自动变速器，均要求使用专用油。对于要求使用专用油的车型，不能使用其他的通用型的油，否则容易引起故障。

图 4-47　通用型的油

图 4-48　指定专用油

1）自动变速器油液位

正确的自动变速器液位对变速器的工作至关重要。在变速器已达检测温度后，采用自动变速器油量尺检查自动变速器内的液位。液位若在热区则为正常（在最高热区和最低热区之间），油尺的识别如图4-49所示。

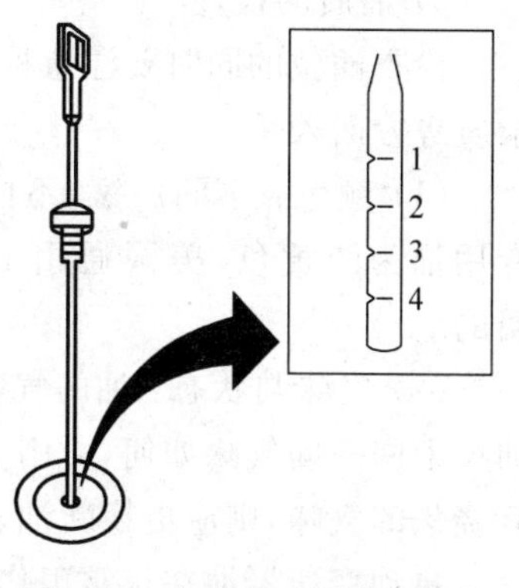

图4-49 自动变速器液位检查

如果液位太低，机油泵会吸入空气，导致空气混入工作液。空气混入工作液会降低液压控制系统的液压，会导致阀门或其他液压元件的不正确动作。因为施加在离合器和制动器的液压将会太低，制动器和离合器所需时间会延长并会发生打滑现象。因此，就不可能平顺地传递动力，离合器片就会快速磨损。另外，因为运动机件不能得到充分冷却和润滑，就有可能因过热而发生运动机件被卡住以及产生噪声的现象。工作液不足也会导致工作液加速降低品级。空气混入工作液会加速工作液氧化，因为离合器、制动器的打滑会产生热，导致产生油泥和漆状沉淀物。由离合器片磨损产生的颗粒也会污染工作液。

如果液位过高，行星齿轮和其他旋转部件部分浸于工作液中，会发生搅拌工作液现象，以至在工作液中产生气泡。如果这些气泡进入液压控制系统，液压控制系统的液压会下降，会导致在液压不足时产生的同类问题，同时，由于搅油产生气泡，还会导致变速器油从变速器壳体顶部的通气孔或者从变速箱油尺插管溢出。

2）液面检查

在检查变速器的液面时，需按照各车型的维修手册，严格执行。以下以TOYOTA车型为例，说明检查的步骤：

(1) 将车辆放在平坦的路面，启动，将选挡杆挂入每一挡位位置，然后挂回P挡或N挡；

(2) 抽出检查油尺，液面应该在COOL的范围；

(3) 变速器达到工作温度后，再次将选挡杆挂入每一挡位，然后挂回P挡或N挡；

(4) 抽出检查油尺、液面应该在HOT范围；

(5) 根据检查结果进行处理。

有些车型的变速器（这些车型大多是要求加注指定专用油的）没有提供液面检查油尺，检查液面的方式有两种，一种情况是变速器的油底壳上有检查液面的装置，如图4-50所示，如宝马、大众、富康等车型，当液面加够时，自动变速器油会从检查口溢出；另外一种情况是以变速器的检查油尺作为专用工具，可到配件商处购买，如奔驰、奥迪等车型。

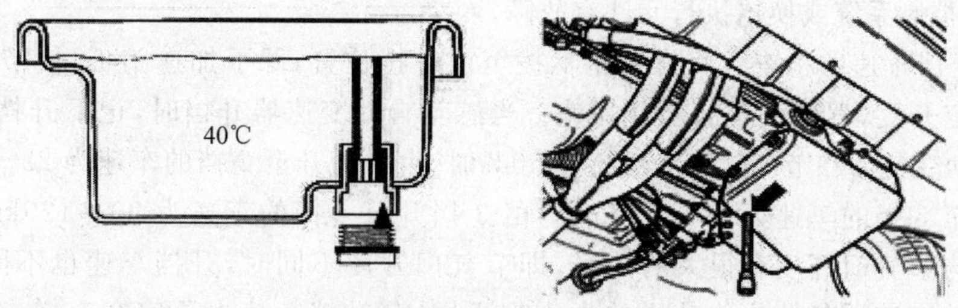

图4-50 大众变速器液面检查

3）油质的检查

检查油位的同时要注意检查油液品质。判断油液品质可以从颜色、气味和是否含有杂质等方面入手。

(1) 颜色：不同厂家、不同品牌及牌号的自动变速器油的颜色不尽相同(德国大众专用油为淡黄色，美国通用 Dexron 系列为淡红色)，但其正常的油质应是清澈、半透明的。

(2) 气味与状态：油的气味和状态可以表明自动变速器的工作状态。检查油液时，从油尺上闻一闻气味如何，可用手指捻一捻，感觉一下黏度，看看是否含有杂质，若已变色或有烧焦的气味，则应更换新油。

自动变速器油在正常工作情况下能行驶 50000～100000km 或 24 个月。若发现油液呈棕色或暗红色或有焦味，说明油液已经变质，应立即更换。注意：绝不能用齿轮油或机油代替自动变速器油，否则会造成自动变速器的严重损坏。

4）油压的检查

以大众车系为例介绍自动变速器油压的检查方法。油压检查的条件：用 VAS55052 检查无故障，ATF 液面正常，ATF 油温 60℃，所需专用工具为 VAG1702 油压表。怠速时主油压如表 4-5 所示。

表 4-5　怠速时自动变速器主油压

01N 自动变速箱	换挡杆位置	
	D 挡（怠速）	R 挡（怠速）
主油压(bar)	3.4～3.8	5～6

2. 行驶中的检查

汽车在行驶过程中可以检查自动变速器的工作性能，检查之前将汽车以中速行驶 5～10km，使发动机和自动变速器都达到正常工作温度，超速挡开关置于 ON 位置，并将模式开关置于标准模式或经济模式。

(1) 升挡检查。将操纵手柄拨至前进挡位置，踩下加速踏板，使节气门保持在 50%开度左右，驾驶汽车加速起步，检查自动变速器的升挡情况，此时发动机转速会瞬时下降，同时车身有轻微的晃动感，正常情况下，汽车起步后，随着车速的升高，能感觉到自动变速器顺利地由 1 挡升入 2 挡，随后由 2 挡升入 3 挡，最后升入超速挡。若自动变速器不能升入高挡，说明控制系统或换挡执行元件有故障。

(2) 升挡车速的检查。将操纵手柄拨至前进挡位置，踩下加速踏板，使节气门保持在某一固定开度，驾驶汽车起步并加速。当感觉自动变速器升挡时，记下升挡车速。一般 4 挡自动变速器在节气门开度保持在 50%时，由 1 挡升至 2 挡的车速为 25～35km/h，由 2 挡升至 3 挡的车速为 55～70km/h，由 3 挡升至 4 挡的车速为 90～120km/h，由于升挡车速与节气门开度有很大的关系，即节气门开度不同时，升挡车速也不同，且不同车型的自动变速器各挡位传动比的大小都不同，其升挡车速也不完全一样。因此升挡车速只要基本保持在上述范围内，而且汽车行驶中加速良好，无明显的换挡冲击，都可

以认为升挡车速基本正常。若汽车行驶中加速无力，升挡车速明显低于上述范围，说明升挡车速过低；若汽车行驶中有明显的换挡冲击，升挡车速明显高于上述范围，说明升挡车速过高。

(3) 升挡时发动机转速的检查。在正常情况下，若自动变速器处于经济模式或标准模式，节气门开度保持在低于50%范围内，则汽车由起步加速直至升入高速挡的这个行驶过程中，发动机转速都应低于3000r/min。通常在加速至即将升挡时发动机转速可达到2500～3000r/min，在刚刚升挡后的短时间内发动机转速下降至2000r/min左右。如果在整个行驶过程中发动机转速始终过低，加速至升挡时仍低于2000r/min，说明升挡时间过早或发动机动力不足，若行驶过程中发动机转速始终偏高，升挡前后转速在2500～3000r/min范围内，而且换挡冲击明显，说明升挡时间过迟；如果行驶过程中发动机转速过高，经常高于3000r/min，甚至更高，说明自动变速器的换挡执行元件打滑。

(4) 换挡质量检查。检查换挡质量主要是检查有无换挡冲击。正常的自动变速器只能有不太明显的换挡冲击，若换挡冲击太大，说明自动变速器的控制系统或换挡执行元件有故障。

(5) 锁止离合器工作状况的检查。在汽车行驶至高于80km/h的速度，将节气门开度保持在低于50%的位置，使锁止离合器进入锁止状态。此时，快速将加速踏板踩下至2/3开度，同时检查发动机转速的变化情况。若发动机转速没有太大变化，说明锁止离合器处于结合状态；反之，若发动机转速升高很多，则表明锁止离合器没有结合。

(6) 发动机制动作用的检查。检查自动变速器有无发动机制动作用时，应将操纵手柄拨至前进低挡位置，当汽车以低挡行驶时，突然松开加速踏板，检查发动机是否有制动作用。若松开加速踏板后车速立即随之下降，说明有发动机制动作用；否则说明控制系统或前进挡强制制动器有故障。

(7) 强制降挡功能的检查。将操纵手柄拨至前进挡位置，保持节气门开度为1/3左右，在以2挡、3挡或超速挡行驶时突然将发动机加速踏板踩到底，检查自动变速器是否被强制降低一个挡位。在强制降挡时，发动机转速会突然上升至4000r/min左右，并随着加速升挡转速逐渐下降。若在强制降挡时发动机转速上升过高，达5000～6000r/min，并在升挡时出现换挡冲击，说明换挡执行元件打滑。

4.4 无级变速器

无级变速器，其英文全称是 Continuously Variable Transmission，简称 CVT，如图4-51所示是指变速器速比的变化不同于自动变速器的跳挡过程，而是连续的，动力传输持续而顺畅。

无级变速器不同于普通的自动变速器(AT)，更不同于手动变速器(MT)，也不同于手自一体变速器(AMT)。无级变速器是“高级”的自动变速器，它通常只在高档乘用车上才配备。搭载无级变速器的车辆有停车挡P、倒车挡R、空挡N、前进挡D等。

图 4-51 无级变速器

4.4.1 无级变速器的发展

无级变速器技术的发展，已经有了一百多年的历史。德国奔驰公司是在汽车上采用无级变速器技术的鼻祖，早在1886年就将V型橡胶带式无级变速器安装在该公司生产的汽油机汽车上。1958年，荷兰的DAF公司H. Van Doorne博士研制成功了名为Variomatic的双V型橡胶带式无级变速器，并装备于DAF公司制造的Daffodil乘用车上，其销量超过了100万辆。但是由于橡胶带式无级变速器存在一系列的缺陷：功率有限(转矩局限于135N·m以下)，离合器工作不稳定，液压泵、传动带和夹紧机构的能量损失较大，因而没有被汽车行业普遍接受。

然而提高传动带性能和无级变速器传递功率极限的研究一直在进行，将液力变矩器集成到无级变速器系统中，主、从动轮的夹紧力实现电子化控制，在无级变速器中采用节能泵，传动带用金属带代替传统的橡胶带。新的技术进步克服了无级变速器系统原有的技术缺陷，促进了传递转矩容量更大、性能更优良的第二代无级变速器的面世。

进入20世纪90年代，汽车界对无级变速器技术的研究开发日益重视，特别是在微型车研发中，无级变速器被认为是关键技术。全球科技的迅猛发展，使得新的电子技术与自动控制技术不断被采用到无级变速器中。

1997年上半年，日本日产公司开发了使用在2.0L汽车上的无级变速器。在此基础上，日产公司在1998年开发了一种为中型乘用车设计的包含一个手动换挡模式的无级变速器。新型无级变速器采用一个最新研制的高强度宽钢带和一个高液压控制系统。通过采用这些先进的技术来获得较大的转矩能力，日产公司研究开发无级变速器的电子控制技术，传动比的改变实行全挡电子控制，汽车在下坡时可以一直根据车速控制发动机制动，而且在湿滑路面上能够平顺地增加速比来防止打滑。日产公司计划将它的无级变速器的应用范围从1.0L扩大到3.0L的乘用车。

日本三菱公司已选择了无级变速器平顺无能量损失地传递直喷式发动机的动力来驱动汽车。V型带/带轮机构可以保证在所有速率下发动机动力平顺无间断地传递。无级变速器根除了传统的自动变速器通过齿轮换挡时的打齿现象，从而获得更满意的响应和控制。三菱公司准备采用直喷式发动机(1.5L或更小)与无级变速器组合。

日本富士重工同时拥有15年开发无级变速器的经验。1997年5月，富士重工将它的Vistro微型车装配了全计算机控制式E-CVT(含有六挡手动换挡模式的无级变速器)。驾驶员无须操作离合器就可以进行六挡变速。富士重工在Pleo微型车上采用一种有锁止式变矩器的电控式无级变速器，通过小范围锁止可以使液力变矩器的滑动保持在最小值，行星齿轮用来切换前进挡/倒退挡。传动比范围为1∶10～5.5∶1。

1999年上半年，美国的福特公司和德国ZF公司合作为福特公司的乘用车和轻型载货车生产无级变速器。在巴达维亚和俄亥俄州新建的合资企业从2001年生产为福特公司设计的、带有电子管理功能的CFT23型无级变速器。ZF公司设计的无级变速器是一种变矩器式变速器，使用为安装横向发动机前轮驱动汽车生产的钢带。ZF公司也能为安装纵向发动机的前轮驱动汽车和后轮驱动汽车生产无级变速器系列。ZF公司称与四挡自动变速器相比，无级变速器系统能够将加速性能提高10%，燃油经济性提高10%～15%。与锁止式变矩器相比，无级变速器系统在不漏油的前提下效率更高。福特公司正在设计一种与公司内所有轻型载货车匹配的牵引驱动无级变速器，包括后轮驱动和全轮驱动载货车。牵引驱动使用沿特殊滑液的可移动滑件代替传动带和带轮。滑动部分的相对位置决定传动比，由一层部件间非常薄的液油来传递动力。德国ZF公司从1999年中期开始为Rover 216型汽车提供钢带驱动的VT1型无级变速器。这种无级变速器包括螺旋齿轮或变速器、合适的液压系统、湿式离合器。在系统中集成的ECU可以允许机械、液力和电子系统进一步组合，这就更好地利用了各种系统的独特优点。

德国BOSCH的电子式无级变速器控制系统是基于用传感器和执行器单元控制基础上的电子/液力模块。BOSCH公司已经将独立部件、执行器、传感器和变速器换挡ECU组成一个单独的模块，变速器制造商只需增加一个集成控制单元。

目前国内装备无级变速器的车辆有东风日产新天籁、奇骏，名爵3SW，海马欢动，三菱LANCER EX等车型。

4.4.2　无级变速器的特点

1. 无级变速器的优点

(1) 省油。无级变速器每时每刻与发动机密切配合，达到最佳换挡时机，它的换挡是在一段转速范围内执行的，人工手动换挡不可能比无级变速器及时，无级变速器换挡是紧跟发动机转速，没有明确具体的挡位，根本不需要换挡，这样就能使得发动机的功率在每一刻都能100%输出，以达到省油的目的。所以，在油耗方面，相对于自动变速器、手动变速器来说，无级变速器最省油。

(2) 驾驶平顺性好，无"顿挫"。由于无级变速器的速比变化是连续不断的，所以汽车的加速或减速过程非常平缓，驾驶非常简单、安全，从而使驾驶人获得全方位的行驶乐趣。

(3) 排放好。无级变速器的速比工作范围宽,能够使发动机以最佳工况工作,从而改善了燃烧过程,降低了废气的排放量。无级变速器比自动变速器排放减少 10%左右,比 MT 排放减少 5%,更环保。

2. 无级变速器的缺点

(1) 无级变速器与传统液力自动变速器相比,由于生产的数量少,所以成本要略高一些;而且若操作不当,出问题的概率更高。

(2) 无级变速器本身还有它的缺点,就是传动的钢带能够承受的力量有限,一般而言超过 2.8L 排量或者 280N·m 以上动力是它的上限,不过现在有越来越多的车型(如奥迪或日产)都已打破了这个上限,相信钢带的问题会逐步得到解决。

3. 无级变速器的结构特点

在无级变速器的传动系统里,传动的齿轮被一对滑轮和一只钢制皮带所取代,每个滑轮其实是由两个锥形盘组成的 V 形结构,发动机轴连接小滑轮,透过钢制皮带带动大滑轮。玄机就出在这特殊的滑轮上:CVT 的传动滑轮结构比较特殊,分成活动的左右两半,可以相对接近或分离。锥形盘可在液压的推力作用下收紧或张开,挤压钢片链条以此来调节 V 形槽的宽度,如图 4-52 所示。

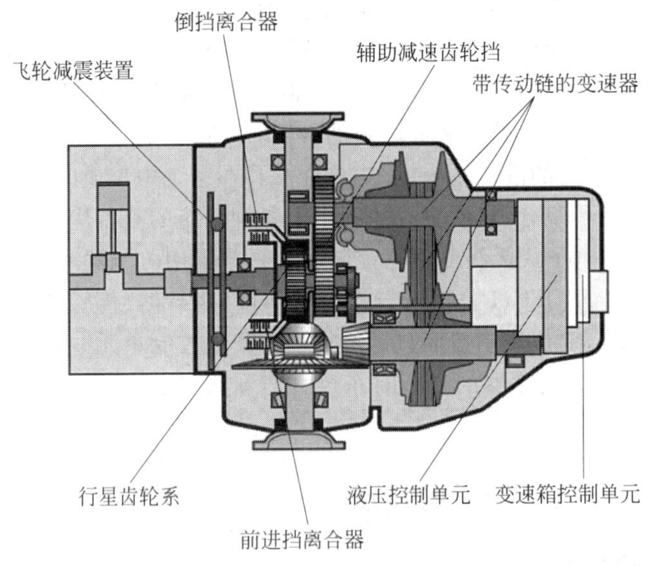

图 4-52 奥迪 A6 无级变速器结构示意图

4.4.3 无级变速器的基本工作原理

如图 4-53 所示为无级变速器的工作原理图。在无级变速器中,主动轮组和从动轮组都由可动盘和固定盘组成,与油缸靠近的一侧带轮可以在轴上滑动,另一侧则固定。可动盘与固定盘都是锥面结构,它们的锥面形成 V 形槽与 V 形金属传动带啮合。可动盘的轴向移动量是由驾驶者根据需要,通过控制系统调节主动轮、从动轮液压缸压力来实现的,

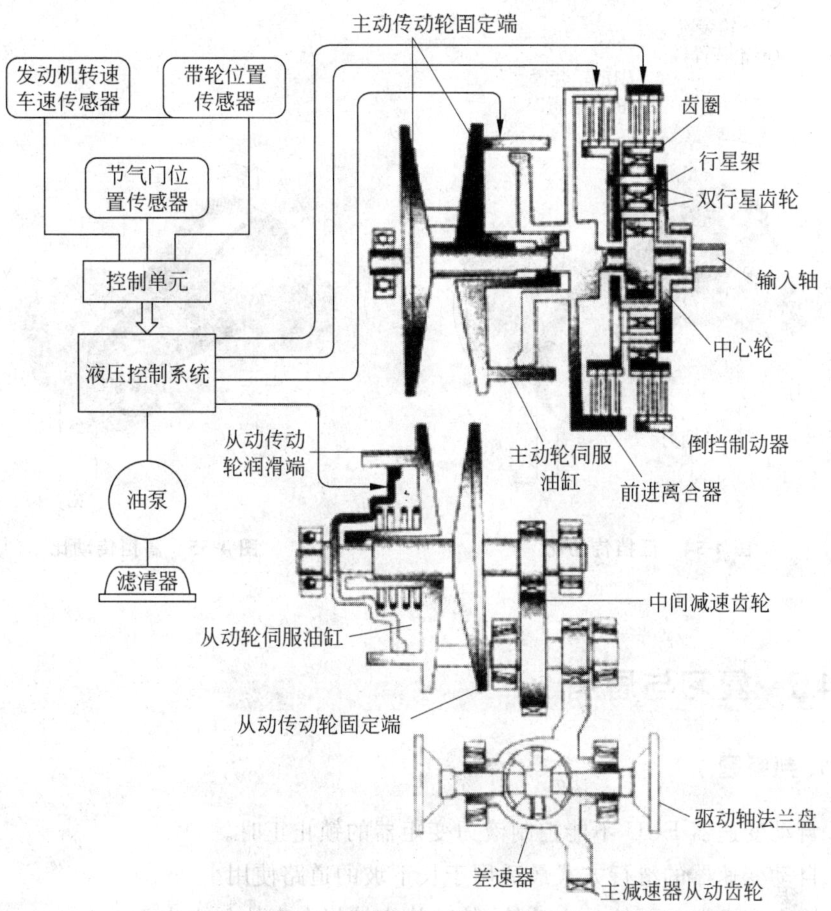

图 4-53　无级变速器工作原理图

即主动轮和从动轮的带轮工作半径是依靠液压缸工作来改变的。

发动机输出轴输出的动力首先传递到无级变速器的主动轮，然后通过 V 形传动带传递到从动轮，最后经减速器、差速器传递给车轮来驱动汽车。

工作时通过主动轮与从动轮的可动盘做轴向移动来改变主动轮、从动轮、从动轮锥面与 V 形传动带啮合的工作半径。传动带装在工作半径可变的带轮上，进而改变传动速比，从而实现了无级变速。

汽车开始起步时，主动轮的工作半径较小，变速器可以获得较大的传动比，从而保证驱动桥能够有足够的转矩来保证汽车有较高的加速度。随着车速的增加，主动轮的工作半径逐渐增大，从动轮的工作半径相应减小，无级变速器的传动比下降，使得汽车能够以更高的速度行驶。

(1) 低挡传动比。主动带轮直径减小，从动带轮直径增大，使变速器得到较低挡传动比，如图 4-54 所示。

(2) 高挡传动比。主动带轮直径增大，从动带轮直径减小，使变速器得到较高挡传动比，如图 4-55 所示。

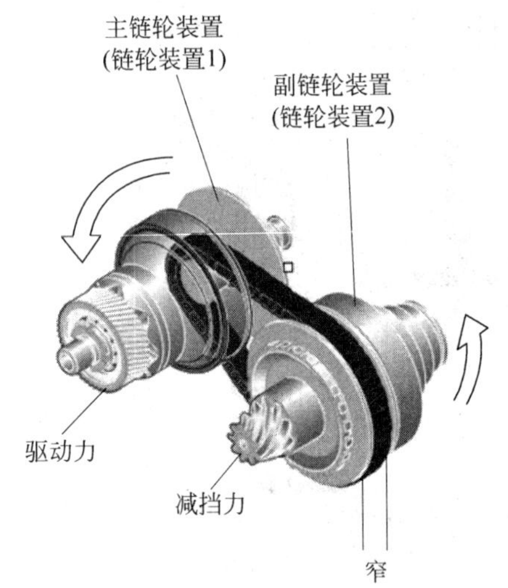

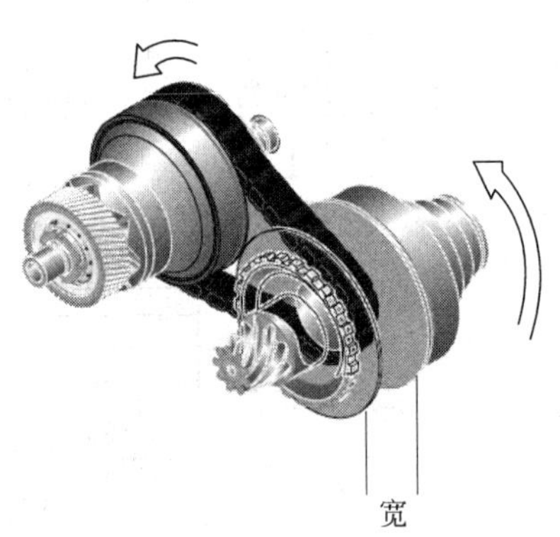

图 4-54 低挡传动比

图 4-55 高挡传动比

4.5 复习与思考

1. 判断题

(1) 自动变速器 ECU 不能控制液力变矩器的锁止正时。 ( )

(2) 自动变速器的滑行方式最适用于长下坡的道路使用。 ( )

(3) 液力变矩器的泵轮是主动轮，其叶片直接焊在壳体的内表面上。 ( )

(4) 自动变速器油温传感器给 ECU 提供电流信号。 ( )

(5) 在自动变速器中，由于行星齿轮机构处于常啮合状态，故动力传输不会产生齿轮间的冲击。 ( )

2. 选择题

(1) 自动变速器上 D 挡表示( )。

A. 停车挡　　B. 倒挡　　C. 前进挡　　D. 空挡

(2) 行星齿轮机构的三个基本元件是( )。

A. 离合器、制动器和单向离合器　　B. 行星架、行星轮和太阳轮

C. 行星轮、内齿圈和太阳轮　　D. 行星架、内齿圈和太阳轮

(3) 在电控自动变速器的控制系统中，使用最广泛的、反映发动机负荷的传感器是( )。

A. 发动机转速传感器　　B. 节气门位置传感器

C. 进气温度　　D. 进气歧管绝对压力传感器

(4) 自动变速器的控制系统中，为减少锁止离合器操作的冲击，提高乘坐的舒适性，其对电磁阀的要求是(　　)。

A. 利用超速换挡的超速特性　　B. 采用开关式电磁阀

C. 不能使用线性式电磁阀　　D. 使用脉冲宽度可调式电磁阀

3. 简答题

(1) 简述自动变速器的功能与优点。

(2) 在日常中如何检查自动变速器?

(3) 自动变速器在换挡控制时需要哪些信号?

(4) 简单各挡位开关的选择使用。

(5) 试比较 AT 与 CVT 的使用特点。

模块5

汽车主动安全系统

◎学习目标

1. 知识目标

(1) 了解防抱死制动系统(ABS)的功用、组成、类型及基本工作原理；

(2) 了解电子稳定控制系统(ESP)的功用与组成；

(3) 了解驱动防滑转系统(ASR)的功用与组成；

(4) 了解转向控制系统的功用、组成和类型；

(5) 了解电控悬架系统的功用、组成和类型；

(6) 掌握防抱死制动系统(ABS)的维护作业内容。

2. 能力目标

(1) 认识防抱死制动系统(ABS)的组成；

(2) 认识电子稳定控制系统(ESP)的组成；

(3) 认识驱动防滑转系统(ASR)的组成；

(4) 认识转向控制系统的组成；

(5) 认识电控悬架系统的组成；

(6) 熟悉防抱死制动系统(ABS)的维护作业。

5.1 防抱死制动系统(ABS)

汽车在制动过程中，车轮如果被抱死，车轮抱死滑移时，车轮与路面间的纵向附着系数减小很多，侧向附着系数则几乎完全消失。如果转向轮先制动抱死滑移而后轮还在滚动，汽车将失去转向能力；如果后轮先制动抱死滑移而前轮还在滚动，汽车将产生侧滑(甩尾)现象。这些都极易造成严重的交通事故。为了充分利用轮胎与地面的附着性能以获得最佳的制动效果，现代汽车上都装备了防抱死制动系统，简称 ABS。

5.1.1 ABS 的作用与控制原理

1. ABS 的作用

ABS 是作为一种安全装置加装在汽车现有的制动系统上。它可以在汽车制动过程中自动控制和调节制动器制动力的大小，防止车轮抱死，消除制动过程中的侧滑、跑偏、丧失转向等非稳定状态，以获得良好的制动性能、操作性能和稳定性能。

2. ABS 的控制原理

(1) 车轮制动力

汽车在制动过程中，车轮制动器产生的摩擦阻力(称制动器制动力)，会使车轮转速减慢，而车轮与地面间产生的摩擦力(称地面制动力)会使汽车减速。在车轮未抱死前，地面制动始终等于制动器制动力，此时制动器制动力全部转化为地面制动力。在车轮抱死后，地面制动力等于附着力，它不再随制动器制动力的增加而增加。

(2) 滑移率

滑移率(s)是在车轮运动中滑动成分所占的比例。制动滑移率的取值范围是 0～100%。s 可根据：

$$s=\frac{v-v_w}{v}\times 100\%$$

式中，v 指的是车速；v_w 指的是轮速。

(3) 附着系数 ϕ 与滑移率 s 的关系

轮胎纵向附着系数 ϕ_x 在 $s=20\%$左右达到最大值，而在车轮抱死($s=100\%$)时，车轮的附着系数反而有所降低。另外，从图 5-1 中还可以看出，侧向附着系数 ϕ_y 在纯滚动时为最大，随着滑移率的增加而迅速减小，特别是在车轮抱死时，侧向附着系数将下降至几乎为零，如图 5-1 所示。

(4) ABS 的控制原理

当汽车制动时如果车轮完全抱死，不仅纵向附着系数下降而不能达到最佳效能，而且会丧失转向和抵抗侧向力的能力，造成制动时的方向不稳定。

汽车防抱死制动系统主要对制动器制动力进行控制，防抱死制动系统用计算机来测定制动过程中四个轮胎的制动情况，并能自动地调节制动器力的大小，防止车轮在制动过程中被抱死。使车轮滑移率保持在 20%左右的最佳的状况，充分利用峰值附着系数，提高汽车的制动效能，并使汽车具有很好的转向和抵抗侧向力的作用，从而提高汽车制动时的方向稳定性。

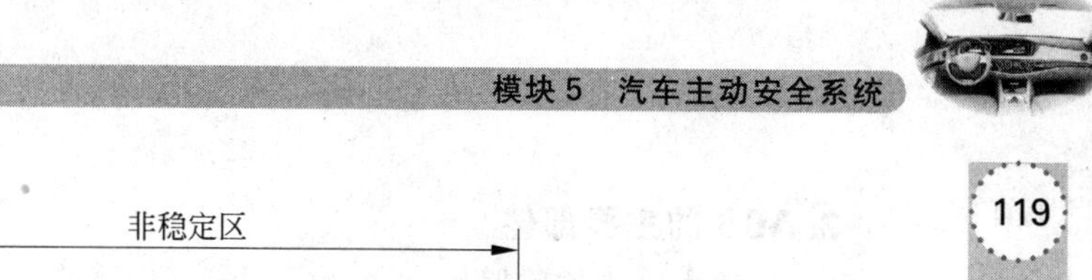

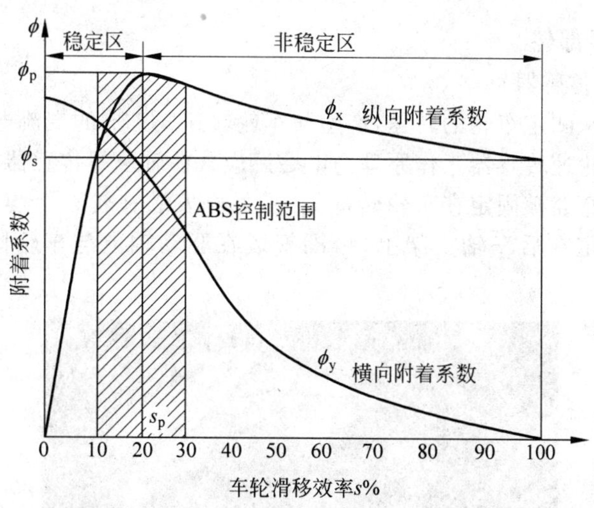

图 5-1　干燥硬实路面附着系数与滑移率的关系

5.1.2　ABS 的组成

1. ABS 的基本组成

无论是液压制动系统还是气压制动系统，电子控制防抱死制动系统（ABS）均由轮速传感器、制动压力调节器和电子控制器三大部分组成，如图 5-2 所示。

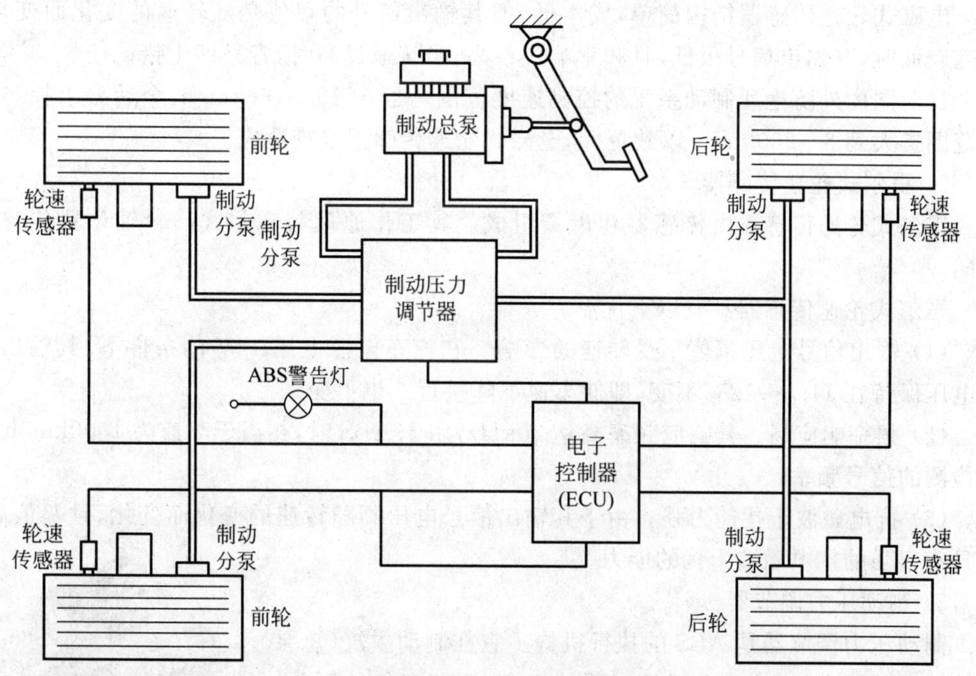

图 5-2　电子控制防抱死制动系统（ABS）的组成

2. ABS 的主要部件

1）电磁式轮速传感器

轮速传感器用来测定车轮的转速，产生与车轮转速成正比的交流电压信号，并送入电子控制器。电磁式轮速传感器工作原理与电磁感应式曲轴位置传感器相同。

一般前轮速传感器被固定在车轮转向架上，齿圈安装在轮毂上与车轮同步转动；后轮上的传感器被固定在后车轴支架上，齿圈安装在驱动轴上与车轮同步转动，如图 5-3 所示。

图 5-3　汽车后轮速传感器安装位置

车轮传感器的齿圈与车轮轮毂安装在一起，随车轮一起旋转。传感器固定在转向节或支架上。

电磁式轮速传感器结构简单，成本低，但其输出信号的幅值是随转速的变化而变化，车速较低时，其输出信号很低，且频率响应不高，当转速过高时，容易产生错误信号。

目前国内外防抱死制动系统的控制速度范围一般为 15～160km/h，今后要求控制速度范围扩大到 8～260km/h 以致更大，电磁式轮速传感器很难适应。

2）霍尔式轮速传感器

霍尔式轮速传感器由传感器和齿圈组成。其工作原理与霍尔式凸轮轴位置传感器相同。

霍尔式轮速传感器具有以下优点。

（1）输出信号电压幅值不受转速的影响。在汽车电源电压 12V 的条件下，其输出信号电压保持在 11.5～12V 不变，即使车速下降接近 0 也不变。

（2）频率响应高。其响应频率高达 20kHz，用于 ABS 时，相当于车速为 1000km/h 时所检测的信号频率。

（3）抗电磁波干扰能力强。由于其输出信号电压不随转速的变化而变化，且幅值高，故具有很强的抗电磁波干扰的能力。

3）制动压力调节器

制动压力调节器是 ABS 的执行机构。它在制动主缸（总泵）与轮缸（分泵）之间，接受电子控制器的指令，调节车轮的制动压力，如图 5-4 所示。制动压力调节器可分为循环式制动压力调节器和可变容积式制动压力调节器，循环式制动压力调节器是由电

图 5-4　制动压力调节器

磁阀、液压泵、储液器等组成。根据电磁阀的形式可分为三位三通式循环式制动压力调节器和二位二通式循环式制动压力调节器。以二位二通式循环式制动压力调节器为例，其工作过程如下。

(1) 增压(常规制动)模式。制动时，进油电磁阀开启而回油电磁阀关闭(两电磁阀均无电流通过)，制动主缸内的高压制动液直接进入制动轮缸，使轮缸的制动压力迅速升高，车轮速度迅速下降，如图 5-5 所示。

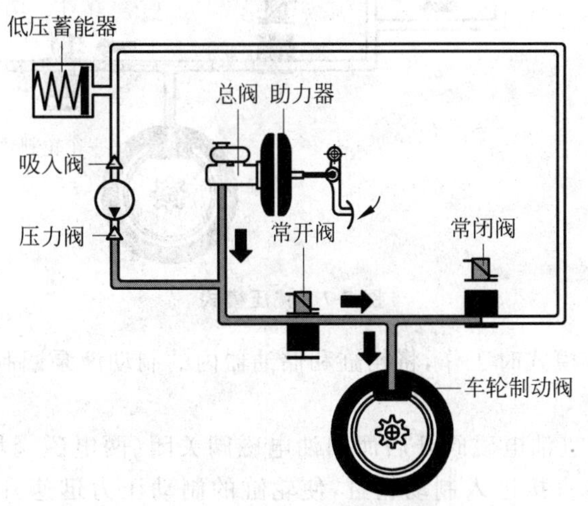

图 5-5　增压(常规制动)模式

(2) 保压模式。当车轮速度急剧降低，ABS 电子控制单元给进油电磁阀通以电流，进油电磁阀关闭，回油电磁阀仍保持关闭，制动主缸与制动轮缸的液压力相互隔绝，制动轮缸中保持一定的制动压力，系统处于“保压”状态，如图 5-6 所示。

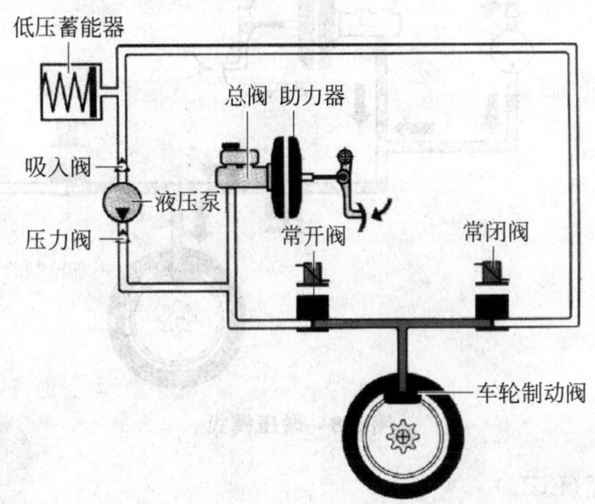

图 5-6　保压模式

(3) 减压模式。当车轮趋于抱死时，ABS ECU 给进、回油电磁阀均通以电流，进油电磁阀关闭而回油电磁阀开启。制动轮缸内的制动液经回油电磁阀流至储油器，制动轮缸中的制动压力下降，系统处于“减压”状态，如图 5-7 所示。

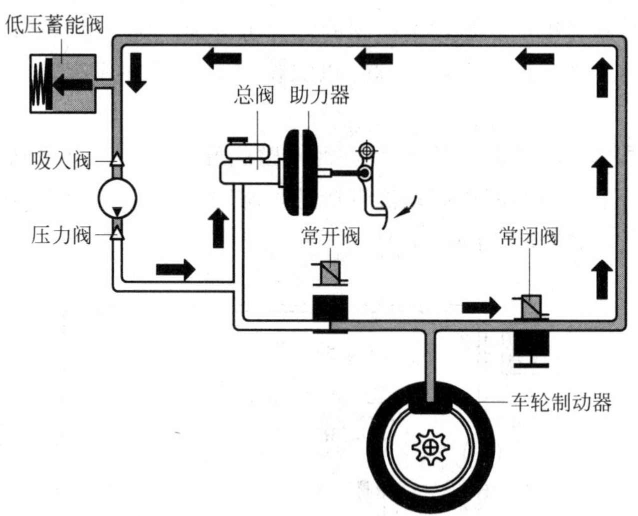

图 5-7　减压模式

液压泵仍在减压模式时工作，将轮缸和储油器内的制动液泵回制动主缸，使制动液循环工作。

(4) 增压模式。进油电磁阀开启而回油电磁阀关闭(两电磁阀均无电流通过)，制动主缸内的高压制动液直接进入制动轮缸，使轮缸的制动压力迅速升高，车轮速度迅速下降，如图 5-8 所示。

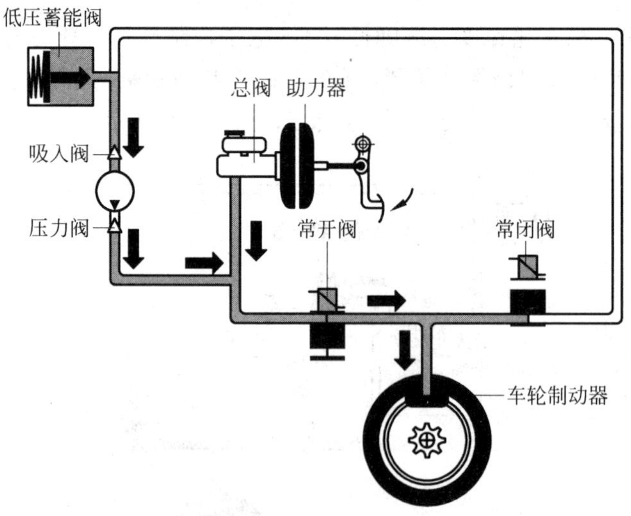

图 5-8　增压模式

4) 电子控制单元(ECU)

电子控制单元是一种电子计算机，如图 5-9 所示。ABS 电子控制单元的功用是接受轮速传感器以及其他传感器输入的信号，进行测量、比较、分析、放大和判别处理，通过精确计算，得出制动时车轮的滑移率、车轮的加速度和减速度，以判断车轮是否有制动抱死趋势。再由其发出控制指令，控制制动压力调节器去执行压力调节的任务，其控制作用如图 5-10 所示。

图 5-9 ABS 控制单元

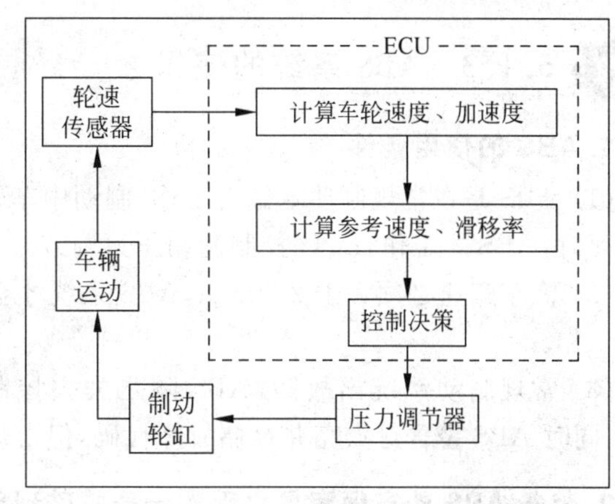

图 5-10 ABS ECU 控制作用方框示意图

5）ABS 故障指示灯

具有 ABS 系统的制动系统有两个故障指示灯，一个是红色制动故障指示灯，另一个是黄色 ABS 故障指示灯。

(1) 红色制动故障指示灯。

当点火开关转到"ON"位时，如果制动液液面高度正常，制动蹄片厚度正常，红色的制动故障指示灯不点亮。

当制动液液面高度传感器检测到制动液的液面已经下降到规定值以下时，红色制动故障指示灯就会点亮。

以下情况灯也会被点亮：制动蹄片厚度低于标准值时；驻车制动器结合时；基本制动系统中的油压出现不平衡时；整体式防抱死制动系统中的蓄能器压力低于规定数值时。

无论何时，当红色制动故障指示灯点亮后，必须停车检查基本制动系统。当红色制动故障灯和黄色 ABS 灯都常亮时，在排除基本制动系统故障可能性后，才开始检测 ABS 系统的故障。

(2) 黄色 ABS 故障指示灯。

当驾驶员打开点火开关时，黄色 ABS 灯会亮，大约 2 秒，然后熄灭，表明防抱死制动系统通过自检。若 ABS 系统出现故障，ABS 电控单元点亮黄色 ABS 故障指示灯，如图 5-11 所示。

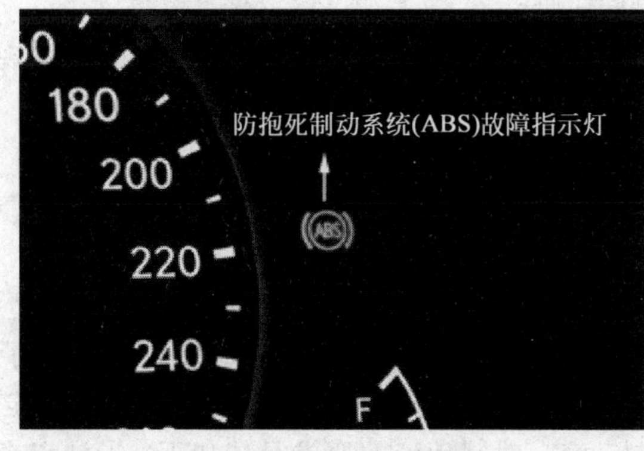

图 5-11 ABS 故障指示灯

5.1.3 ABS 系统的使用

1. ABS 的使用条件

(1) ABS 是在常规制动基础上工作,制动中车轮未抱死时,与常规制动相同;车轮趋于抱死时,ABS 才工作,ECU 控制制动压力调节器对分泵制动压力进行调节。

(2) 汽车车速必须大于 20km/h,ABS 系统才会工作;若低于该车速,仍是常规制动系统工作。

(3) 常规制动系统出故障,ABS 随之失去控制作用;ABS 出故障,ECU 自动关闭 ABS,同时 ABS 警告灯点亮并存储故障代码,但常规制动系统仍可正常工作。

2. 装备 ABS 的车辆容易出现的一些特殊现象

(1) 发动机启动后,有时发动机舱内发出类似撞击的声音。

(2) 某些装有 ABS 的汽车在发动机启动时,踏下制动踏板会弹起,而在发动机熄火时,制动踏板会下沉。

(3) 制动时转动转向盘,会感到转向盘有轻微的振动。

(4) 制动时,有时会感到制动踏板有轻微下沉或轻微振动,是由制动分泵在高速收放时高压的制动液被频繁挤压而产生的。

(5) 高速行驶急转弯时,或冰滑路面上行驶时,有时会出现制动故障指示灯亮起的现象。

(6) 在积雪路面上制动时,有时制动距离较长。

(7) 装有 ABS 的汽车在制动后期,车轮也会被抱死,在地面留下拖滑印痕的现象,但与常规制动时的印痕有所不同。

以上各种特殊现象属于 ABS 的正常反应。

3. 装备 ABS 的车辆使用时的注意事项

(1) 要保持足够的制动距离。

(2) 切忌反复踩制动踏板。应踩下制动踏板,应使施加在制动踏板上的力持续且稳定。

(3) ABS 的正常时,会产生液压工作噪声和制动踏板震颤,这属于正常现象。在紧急制动时,应直接将制动踏板踩到底,且不放松。

(4) 不要忘记控制转向盘。

(5) 在行车中应留意仪表板上的 ABS 故障指示灯情况,如发现闪烁或长亮,说明已不具 ABS 功能,但常规制动系统仍起作用,应尽快到修理厂检修。

(6) 要保持装在车轮传感器探头及齿圈的清洁。

(7) 应严格按规定的轮胎气压标准加气,同时要保持同轴轮胎气压的均衡,严禁使用不同规格的轮胎。

(8) ABS 系统对制动液的要求非常高。添加或更换制动液应严格按照车辆使用说明书上的要求,禁止掺杂不同型号的制动液。用错制动液会造成制动元件过度磨损和其他情况,一般推荐使用 DOT3 或 DOT4 制动液,如图 5-12 所示,并应定期检查储液室中制动液的液位并及时补充制动液。对制动液的要求具体如下:①沸点高,保证制动时不会产生“气阻”；②运动黏度要低，以保证制动时反应及时；③对金属橡胶无腐蚀性；④能长期保存，性能稳定；⑤吸湿沸点要高。

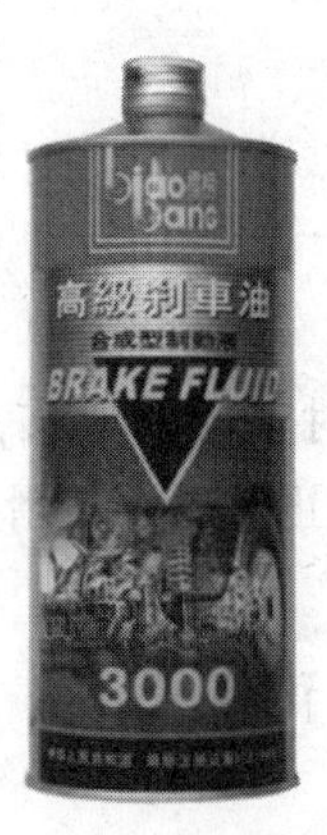

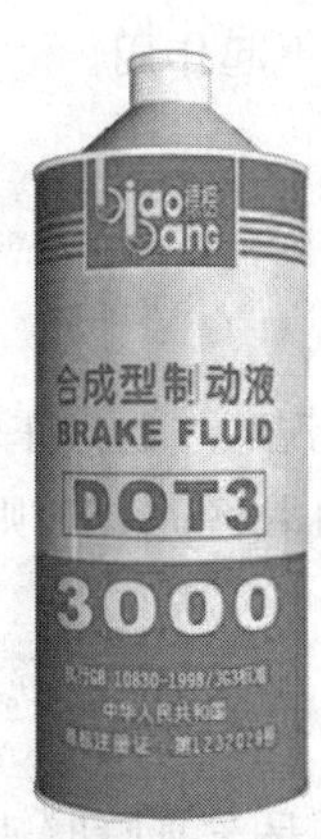

图 5-12　制动液

5.2　驱动防滑转系统(ASR)

驱动防滑转系统（ASR）是限制和控制驱动车轮在加速时的打滑现象。特别是防止汽车在非对称路面或在转弯时驱动轮的空转，以保持汽车行驶方向的稳定性、操纵性和维持汽车的最佳驱动力以及提高汽车的平顺性。

5.2.1　ASR 与 ABS 的关系

从控制车轮和路面的滑移率来看，ASR 和 ABS 采用了相同的技术，但两者所控制的车轮滑移方向是相反的。在汽车上，通常将它们结合在一起使用，构成行驶安全系统。它们可以共用电子元件，还可用共同的部件来控制车轮的运动，电子控制及保护装置都被装在同一个壳体内。

ASR 与 ABS 既有共同点又有不同之处。

1. 共同点

ASR 与 ABS 都是通过控制作用于被控制车轮的力矩，将车轮的滑移率控制在设定的理想范围之内，以提高车轮附着力的利用率，从而缩短汽车的制动距离或提高汽车的加速性能，改善汽车行驶的方向稳定性和转向操纵能力。

2. 不同之处

(1) ABS 系统是防止制动时车轮抱死滑移，提高制动效果，确保制动安全；ASR 系统则是防止驱动车轮原地不动而不停地滑转，提高汽车在起步、加速及滑溜路面行驶时的牵引力，确保行驶稳定性。

(2) ABS 系统对所有车轮起作用，控制其滑移率；而 ASR 系统只对驱动车轮起制动控制作用。

（3）ABS是在制动时，车轮出现抱死情况下起控制作用，在车速很低（小于20km/h）时不起作用；而ASR系统则是在整个行驶过程中都工作，在车轮出现滑转时起作用，当车速很高（80～160km/h）时不起作用。

5.2.2 ASR的控制过程

1. 滑移和滑转

汽车车轮打滑有两种情况：一是汽车制动时车轮的滑移；二是汽车驱动或加速时车轮滑转。ABS是防止车轮的滑移；ASR则是防止驱动轮的滑转。

驱动轮的滑转（移）率：

$$s_d=\frac{v_c-v}{v_c}\times 100\%$$

式中，v_c 是车轮圆周速度；v 是车身瞬时速度。

2. 路面附着系数与滑转率的关系

图5-13所示为滑移率和滑转率与纵向附着系数之间的关系，从图中可以看出：

（1）附着系数随路面的不同而呈大幅度地变化；

（2）在各种路面上，附着系数均随滑移率和滑转率的变化而变化；

（3）在各种路面上，滑移率和滑转率均为20%左右时，附着系数达到最大值。

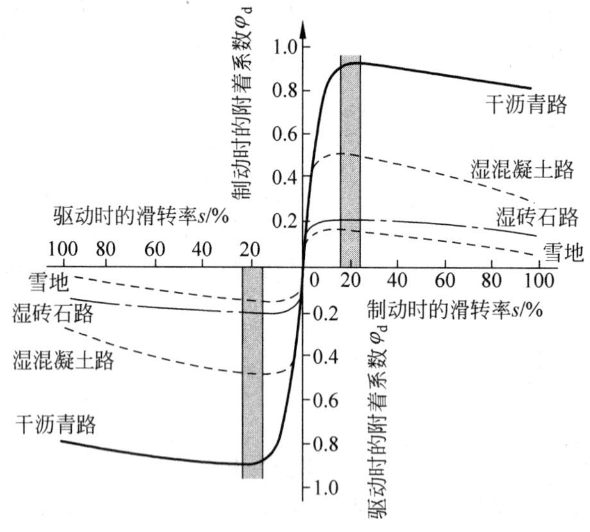

图5-13 滑转率与附着系数之间的关系

3. ASR的控制方式

1）控制发动机的输出转矩

通过调节发动机的输出转矩，能够使汽车的驱动轮获得最大驱动力。控制发动机输出转矩的方式有：控制点火时间、控制燃油供给量、控制节气门开度等。

（1）调制点火时间：减小汽油发动机的点火提前角或切断个别汽缸的点火电流，均可

微量降低发动机的输出转矩。

(2) 调节燃油供给量：短时间减少或中断供油也可微量调节发动机的输出转矩，这种控制方法适用于未采用燃油喷射系统的汽油发动机或柴油发动机汽车。

(3) 控制节气门开度：调整节气门的开度可以控制进入汽缸的进气量，从而能够显著改变发动机的输出转矩，现代汽车普遍采用这种控制方式，如图5-14所示。

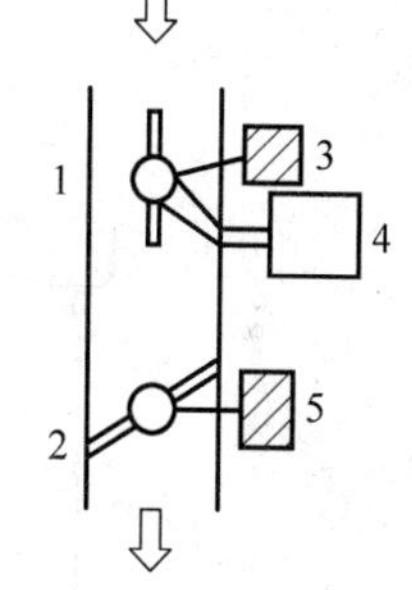

图5-14　节气门驱动装置

1—副节气门；2—主节气门；3—副节气门位置传感器；4—步进电动机；5—主节气门位置传感器

2) 控制驱动轮的制动力

这种方法是对发生滑转的驱动轮直接加以制动。该方式反应时间最短，是防止滑转的最迅速的一种控制方式，但为了制动过程平稳，出于舒适性考虑，其制动力应缓慢升高。该控制方式一般都作为调整进气量(调整节气门开度)、改变发动机输出转矩方式的补充。

对驱动轮进行制动的方式还能起到差速锁的效果。对滑转的驱动轮施加一定的制动力，能使处于高附着系数路面的车轮产生更大的驱动力。

3) 差速器锁止控制

差速器锁止控制必须采用防滑转差速器，防滑转差速器是一种由电子控制器控制的可锁止差速器。在防滑转差速器向车轮输出驱动力的输出端设置有一个离合器，用增减离合片上的液压力来实现锁止控制。控制压力来自蓄能器的高压油液，压力大小由ASR ECU控制，通过电磁阀来调节，并由压力传感器和驱动轮上的轮速传感器反馈给ASR ECU实现反馈控制，如图5-15所示。

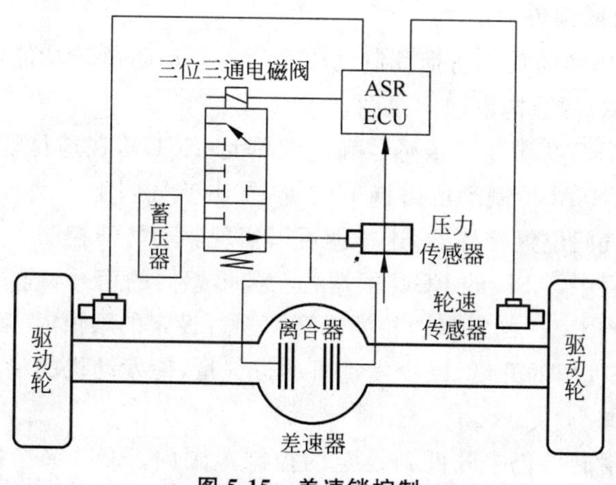

图5-15　差速锁控制

这种控制方式使车辆在各种路面起步和行驶时，都具有更高的稳定性和操纵性。对于越野汽车，则可大大提高越野通过性。

4) 综合控制方式

为了充分发挥电子控制系统的控制功能并有效地防止驱动轮滑转，一般都将不

同的控制方式组合在一起进行控制。常用的组合方式有组合控制发动机的输出转矩和驱动轮的制动力，如图 5-16 所示，组合控制发动机的输出转矩和控制差速器的锁止程度。

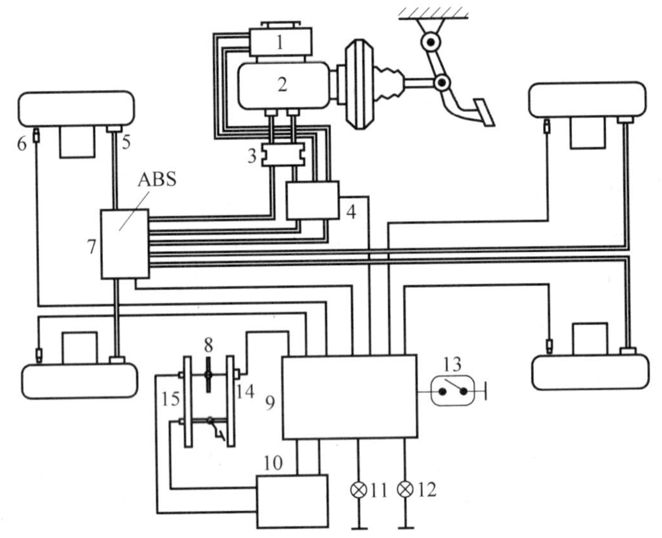

图 5-16　组合控制发动机的输出转矩和驱动轮的制动力

1—储液罐；2—制动总泵；3—比例阀；4—ASR 制动压力调节器；5—制动分泵；6—轮速传感器；7—ABS 制动压力调节器；8—主、副节气门；9—ABS/TRC ECU；10—发动机 ECU；11—ASR 工作指示灯；12—ASR 关闭指示灯；13—ASR 控制开关；14—步进电机；15—节气门位置传感器

4. ASR 主要组成部件

图 5-33 是一种典型的具有防抱死制动(ABS)和驱动防滑转功能的牵引力/驱动防滑控制系统(TCS/ASR)的结构原理示意图。

TCS/ASR 和 ABS 共用轮速传感器和电控单元(ECU)，在通往驱动轮制动分泵的管路中增设了一个 TCS/ASR 制动压力调节装置，在主节气门上方增设一个由步进电机控制的副节气门和节气门位置传感器，这样就可以实现驱动防滑控制了。

在汽车驱动过程中，ASR 的 ECU 根据各轮速传感器的信号，确定驱动轮的滑转率和汽车的参考速度。当 ECU 判定驱动轮的滑转率超过设定的限值时，就使副节气门的步进电机转动，减小副节气门的开度，减少发动机的进气量，使发动机的输出转矩减小，驱动轮上的驱动力也随之减小。

如果驱动轮的滑转率仍未降低到设定的控制范围内，ECU 又会控制 ASR 制动压力调节装置和 ABS 制动压力调节装置，对驱动轮施加一定的制动力，从而实现驱动轮防滑转控制。

1) ASR 制动执行器

ASR 制动执行器由一个泵总成和一个制动执行器组成，如图 5-17 和图 5-18 所示。泵总成和制动执行器的主要部件的功能如表 5-1 和表 5-2 所示。

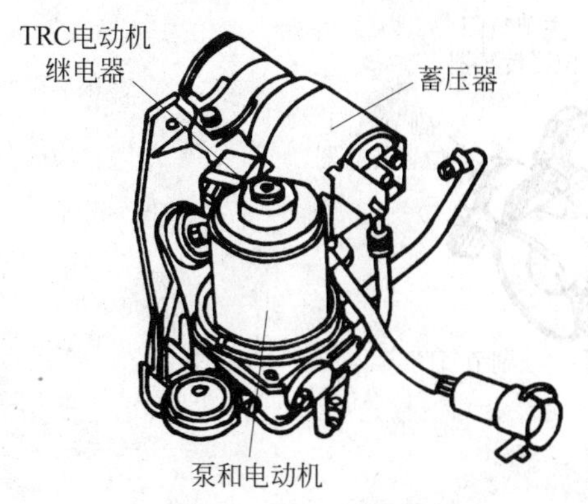

图 5-17 ASR 泵总成图

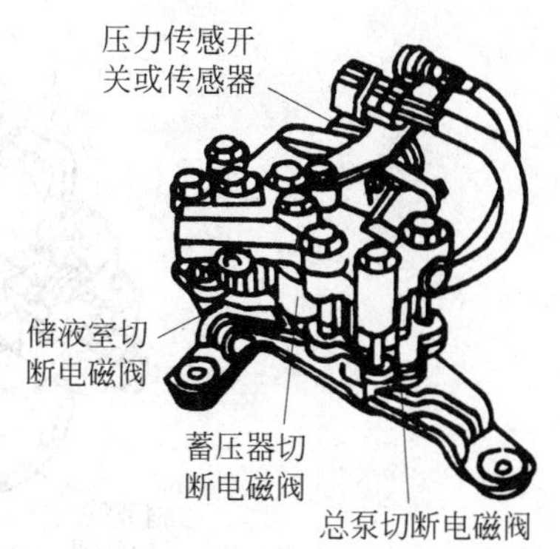

图 5-18 ASR 制动执行器

表 5-1 ASR 泵总成主要部件的功能

部　件	功　能
泵	将制动液从总泵储液室泵出，提高其压力，然后传送至蓄压器，这是一个电动机驱动柱塞型泵
储能器	在 ASR 工作时，储存加压的制动液，并向制动轮缸提供制动液；储能器中还充有高压氮气，以缓和制动液容积的变化

表 5-2 ASR 制动执行器主要部件的功能

部　件	功　能
储能器切断电磁阀	在 ASR 工作过程中将制动液压从储能器送至制动轮缸
制动主缸切断电磁阀	当储能器中的液压传送至制动轮缸后，防止制动液流回到制动主缸
储液室切断电磁阀	在 ASR 工作过程中将制动轮缸中的制动液传送回制动主缸储液室
压力开关或压力传感器	监测储能器中的压力，并将有关信息传送给 ECU，而 ECU 则依据这些数据来控制泵的运转

2）副节气门执行器

副节气门及其驱动机构如图 5-19 所示，副节气门执行器安装在节气门体上，根据来自 ECU 的指令控制副节气门开度，从而控制发动机的进气量，达到控制发动机输出转矩的目的。副节气门位置传感器安装在副节气门轴上，将副节气门开度转换为电压信号，并将这一信号经发动机和自动变速器的 ECU 发送至 ASR ECU，其工作原理与节气门位置传感器相同。

3）ASR 的电子控制单元（ECU）

ASR 的 ECU 也是以微处理器为核心，配以输入输出电路及电源等组成。ASR 与 ABS 的一些信号输入和处理是相同的，为减少电子器件的应用数量，ASR 控制器与 ABS 电子控制单元常组合在一起。ASR 的电子控制单元（ECU）根据来自前、后轮速传感器和来自发动机 ECU 的节气门位置传感器信号判断汽车行驶情况，将控制指令发送至副节气门执行器和 ASR 制动执行器。同时，将信号发送至发动机 ECU，使之得到 ASR 的工作情况；如 ASR 出现故障，将打开 ASR 故障指示灯以提醒驾驶员。使用诊断仪可读取故障码。

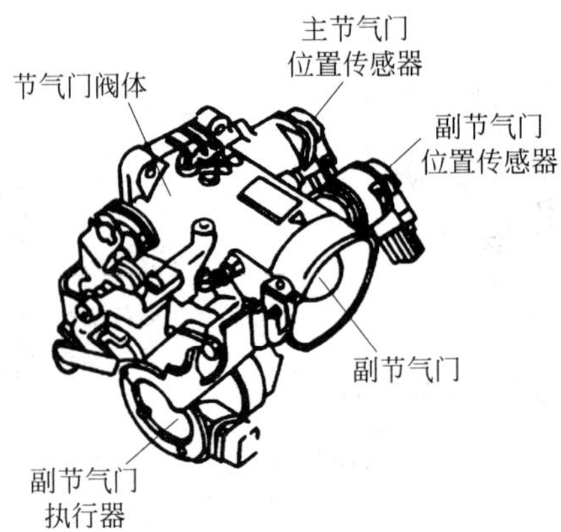

图 5-19　主、副节气门及其位置传感器

5. 控制驱动轮制动力的 ASR 系统控制过程

ASR ECU 通过电磁阀的控制实现对驱动轮制动力的控制，如图 5-20 所示。

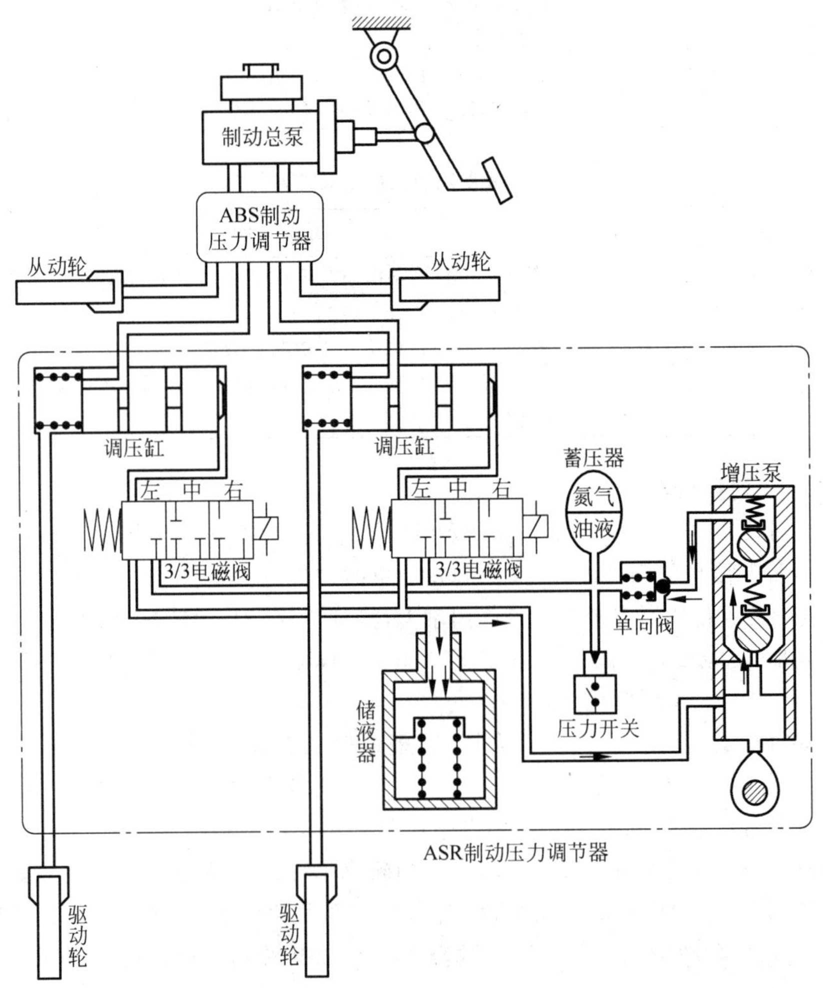

图 5-20　控制驱动轮制动力的 ASR 系统

1）汽车常规制动过程

正常制动时 ASR 不起作用，电磁阀不通电，阀在左位，调压缸的活塞被回位弹簧推至右边极限位置。

2）汽车加速过程

如果汽车驱动轮在加速过程中滑转，这时 ASR 起作用，ASR 和 ABS 的 ECU 就控制发动机转矩以及对驱动轮进行制动，减少驱动轮的滑转，而且驱动轮制动轮缸中的液压被控制为三种状态：压力升高、压力保持和压力降低。

(1) 压力升高状态。当踩下加速踏板而驱动轮开始滑转时，ASR 制动执行器的所有三位三通电磁阀都在 ECU 的控制下全部以大电流接通，三位三通电磁阀至右位，蓄压器中的制动液推调压缸活塞左移，调压缸活塞首先关闭 ABS 制动压力调节器管路，然后对驱动轮制动轮缸起作用，驱动轮制动轮缸压力上升，从而使驱动轮获得制动力。

(2) 压力保持过程。当驱动轮制动轮缸中的液压升高或降低到一定数值时，系统就进入压力保持状态。此时 ECU 控制三位三通电磁阀以小电流接通，三位三通电磁阀在中位，调压缸与储液室和蓄压器都隔断，于是调压缸活塞保持原位不动，制动压力保持不变。

(3) 压力降低状态。当需要降低驱动轮制动轮缸中的液压时，此时 ECU 控制三位三通电磁阀断电，位三通电磁阀回到左位，使调压腔右腔与蓄压器隔断而与储液室接通，于是调压缸右腔压力下降，调压缸回位弹簧推动调压缸活塞向右运动，调压缸左侧压力下降，因此驱动轮轮缸制动压力也随之下降。

5.3　电子稳定控制系统(ESP)

5.3.1　ESP 作用与控制原理

ESP 是英语单词 electronic stability programe 的缩写，意为电子稳定程序，在大众、奥迪、奔驰车型上使用此简称。在其他车型上，相同或相近功用的系统采用了不同的名字。如 dynamic stability control(DSC)-BMW; vehicle stability control(VSC)-Toyota; vehicle stability assist(VSA)-Honda。ESP 是一个主动安全系统。它是建立在其他牵引控制系统上的一个非独立的系统。

1. ESP 的作用

ESP 是为汽车高速转弯将要出现失控时，增加汽车稳定，确保车辆转弯的稳定性和循迹行驶能力，减少事故的发生而提供的一个十分有效的安全保障。

ESP 的作用可归纳为以下三点。

(1) 实时监控。ESP 能够实时监控驾驶员的操控动作、路面反应、汽车运动状态，并不断向发动机和制动系统发出控制指令。

(2) 主动干预。ESP 可以通过主动调控发动机的转速,调整每个车轮的驱动力和制动力来修正汽车的过度转向或转向不足。

(3) 警报。当车轮出现滑转时,ESP 会用故障指示灯警示驾驶员。提示驾驶员不要猛踩加速踏板,控制好转向盘,以确保行车安全。

2. ESP、ABS、ASR 的区别

ABS 一般是在车辆制动时发挥作用,ASR 只是在车辆起步和加速过程中发挥作用,而 ESP 则是在汽车整个行驶过程中始终处于工作状态,不停地监控车辆的行驶状态和观察驾驶员的操作意图,从而决定什么时候主动地修正汽车的行驶方向,把汽车从危险的边缘拉回到安全的境地。

3. ESP 的控制原理

ESP 控制单元首先通过方向盘转角传感器及各车轮转速传感器识别驾驶员转弯方向,即驾驶员意愿,如图 5-21 中 a 所示,ESP 控制单元再通过横摆角速度传感器,识别车辆绕垂直于地面轴线方向的旋转角度及侧向加速度传感器识别车辆实际的运动方向,如图 5-21 中 b 所示。ESP 控制单元对情况 a、情况 b 进行比较,会得出 a≠b 或 a=b 的结论。当 a≠b 时,ESP 控制单元判断车辆出现危急行驶状况,这种危急行驶状况又分为两种:a>b,a<b。若 a>b,ESP 控制单元判定为汽车出现不足转向,控制单元将发出制动内侧后轮指令,制动内侧后轮使车辆进一步沿驾驶员转弯方向偏转,从而稳定车辆,如图 5-21 中Ⅰ所示。若 a<b,ESP 控制单元判定为出现过度转向,ESP 控制单元将发出制动外侧前轮指令,制动外侧前轮防止出现甩尾,并减弱过度转向趋势,稳定车辆如图 5-21 中Ⅱ所示。当 a=b 时,ESP 控制单元判定为车辆行驶情况正常。

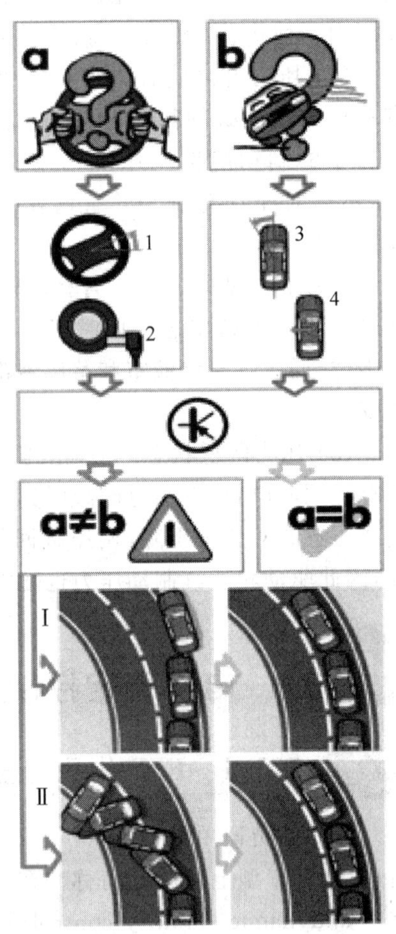

图 5-21 ESP 的控制原理

5.3.2 ESP 的组成

ESP 的组成以及主要部件在汽车上的位置如图 5-22 所示。

1. ESP 通/断开关

大多数稳定性控制系统中有一个稳定性控制通断开关,允许驾驶员切断系统的工作,如图 5-23 所示,然而,当车辆在启动时,系统总是处于被激活的状态。

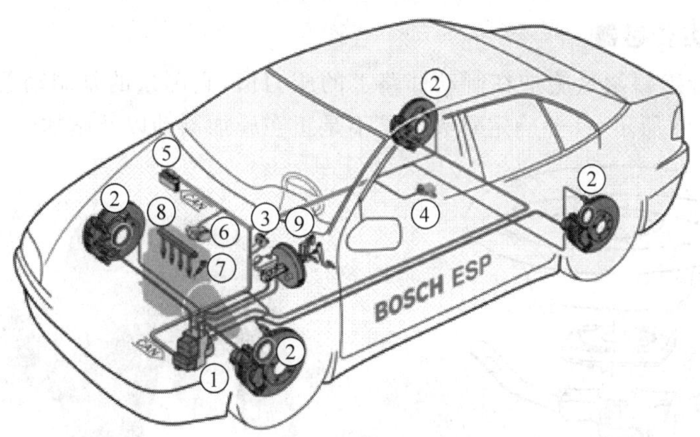

图 5-22　ESP 的组成以及主要部件在汽车上的位置图

1—液压控制单元；2—车轮转速传感器；3—转向角度传感器；4—横摆率和横向加速度传感器；5— ECU；6—节气门控制；7—喷油阀；8—点火单元；9—油门踏板传感器

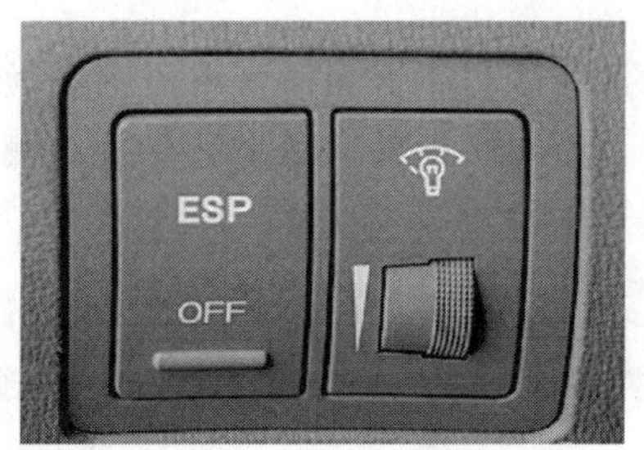

图 5-23　ESP 通/断开关

2. 转向盘转动传感器

转向盘转动传感器也叫转向盘转角传感器，如图 5-24 所示，测量转向盘转动的角度和速率。传感器固定在转向管柱上，如图 5-25 所示，跨在一个环上，环上有等距离的开孔。这些开孔通过传感器的端部来探测转向盘的转动情况。

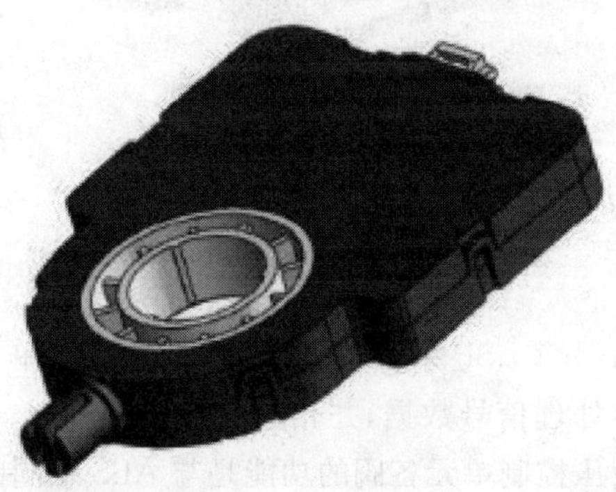

图 5-24　转向盘转动传感器

3. 制动压力传感器

制动压力传感器测量施加在制动回路上的压力值，它测量的是制动总泵中的实际制动压力，如图 5-26 所示，就能确定驾驶员是不是正在施加制动以及施加的压力为多少。

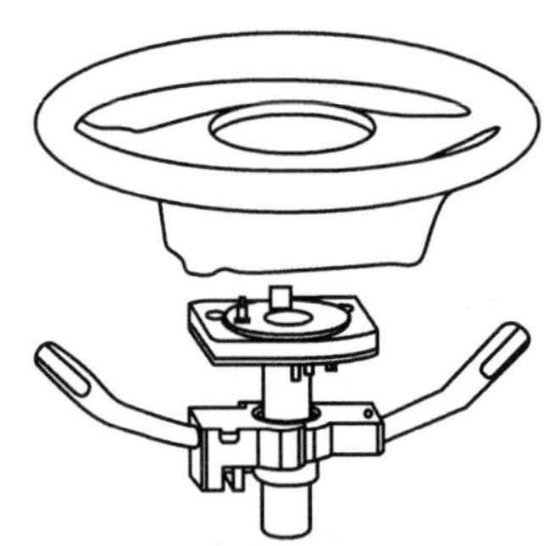

图 5-25　转向盘转动传感器安装位置

图 5-26　制动压力传感器

4. 组合传感器

组合传感器包括了侧向加速度传感器和横摆率传感器，如图 5-27 所示。侧向加速度传感器的功能是确定车辆是否受到使车辆发生滑移作用的侧向力，横摆率传感器的功能是确定车辆是否沿垂直轴线发生转动，并提供转动速率。

5. 控制单元

ESP 控制单元指的是电控单元与液压控制单元，它们通常组装在一起，如图 5-28 所示。

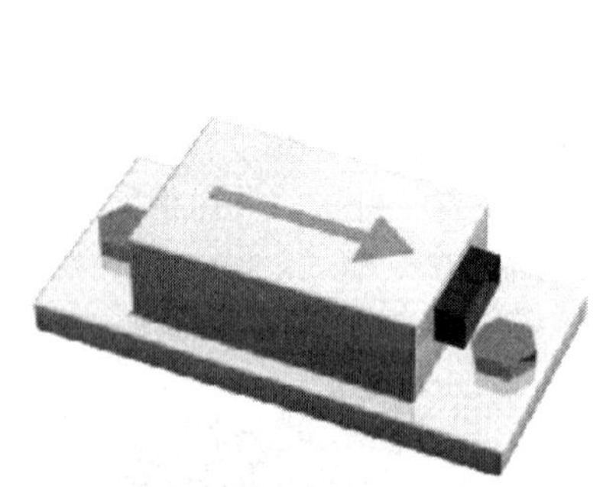

图 5-27　组合传感器

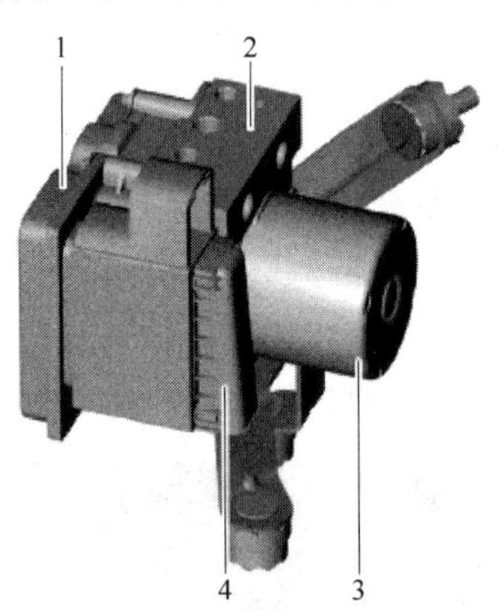

图 5-28　ESP 控制单元

1—电控单元；2—液控阀体；
3—电动马达(泵)；4—插头连接板

为保障 ESP 系统的可靠性，ESP 电控单元装有两个处理器，两个处理器用同样的两个软件处理信号数据，并相互监控比较。

液压控制单元各阀的功能是与 ABS 相同的。不同之处仅在于，标准的 ABS 只控制被锁死的车轮，而 ESP 系统会控制任何能帮助车辆摆脱滑移的车轮。进油阀和泄油阀反复切断和施加液压作用力到恰当的单个车轮或几个车轮，目的是控制车轮的速度，使车辆摆脱滑移。

5.4　电控悬架系统

电控悬架系统(electronic controlled suspension system)英文缩写是ECSS,又通常称为电子调节悬架系统(electronic modulated suspension system),英文缩写为EMSS。

汽车在行驶过程中,路面情况和车速是变化不定的。因此,这种刚度和阻尼系数都不可调节的被动悬架,不可能在改善汽车的乘坐舒适性、行驶平顺性和操纵稳定性等方面达到最优,因此无法主动地适应汽车行驶中不断变化的路面要求。随着现代电子技术的飞速发展,对汽车悬架系统参数实行实时控制已成为可能。

5.4.1　电控悬架的作用

1. 普通悬架原因引起的行车问题

大多数汽车的悬架系统内无能源供给装置,其弹性和阻尼不能随外部条件发生显著变化,在行车过程中容易出现以下问题。

(1) 汽车转向时容易出现侧倾现象,如图5-29所示。

(2) 汽车加速时容易出现汽车后坐现象,如图5-30所示。

(3) 汽车在不平坦道路上行驶时舒适性差。

(4) 汽车在制动时容易出现栽头现象,如图5-31所示。

图5-29　汽车侧倾现象

图5-30　汽车后坐现象

图5-31　汽车栽头现象

(5) 汽车在高速行驶时稳定性和操纵性变差。

(6) 汽车的高度随乘员或行李质量的变化而变化。

2. EMSS的功用

EMSS的功用是在汽车行驶路面、行驶速度和载荷变化时,自动调节车身高度、悬架刚度和减振器阻尼的大小,从而改善汽车的行驶平顺性(即乘坐舒适性)。

在装备EMSS的汽车上,当汽车急转弯、急加速或紧急制动时,乘坐人员能够感到悬架较为坚硬,而在正常行驶时能够感到悬架比较柔软;EMSS还能平衡地面反力,使其对车身的影响减小到最低程度。EMSS的控制功能如图5-32所示。

1) 汽车车身高度的控制

(1) 自动高度控制:不管乘员和行李质量情况如何,使汽车高度保持某一个恒定的高度位置。

(2) 高车速控制:当汽车高速行驶时,汽车高度会降低,使车身中心下移,这就改善了高车速行驶时的空气动力学性能和稳定性。

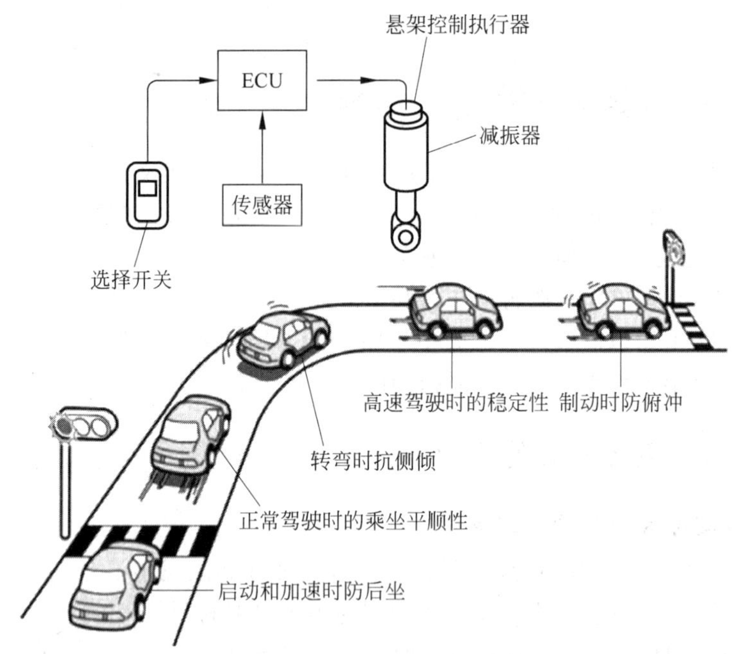

图 5-32　电控悬架系统控制功能示意图

(3) 点火开关 OFF 控制：当点火开关关断后因乘客质量和行李质量变化而使汽车高度变为高于目标高度时，能使汽车高度降低到目标高度，改善汽车驻车时的姿势。

2) 弹簧刚度和减振阻尼力的控制

(1) 防侧倾控制：使弹簧刚度和减振阻尼力变成"坚硬"状态，该项控制能抑制侧倾而使汽车的姿势变化减至最小，以改善操纵性能。

(2) 防栽头控制：使弹簧刚度和减振阻尼力变成"坚硬"状态，该项控制能抑制汽车制动时栽头，而使汽车的姿势变化减至最小。

(3) 防下坐控制：使弹簧刚度和减振阻尼力变成"坚硬"状态，该项控制能抑制汽车加速时后部下坐，而使汽车的姿势变化减至最小。

(4) 高车速控制：使弹簧刚度变成"坚硬"状态和使减振阻尼力变成"中等"状态，该项控制能改善汽车高车速时的行驶稳定性和操纵性。

(5) 不平整道路控制：使弹簧刚度和减振阻尼力视需要变成"中等"或"坚硬"状态，以抑制汽车车身在悬架上下垂，从而改善汽车在不平坦道路上行驶时的乘坐舒适性。

(6) 颠动控制：使弹簧刚度和减振阻尼力变成"中等"或"坚硬"状态，它能抑制汽车在不平坦道路上行驶时的颠动。

(7) 跳振控制：使弹簧刚度和减振阻尼力变成"中等"或"坚硬"状态，该项控制能抑制汽车在不平坦道路上行驶时的上下跳振。

3. EMSS 的类型

电控悬架系统采用的控制方式有控制车身高度、控制空气弹簧的刚度和控制油液减振器的阻尼等。目前采用的电控悬架系统主要有以下几种类型。

(1) 电控变高度空气弹簧悬架系统；

(2) 电控变刚度空气弹簧悬架系统；

(3) 电控变阻尼减振器悬架系统；
(4) 电控变高度与变刚度空气弹簧悬架系统；
(5) 电控变高度、变刚度空气弹簧与变阻尼减振器悬架系统。

5.4.2　电控悬架系统(EMSS)的组成与工作原理

EMSS 主要是由传感器、电控模块和调节悬架的执行元件组成。

传感器的主要作用是将汽车行驶的速度、启动、加速度、转向、制动和路面状况、汽车震动状况、车身高度等信号输送给电控模块。汽车悬架系统所使用的传感器主要有：车身加速度传感器、车身高度传感器、车速传感器、方向盘转角传感器、节气门位置传感器和控制开关等。

电控模块(EMSS ECU)接收各种传感器的输入信号并进行各种运算，然后给执行器输出控制悬架的刚度、阻尼力和车身高度的信号。同时，EMSS ECU 还监测各传感器的信号是否正常，若发现故障，则存储故障代码和相关参数，并点亮故障指示灯。

通常所用的执行元件为电磁阀、步进电动机和气泵电动机等。当执行元件接受到 EMSS ECU 的控制信号后，及时准确地动作，从而按照要求调节悬架的刚度、阻尼力和车身高度。下面以电控变高度悬架系统为例介绍电控悬架的组成与工作原理。

1. 电控变高度悬架系统的组成

车身高度控制系统的主要功用是当车内乘员或载荷变化时，自动调节车身高度，使汽车行驶姿态稳定，从而提高乘坐舒适性。

汽车普遍采用的车身高度控制系统组成如图 5-33 所示，由 4 只高度传感器(每个普通减振器下面各设 1 只)、控制开关、电控单元 EMSS ECU、高度调节执行器(包括 4 个汽压缸、两只高度控制电磁阀、空气压缩机、干燥器和空气管路)等组成。

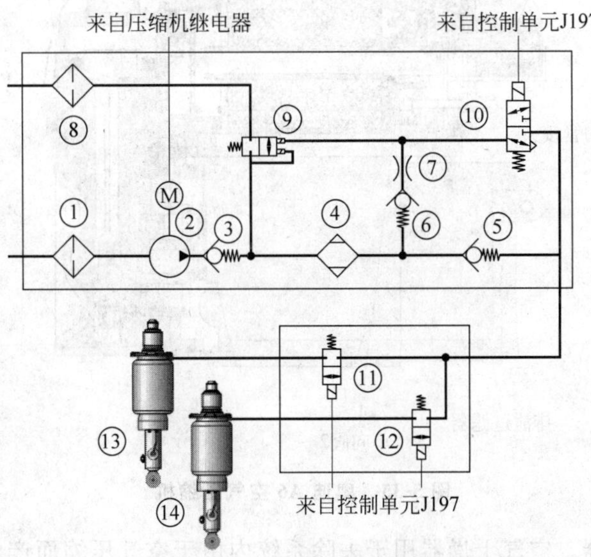

图 5-33　车身高度控制系统组成

1—进气滤清器；2—空气压缩机；3—止回阀 1；4—空气干燥器；5—止回阀 2；
6—止回阀 3；7—节流阀；8—排气滤清器；9—气动排气阀；10—排气电磁阀；
11—左后减振支柱阀；12—右后减振支柱阀；13—左后空气弹簧；14—右后空气弹簧

1）空气压缩机总成

空气压缩机总成包括空气压缩机、排气电磁阀、干燥器、限压阀、电动机等。除干燥器总成外，压缩机和排气电磁阀均不可维修，只能进行总成互换，如图 5-34 所示。

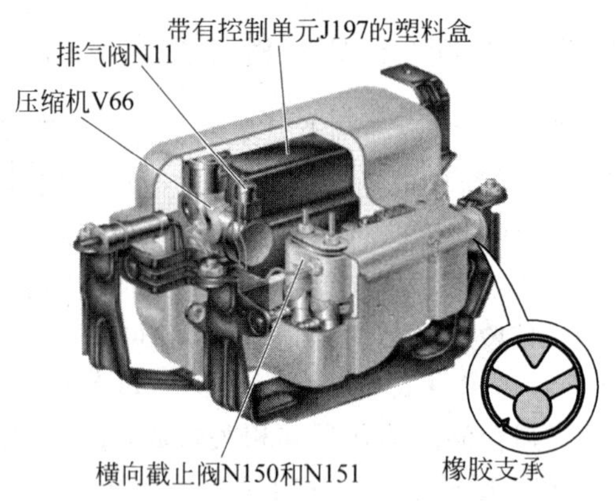

图 5-34　奥迪 A6 空气压缩机总成

（1）空气压缩机。空气压缩机的作用是为升高汽车悬架高度提供所需的压缩空气。压缩机由活塞和曲柄连杆机构组成，直流永磁电动机驱动，具有大扭矩和快速启动等特点，如图 5-35 所示。

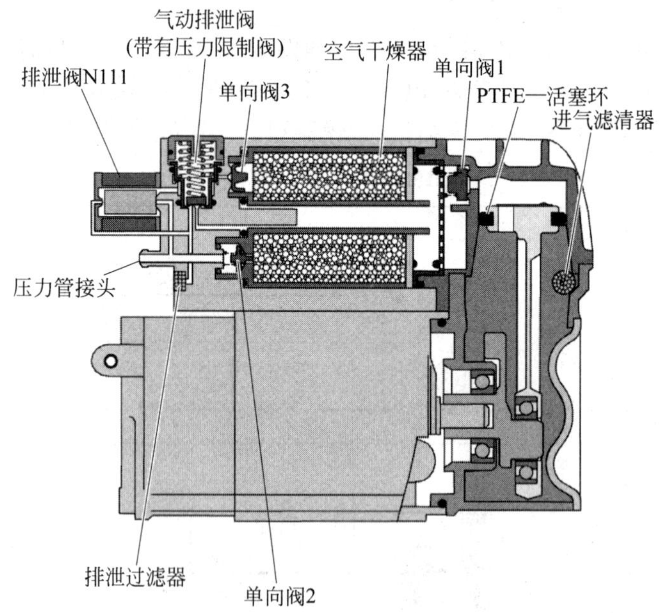

图 5-35　奥迪 A6 空气压缩机

（2）空气干燥器。空气干燥器用于去除系统内由于空气压缩而产生的水分。为使结构紧凑，排气电磁阀、空气干燥器装在一起。空气干燥器安装在高度控制阀和排气阀之间，内部充满了硅胶，如图 5-36 所示。

(3) 排气电磁阀。排气电磁阀安装于空气干燥器的末端。在汽车悬架高度需要下降时，排气电磁阀打开，压缩空气通过空气干燥器，再经过排气电磁阀排入大气中，如图 5-37 所示。

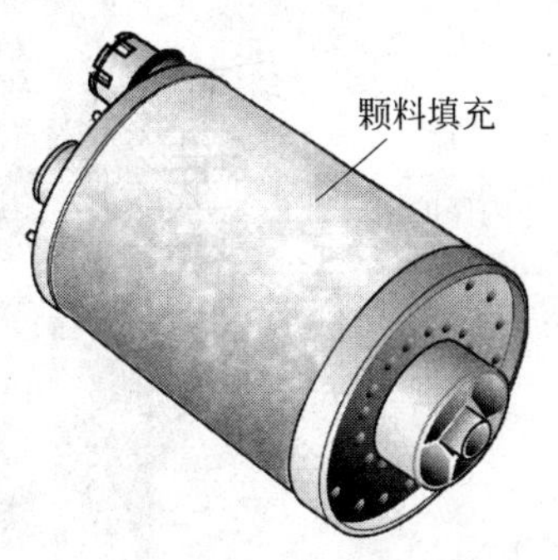

图 5-36 空气干燥器

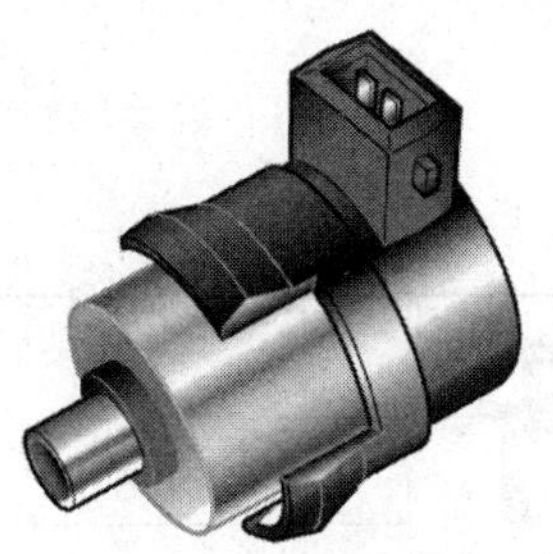

图 5-37 排气电磁阀

(4) 限压阀。限压阀可以防止系统内压力过高，例如由于继电器接触故障或控制单元有故障时压缩机没有关闭，在这种情况下，若系统压力高于约 13.5bar，那么限压阀就会逆着弹簧力而打开，压力经排气过滤器而卸掉，如图 5-38 所示。

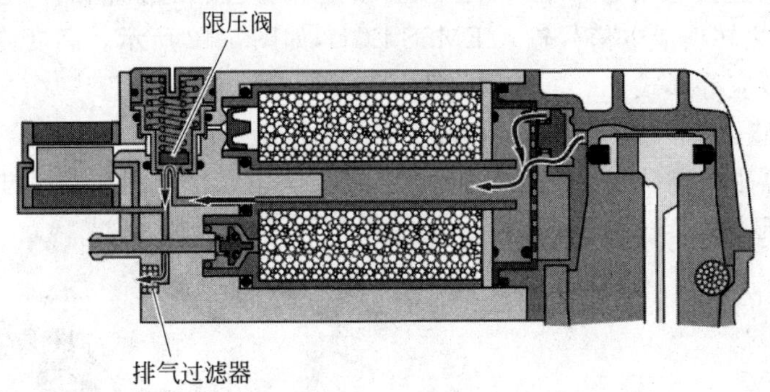

图 5-38 限压阀

2) 高度控制电磁阀

高度控制电磁阀，如图 5-39 所示，安装于空气干燥器和气压缸之间。用于控制汽车悬架的高度调节。高度控制电磁阀由电磁阀、阀体等组成。

在汽车悬架高度需要上升时，高度控制电磁阀接通，排气电磁阀关闭，向气压缸充入压缩空气，使汽车悬架升高。在汽车悬架高度需要下降时，高度控制电磁阀接通，排气电磁阀打开，压缩空气通过空气干燥器排入大气中，如图 5-40 所示。

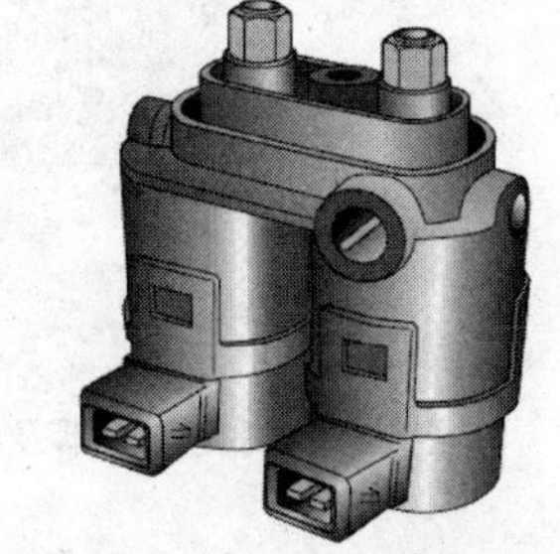

图 5-39 高度控制电磁阀

3) 气压缸

气压缸安装于减振器的上端，与普通减振器一起构成悬架支柱，上端与车架相连，下端安装在悬架摆臂上，如图 5-41 所示。

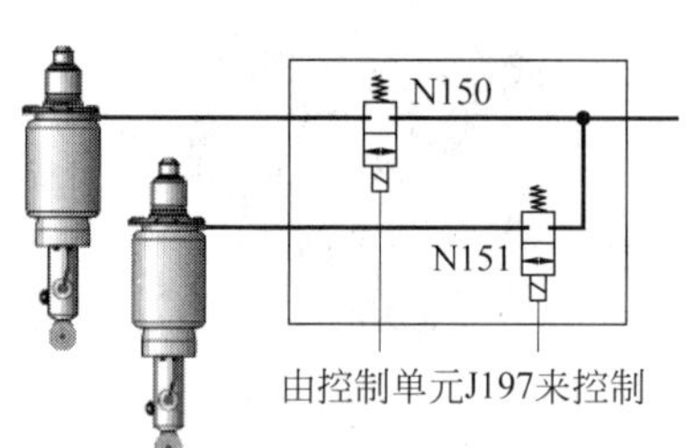

图 5-40　高度电磁阀控制

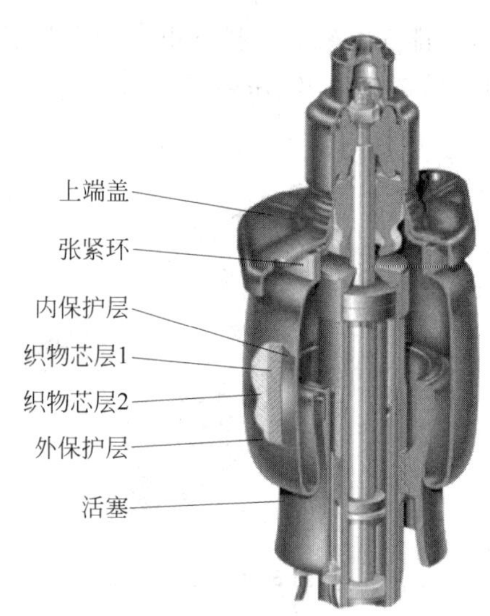

图 5-41　空气弹簧

4）车身高度传感器

高度传感器连接悬架与车身，作用是检测车身高度及因路面不平而引起的每个悬架的位移量，并将之转换成电信号输入 EMSS ECU，如图 5-42 所示。高度传感器有光电式、线性式和霍尔效应等形式。

5）温度传感器

温度传感器主要是防止空气压缩机过热，当控制单元检测到温度超过最高设定值时，关闭空气压缩机，如图 5-43 所示。

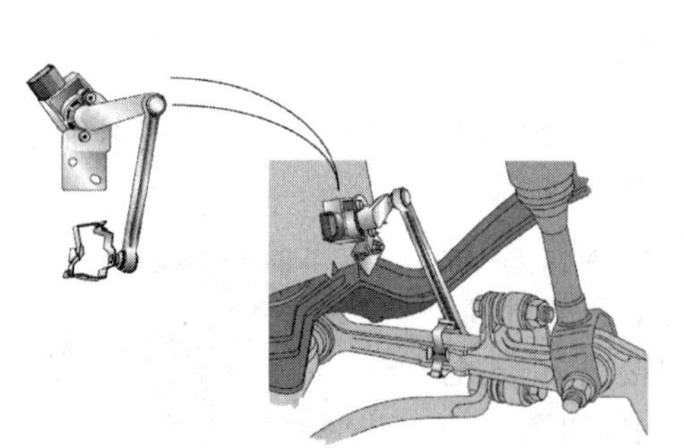

图 5-42　高度传感器及其安装位置

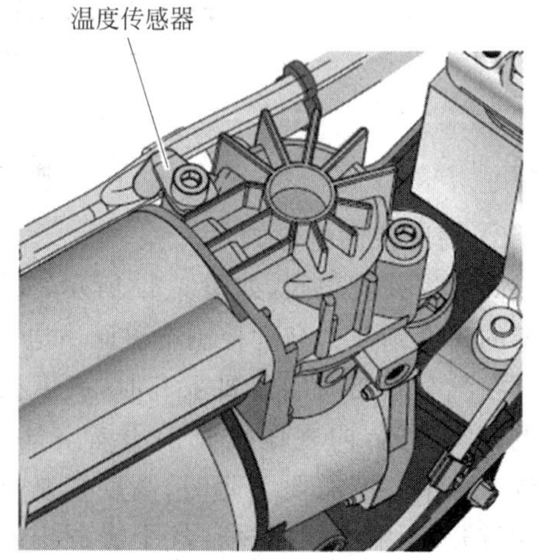

图 5-43　温度传感器

6）蓄压器

蓄压器可以使汽车底盘快速升高，而且噪声小，车辆行驶时空气压缩机工作给蓄压器充气，当汽车低速行驶时，基本上是由蓄压器给气压缸供气。蓄压器是铝制的，其容积约

为 6.5 升，最大工作压力约为 16bar，如图 5-44 所示。

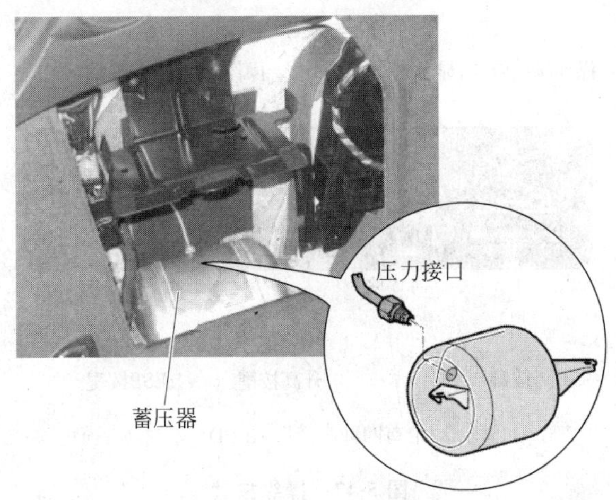

图 5-44　蓄压器

7）压力传感器

压力传感器一般集成在阀单元内，用来监控蓄压器和空气弹簧的压力，如图 5-45 所示。

8）控制单元

控制单元通过接受传感器的信号，经过计算、分析、处理，判断车身高度情况，然后向执行器发出指令，控制车身高度和空气压缩机的工作情况，如图 5-46 所示。

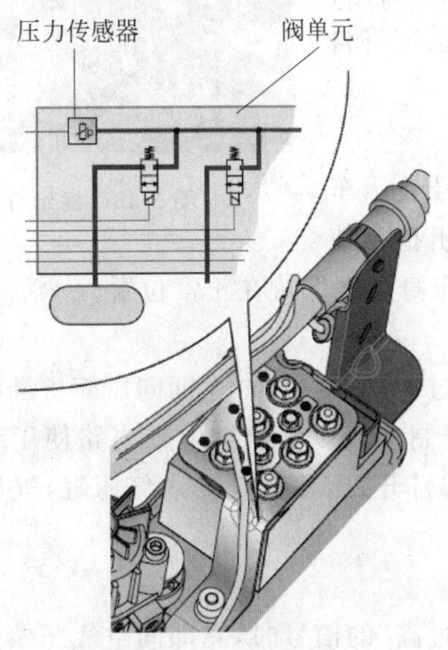

图 5-45　压力传感器

图 5-46　控制单元

9）操纵按键

操纵按键一般有下降按键、升高按键和 ESP 按键，如图 5-47 所示，下降按键和升高按键内的 LED 表示操纵的方向，如果 LED 闪烁，就表示控制单元拒绝进行车身高度调节

（如因车速过快）。

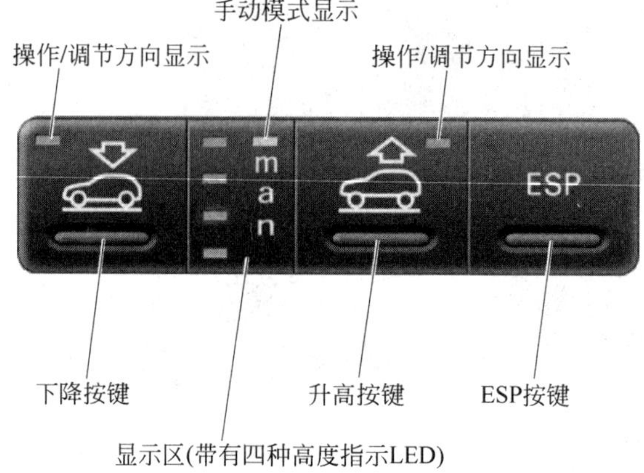

图 5-47　操纵按键

10）指示灯

指示灯在点火开关接通时灯亮 1 秒钟（自检），如图 5-48 所示，当出现系统故障或系统关闭后灯常亮，在执行元件诊断过程中闪烁。

图 5-48　指示灯

2. 电控变高度悬架系统的控制过程

电控变高度悬架系统在汽车乘客或载荷变化时，能够自动调节车身高度。当乘客或载荷增加时，系统将自动调高车身高度；反之，当乘客或载荷减小时，系统将自动调低车身高度。

1）车身高度不变时的控制过程

当车身高度传感器输入 EMSS ECU 的信号表示车身高度在设定高度范围内时，EMSS ECU 将发出指令使空气压缩机停止转动，气压缸空气量保持不变，车身高度保持在正常位置。

2）车身高度降低时的控制过程

当 EMSS ECU 接收到车身高度“偏低”或“过低”的信号时，立即向压缩机继电器和高度控制电磁阀发出电路接通指令，在接通高度控制空气压缩机继电器电路使压缩机运转的同时，接通高度控制电磁阀线圈电路使电磁阀打开，压缩空气进入气压缸，气压缸充气量增加，使车身高度上升，如图 5-49 所示。

3）车身高度升高时的控制过程

当 EMSS ECU 接收到车身高度“偏高”或“过高”的信号时，立即向空气压缩机继电器发出电路切断指令，并向排气阀和高度控制电磁阀发出电路接通指令，压缩机电动机停止运转，排气阀和高度控制电磁阀线圈电路接通而使电磁阀打开，空气从气压缸、经高度控制电磁阀、空气软管、干燥器、排气阀排出，气压缸空气量减少使车身高度降低。

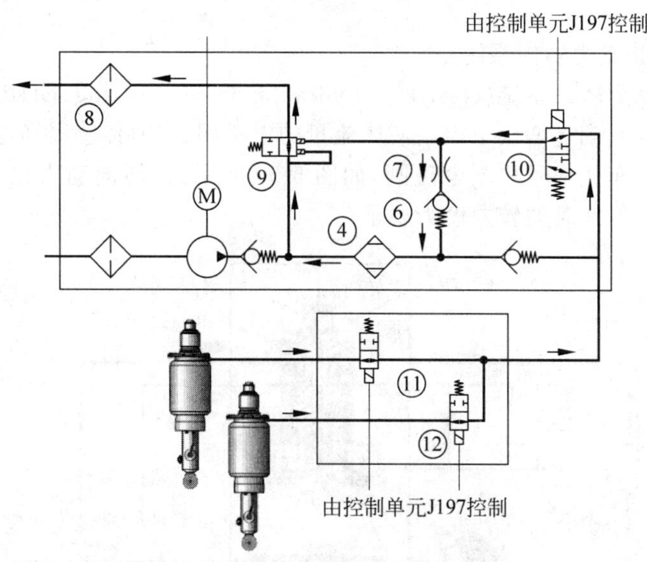

图 5-49　汽缸充气过程原理图

4—空气干燥器；6—单向阀；7—节流阀；8—排气过滤器；9—排气阀；10、11、12—电磁阀

5.5　转向控制系统

5.5.1　电控前轮动力转向系统的作用与组成

1. 电控动力转向系统的作用

电控动力转向系统(electronic control power steering，ECPS)可使汽车在停车或低速行驶时转向操纵力减小，而在高速行驶时又可适当增大转动操纵力，从而提高整车的操纵稳定性能和行车的安全性能，达到令人满意的汽车驾驶性能。

电控动力转向系统之所以满足现代汽车对转向系统的要求，因为它具有以下特点。

(1) 能有效减小操纵力，特别是停车转向操纵力。而行车转向的操纵力应不大于 250N。

(2) 转向灵敏性好。动力转向的灵敏度是指在转向器操纵下，转向助力器产生助力作用的快慢程度。助力作用快，转向就灵敏。

(3) 具有直线行驶的稳定性，转向结束时转向盘应可自动回正；驾驶员应有良好的“路感”。

(4) 要有随动作用。转向车轮的偏转角和驾驶员转动转向盘的转角保持一定的关系，并能使转向车轮保持在任意的偏转角位置上。

(5) 工作可靠。当动力转向失效或发生故障时，应能保证通过人力进行转向操纵。

2. 电控动力转向系统的分类

电控动力转向系统根据动力源不同可分为液压式电控动力转向系统和电动式电控动

力转向系统。

1）液压式电控动力转向系统

液压式电控动力转向系统(electronic hydraulic power steering,EHPS)是在传统的液压动力转向系统的基础上增设了控制液体流量的电磁阀、车速传感器和电控单元等，电控单元根据检测到的车速信号控制电磁阀，如图 5-50 所示，使转向动力放大倍率实现连续可调，从而满足高、低速时的转向助力要求。

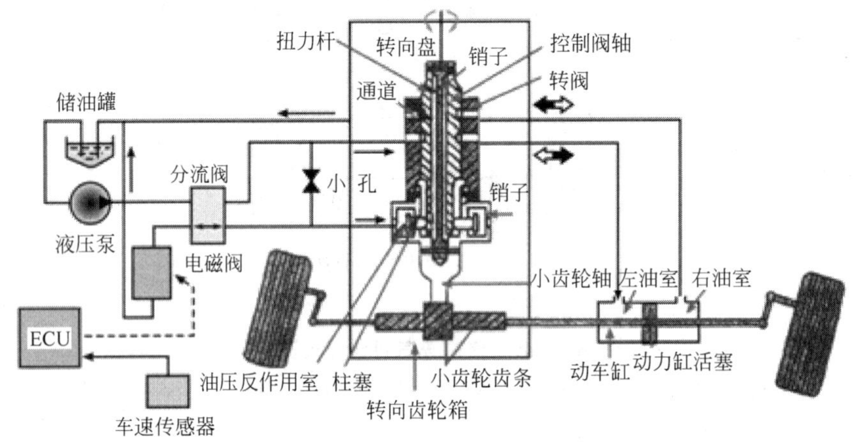

图 5-50 液压式电控动力转向系统

2）电动式电控动力转向系统

电动式电控动力转向系统(electronic power steering,EPS)是利用直流电动机作为动力源，电控单元根据转向参数和车速等信号，控制电动机扭矩的大小和方向。电动机的扭矩由电磁离合器通过减速机构减速增加扭矩后，加在汽车的转向机构上，使之得到一个与工况相适应的转向作用力，如图 5-51 所示。

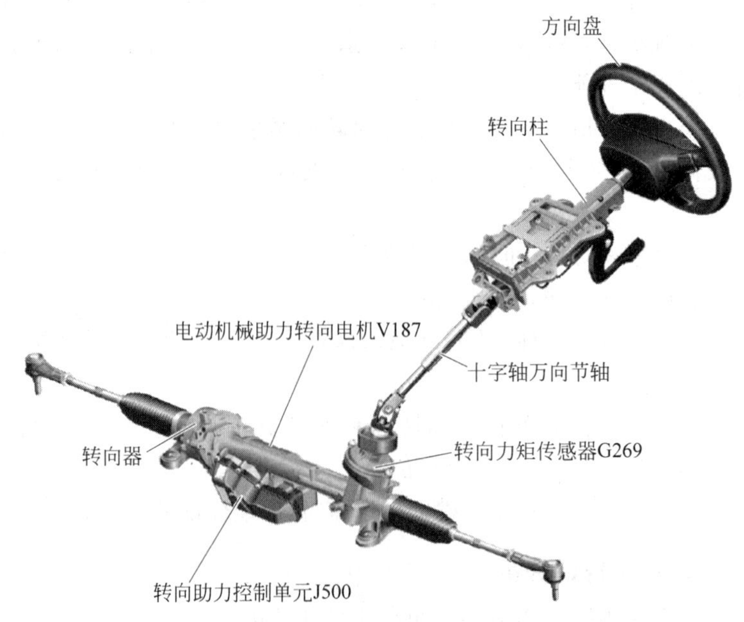

图 5-51 电动式电控动力转向系统

3. 电动式电控动力转向系统组成

EPS 的基本组成(以奥迪车型为例)如图 5-52 所示,主要由方向盘转角传感器、转向力矩传感器、电动机、离合器、减速机构、车速传感器和 EPS ECU 等组成。

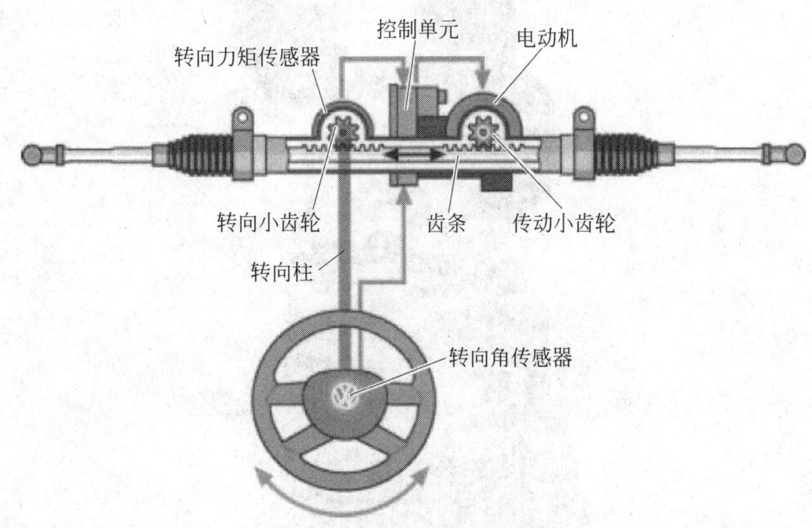

图 5-52　EPS 基本组成

1) 转向角传感器 G85

转向角传感器 G85 安装在转向盘安全气囊回位环的后面,在转向柱开关和转向盘之间的转向柱上,如图 5-53 所示。

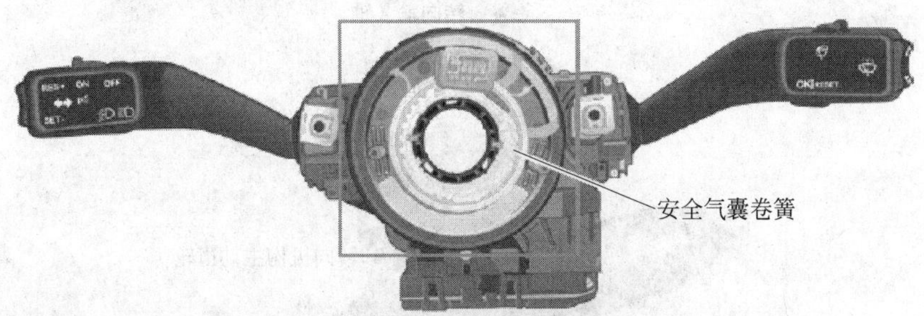

图 5-53　转向角传感器位置

转向角传感器 G85 通过 CAN 总线将用于计算转向角的信号传送给转向柱电控单元,如图 5-54 所示。如果这个传感器信号中断,电控单元将会启动一个应急程序,用一个代替值来取代这个信号,转向助力功能仍保持完全正常状态,但指示灯会亮起,表示有故障。

2) 转向力矩传感器 G269

转向力矩传感器安装在转向柱和转向器之间,如图 5-55 所示,用来检测作用在转向盘上的力矩,如果转向力矩传感器信号中断,电控单元就会关闭转向助力装置,同时指示灯会亮起。

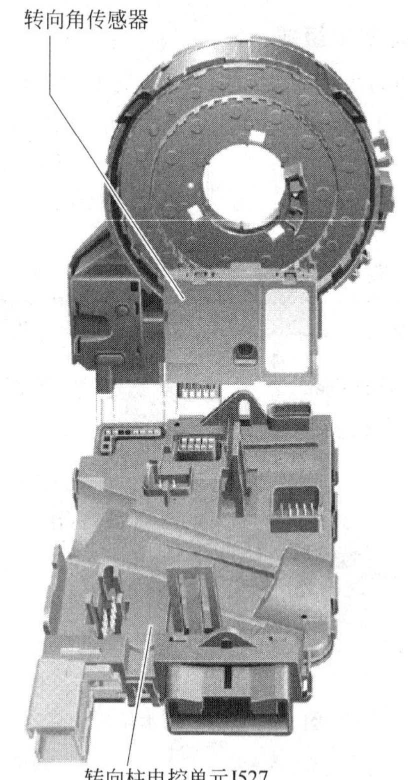

图 5-54　转向角传感器与转向柱电控单元

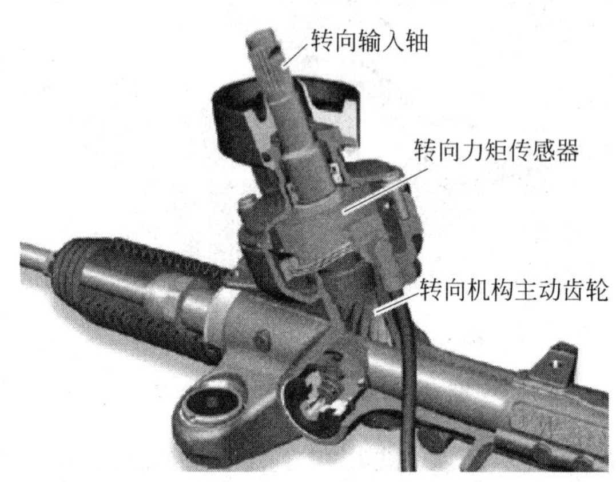

图 5-55　转向力矩传感器

3）转子转速传感器

转子转速传感器传送的是电动机械助力装置电动机转子的转速，用于精确控制电动机转速。转子转速传感器信号中断时，就用转向角速度作为代替信号，转向助力功能被安全关闭，同时指示灯会亮起。

4）车速传感器

车速传感器的车速信号由 ABS 控制单元提供，当车速信号中断时，电控单元就会启动一个应急程序，此时EPS仍有转向助力功能，但随速转向助力功能失去。同时指示灯呈黄色亮起。

5）电动机

电动机安装在一个铝制壳体内，通过一个蜗轮蜗杆机构和一个传动小齿轮与转向器齿条啮合，传递转向助力的力矩，如图5-56所示。

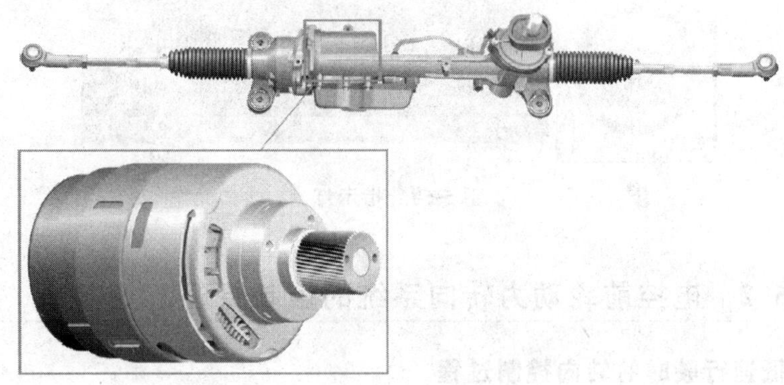

图5-56　转向助力电动机

6）转向助力控制单元J500

转向助力控制单元直接固定在电机上，如图5-57所示，转向助力控制单元控制时需要以下信号：转向角传感器信号、发动机转速传感器信号、转向力矩传感器信号、转子转速传感器信号、车速传感器信号等。转向助力控制单元根据这些信号确定转向助力的大小，计算出励磁电流强度。

图5-57　转向助力控制单元

7）指示灯K161

指示灯位于组合仪表的显示屏上，如图5-58所示，用于指示电动电控助力转向装置的故障。在出现故障时，指示灯会以两种颜色亮起：如果指示灯呈黄色亮起，表示一个不严重的警告；如果指示灯呈红色亮起，表示一个严重的警告，同时还会出现三声锣音。

接通点火开关时，指示灯呈红色亮起，这是EPS系统在自检，当EPS控制单元确定系统正常时，指示灯熄灭，自检过程大约持续2秒钟。

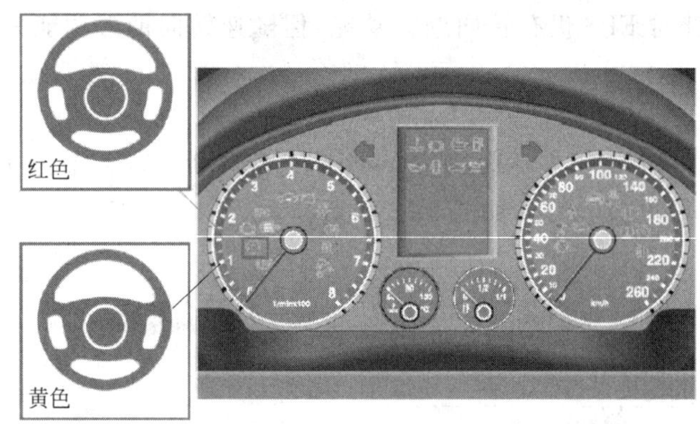

图 5-58　指示灯

5.5.2　电控前轮动力转向系统的控制原理

1. 汽车低速行驶时的转向控制过程

汽车低速行驶时的转向控制过程分为 6 个步骤，如图 5-59 所示。

① 汽车需要转向时，转动转向盘。

② 转向轴的力矩传给扭力杆，扭力杆扭转，转向力矩传感器 G269 测出这个扭转量，并把信号传给控制单元 J500，控制单元 J500 获得一个较大的力矩信息。

③ 转向角传感器把转向盘转角信号传给控制单元 J500，控制单元 J500 获得一个较大的转角信息。

④ 控制单元 J500 根据较大力矩、较低车速、较大转向角和转向速度信息以及控制单元 J500 内部存储的特性曲线，确定当前需要一个较大的转向助力力矩，并操纵电机工作。

⑤ 汽车在低速行驶就会获得较大的转向助力。

⑥ 转向盘上的力矩和电机的助力力矩合在一起，就是转向齿条上的有效转向力矩。

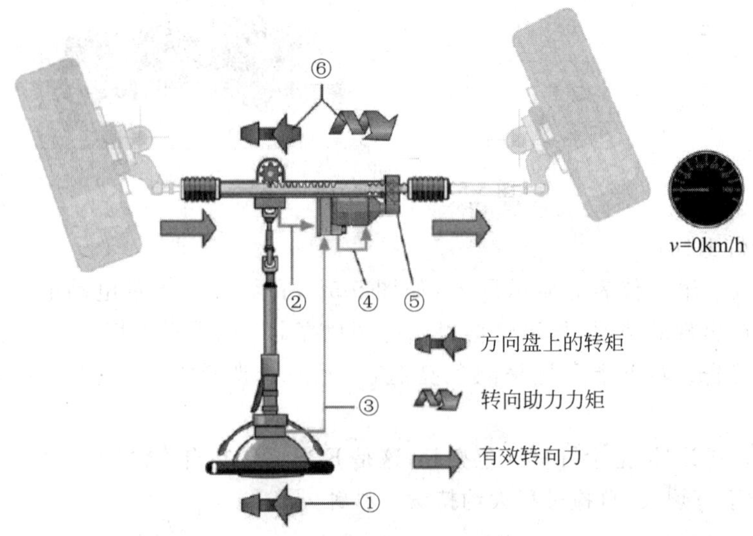

图 5-59　汽车低速行驶时的转向控制过程

2. 汽车高速行驶时的转向控制过程

汽车高速行驶时的转向控制过程分为6个步骤,如图5-60所示。

① 汽车需要转向时,转动转向盘。

② 转向轴的力矩传给扭力杆,扭力杆扭转,转向力矩传感器G269测出这个扭转量,并把信号传给控制单元J500,控制单元J500获得一个很小的力矩信息。

③ 转向角传感器把转向盘转角信号传给控制单元J500,控制单元J500获得一个很小的转角信息。

④ 控制单元J500根据很小力矩、较低车速、很小转向角和转向速度信息以及控制单元J500内部存储的特性曲线,确定当前需要一个很小的转向助力力矩或者根本不需要转向助力。

⑤ 汽车在高速行驶就会获得很小的转向助力或没有获得转向助力。

⑥ 转向盘上的力矩和电动机的助力力矩合在一起,就是转向齿条上的有效转向力矩。

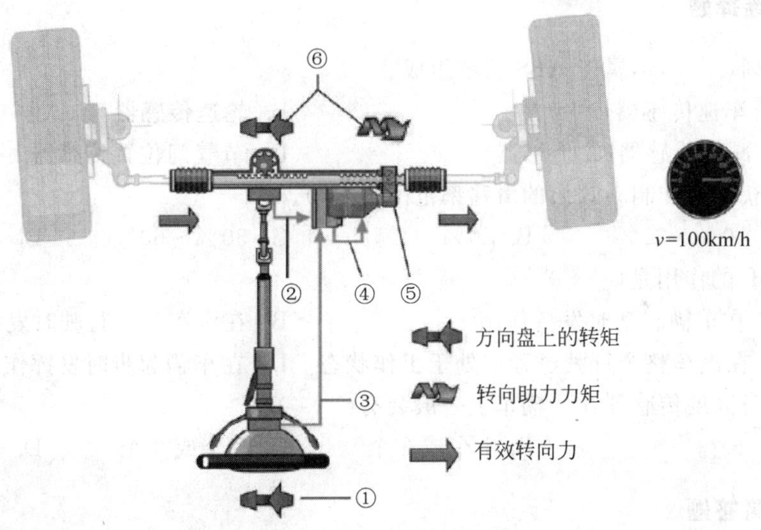

图5-60 汽车高速行驶时的转向控制过程

3. EPS的特点

(1) 将电动机、减速装置、转向杆、转向器等各部件装配成一个整体,这样既无管道也无控制阀,结构紧凑,重量轻。一般EPS的重量比EHPS轻25%。

(2) 没有EHPS所必需的常运转油泵,EPS电动机只是在需要转向时才接通电源转动,因此减少动力和燃油消耗。

(3) 没有液压系统,不需要给油泵补充油,也不必担心漏油,工作更可靠。

(4) 通过计算机编程,可提供不同程度的动力转向,而它能与汽车上其他电气设备相连接,有助于4轮转向的实现,并能促进悬架系统的发展。

(5) 不受发动机停止运转的影响,在停车时驾驶员可获得最大的转向动力。

5.6 复习与思考

1. 判断题

(1) 磁感应式车轮转速传感器在任何车速下都能够清晰地把信号传给 ECU。（　　）

(2) 装有 ABS 的车辆在初始检查中，执行器发出工作噪声，这表明系统有故障。（　　）

(3) ABS 对所有车轮都可进行控制，而 ASR 只对驱动轮进行控制。（　　）

(4) 装备了电控悬架的汽车在高速左转弯时，ECU 立即发出指令给左边的悬架，让其增加高度和硬度，以缓解车身的侧倾程度。（　　）

(5) 汽车高速行驶时，转向助力应该有较大的助力效果，以克服路面的转向阻力。（　　）

2. 选择题

(1) 下列（　　）不属于 ABS 系统组成。

A. 车速传感器　　B. 轮速传感器

C. 减速传感器(G 传感器)　　D. 节气门位置传感器

(2) 可获得最佳制动效果的滑移率范围（　　）。

A. 10%～30%　　B. 30%～40%　　C. 50%～60%　　D. 60%～70%

(3) ESP 的作用是（　　）。

A. 在车辆制动时发挥作用　　B. 在汽车匀速行驶时发挥作用

C. 在汽车整个行驶过程中处于工作状态　　D. 在车辆起步时发挥作用

(4) 车身高度传感器在一辆车上一般装有（　　）。

A. 1 个　　B. 1 个或 2 个　　C. 2 个或 3 个　　D. 3 个或 4 个

3. 简答题

(1) 防抱死制动(ABS)系统由哪几部分组成？各部件的主要作用有哪些？

(2) 汽车的滑移率如何计算？为什么最佳的滑移率是 20%？

(3) 电动式电控转向系统由哪些部分组成？如何控制转向助力？

模块 6

安全系统

◎ 学习目标

1. 知识目标

(1) 熟悉汽车安全气囊的功能与组成；

(2) 掌握各安全气囊的安装位置；

(3) 了解汽车安全气囊的类型、结构；

(4) 熟悉汽车安全气囊的工作原理。

2. 能力目标

（1）在实车上认识安全气囊的安装位置；

（2）在实车上认识安全气囊警告灯及工作状态；

（3）在实车上认识汽车防盗系统各部件的安装位置；

（4）掌握防盗系统的操作方法。

6.1 安全气囊

6.1.1 安全气囊的作用与组成

汽车发生碰撞事故时，在惯性的作用下，司机和乘客会高速撞向方向盘等车内部件，受到伤害。在汽车上安装安全带和安全气囊等保护系统，可以在撞车时把乘客约束在座椅上，限制乘客头部、胸部的移动距离，避免与车内部件发生剧烈碰撞，从而起到保护作用，所以也把这种保护系统叫做乘客约束系统，如图 6-1 所示。

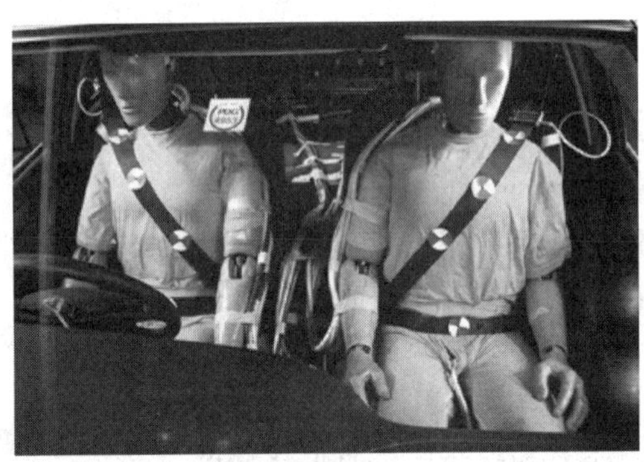

图 6-1 乘客约束系统

1. 安全气囊的功用

安全气囊（supplemental restraint system，SRS）的功用是当汽车遭受碰撞导致减速度急剧变化时，气囊迅速膨胀，在驾驶员、乘客与车内构件之间迅速铺垫一个气垫，利用气囊排气节流的阻尼作用来吸收人体惯性力产生的动能，从而减轻人体遭受伤害的程度。安全气囊系统是座椅安全带的辅助装置，只有在使用安全带的条件下，该系统才能充分发挥保护驾驶员和乘客的作用，如图 6-2 所示。

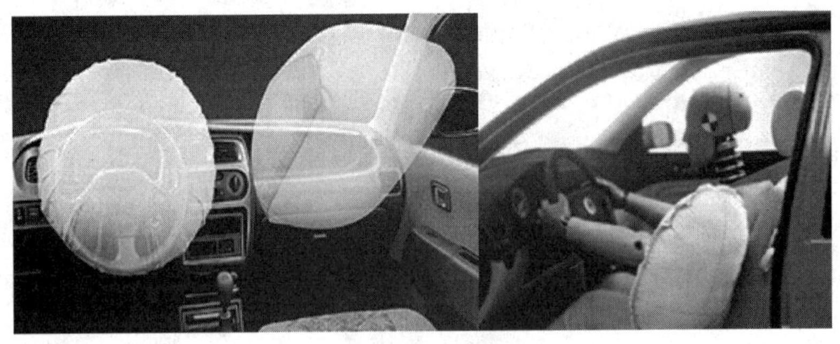

图 6-2 安全气囊

2. 安全气囊的分类

(1) 按结构形式的不同，分为机械式安全气囊和电子式安全气囊两种。目前大多数汽车采用电子式安全气囊。

(2) 按保护对象和方位的不同，可以分为驾驶员侧安全气囊、前排乘客侧安全气囊和后排乘客侧安全气囊、防侧撞安全气囊，如图 6-3 所示。有些汽车还安装了下肢用安全气囊和行人安全气囊。无论气囊数量多少，均可采用一个气囊电子控制装置(ECU)控制。

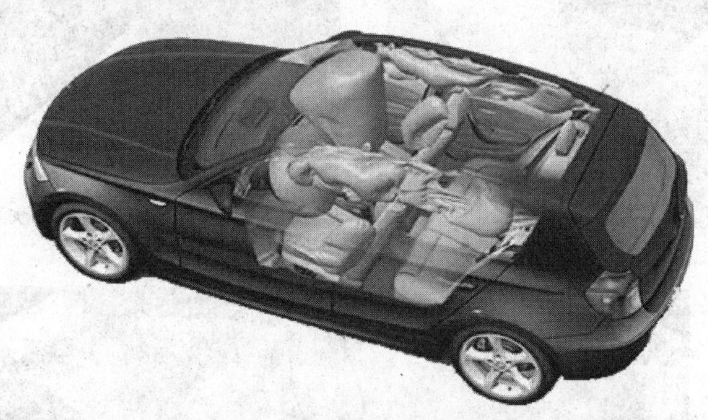

图 6-3　安全气囊位置示意图

① 驾驶员侧安全气囊。它是属于在汽车正面碰撞时对驾驶员起防护作用的防护气囊，如图 6-4(a)所示。

(a) 驾驶员侧安全气囊

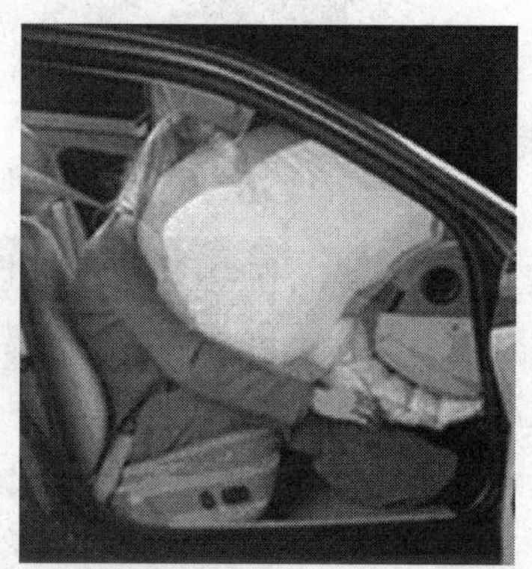

(b) 前排乘客侧安全气囊

图 6-4　前排安全气囊效果图

② 前排乘客安全气囊。前排座是汽车主要的乘客坐席，在发生碰撞事故时，前排座乘客可能会与仪表板、前风挡玻璃、窗框及门框等发生碰撞。因此，前排乘客安全气囊可以对前排乘客提供安全保护，如图 6-4(b)所示。

③ 后排乘客安全气囊。通常后排座不设置安全保护装置，但近年来对后排座乘客的安全防护逐渐受到重视，有些汽车已在后排座上装置了安全气囊。

④ 防侧撞安全气囊。目前越来越多的汽车都在采用防侧撞安全气囊，主要包括座椅侧气囊、B 柱侧气囊、幕帘式安全气囊(气帘)，如图 6-5 所示。

⑤ 下肢用安全气囊。它是一种新型的安全气囊，在汽车发生碰撞时可对驾驶员的下肢、小腿和膝部进行保护，如图 6-6 所示。

⑥ 行人安全气囊。这是新型的专用保护行人的安全气囊系统，如图 6-7 所示。

(a) 座椅侧气囊

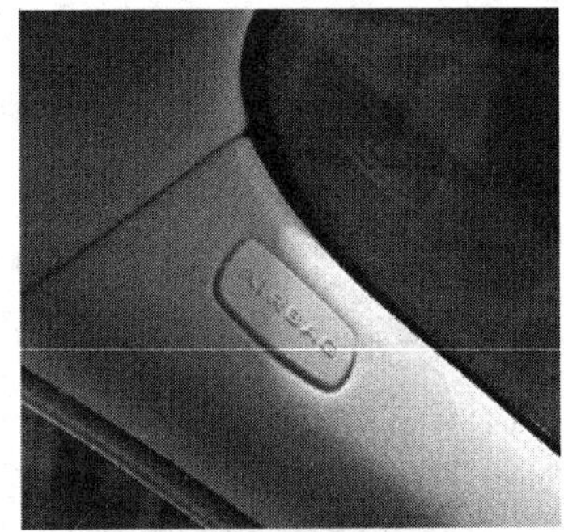

(b) B柱侧气囊

(c) 帘布式安全气囊

图 6-5　防侧撞安全气囊

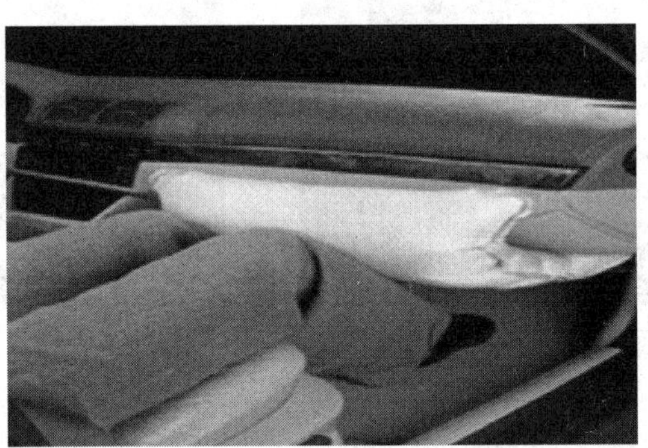

图 6-6　下肢用安全气囊

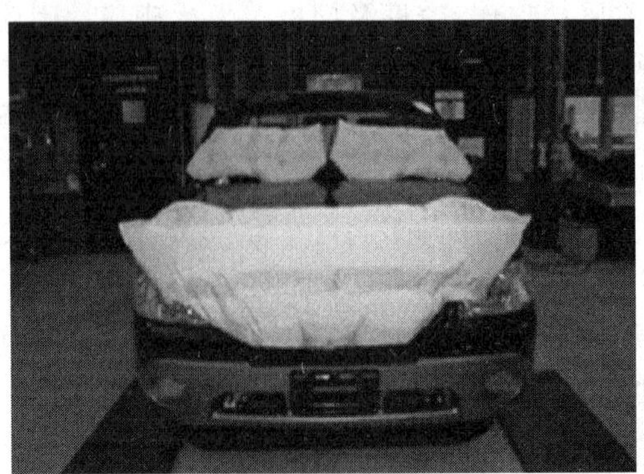

图 6-7　行人安全气囊

3. 安全气囊系统的组成

安全气囊系统主要由驾驶员安全气囊模块(DAB)、前排乘客安全气囊模块(PAB)、安全气囊螺旋弹簧(SRS CS)、安全气囊电控单元(SRS ECU)、传感器、安全气囊警告灯、安全气囊线束及警示标签等组成。

1) 驾驶员安全气囊模块

驾驶员安全气囊模块安装在转向盘中央饰盖内,不可分解,在正常的使用状态下,当发生一定强度的碰撞时,气囊模块接收到 SRS ECU(安全气囊电控单元)发出的点火信号,触发气体发生器迅速产生大量气体使气袋展开,从而达到保护驾驶员的目的,如图 6-8 所示。

图 6-8　驾驶员侧安全气囊模块安装位置

驾驶员侧安全气囊模块包括气体发生器(如图 6-9 所示)、气袋、饰盖以及支架等零部件。

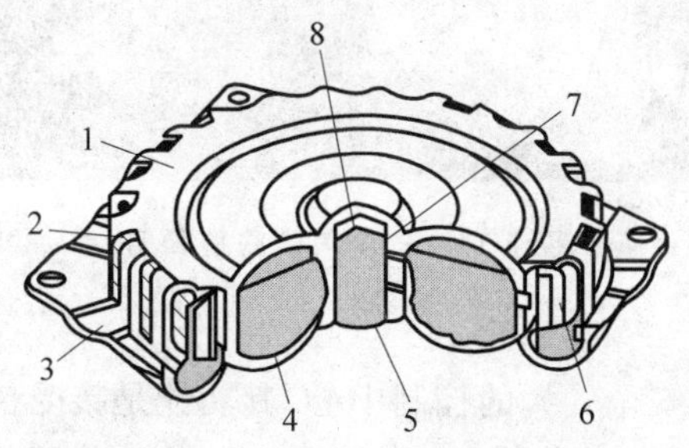

图 6-9　气体发生器结构图

1—上盖；2—充气孔；3—下盖；4—充气剂；5—点火器药筒；
6—金属滤网；7—电热丝；8—引爆炸药

2) 前排乘客安全气囊模块

前排乘客安全气囊模块(passenger air bag,PAB)如图 6-10 所示,安装在仪表板杂物箱上方。饰盖与仪表板制成一体,前排乘客安全气囊模块的组成与驾驶员安全气囊模块基本相似。

3) 安全气囊螺旋弹簧

驾驶员安全气囊模块安装在转向盘上,与转向盘一起转动,它与 ECU 之间的导线连接是通过安全气囊螺旋弹簧来实现的。安全气囊螺旋弹簧主要用于连接安全气囊线束与

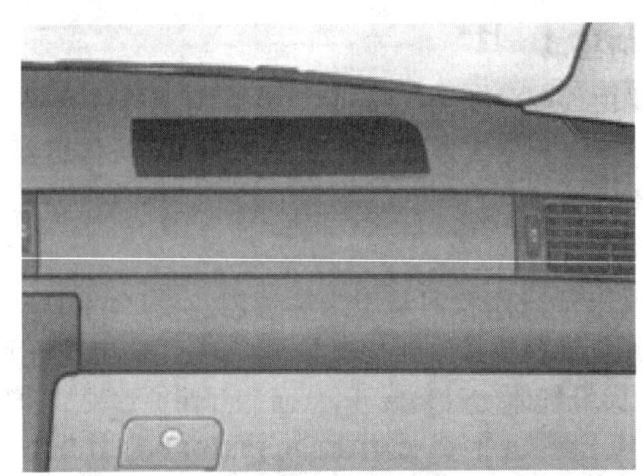

图 6-10 前排乘客安全气囊模块安装位置

驾驶员安全气囊模块，以及转向盘按键和整车相应功能模块的实时通信，确保静止端（下端线束等）和活动端（转向盘）之间随时随地地可靠连接。

螺旋弹簧安装在组合开关之上，主要由螺旋形电缆、转盘、壳体、线束及辅助结构件等组成，如图 6-11 所示。

图 6-11 安全气囊螺旋弹簧

4）安全气囊电控单元

安全气囊电控单元是安全气囊的控制中心，其功能是接受传感器输入的信号，判断是否启动安全气囊系统，并进行故障自诊。其组件安装位置如图 6-12 所示。

5）安全气囊传感器

汽车安全气囊传感器按功能来分主要是碰撞传感器和安全传感器两大类。碰撞传感器是安全气囊中用来检测碰撞强度的传感器，其安装位置依厂家设计而定，一般安装在汽车前方左右两侧，以分别检测前方左右两侧纵向 30°范围内的撞击；安全传感器的主要功能是用来防止气囊系统在非碰撞状况下引起气囊的误动作，如图 6-13 所示。

6）安全气囊警告灯

安全气囊警告灯位于组合仪表上，当安全气囊 ECU 总成的自诊断电路发现故障时，安全气囊警告灯便点亮，通知驾驶员安全气囊系统存在故障。在正常情况下，当点火开关转至 ON 位时，此警告灯先常亮约 5s，然后再熄灭。丰田车 SRS 警告灯如图 6-14 所示，大部分车采用“SRS”警告灯形式。

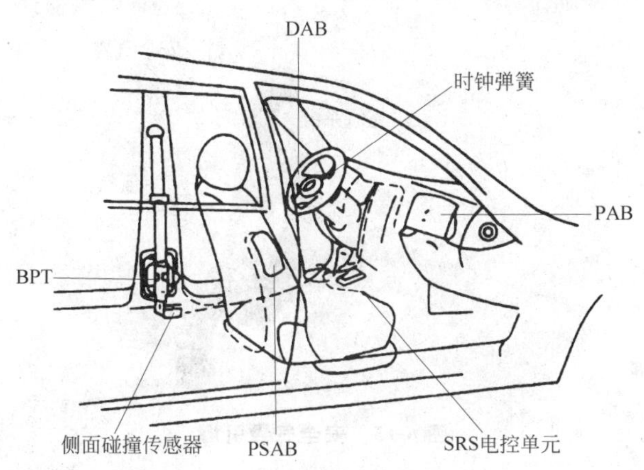

图 6-12 安全气囊组件安装位置

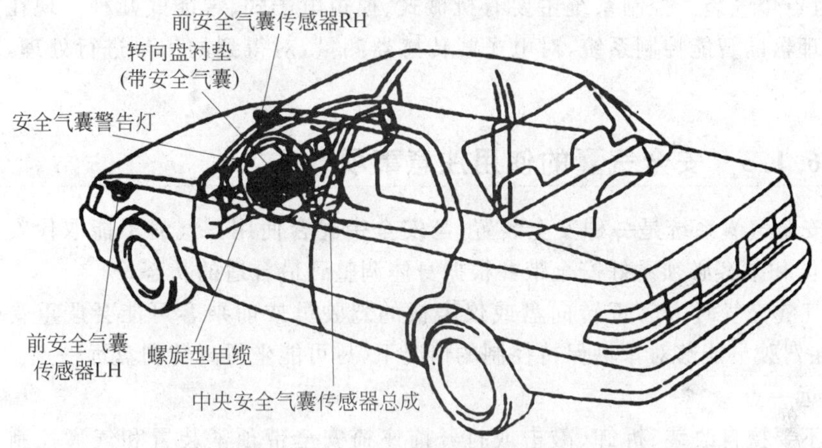

图 6-13 安全气囊传感器安装位置

1—前碰撞传感器；2—车内碰撞传感器

图 6-14 安全气囊警告灯位置示意图

6.1.2 安全气囊的工作条件

当汽车发生碰撞事故且产生的减速度达到或超过预先设定的数值时，安全气囊立即被引爆、展开，从而对驾驶容或乘客起到安全保护作用。其作用过程如下：碰撞→碰撞传感器→电子控制器→(电脉冲)→气体发生器→充气、气囊展开→保护乘客，如图 6-15 所示。

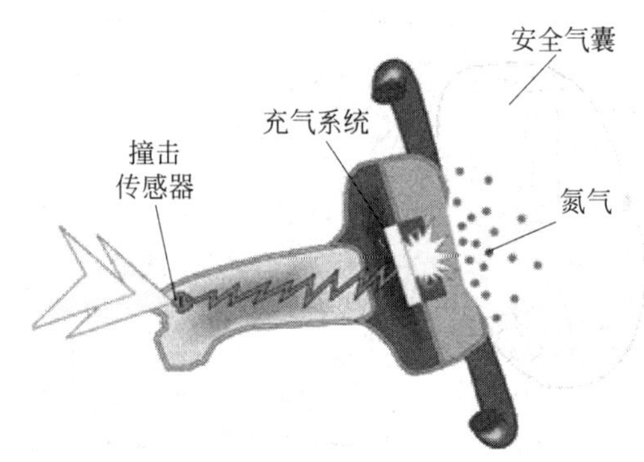

图 6-15　安全气囊引爆

安全气囊控制系统应能准确判断出正撞、偏撞、斜撞、撞树等各种复杂情况的碰撞强度，并准时点爆气袋。控制系统主要有机械式、模拟电子式、智能式几种。现在大部分采用带微处理器的智能控制系统，对电子式传感器测量，对得到的信号进行处理，输出点爆信号。

6.1.3　安全气囊的使用注意事项

(1) 安全气囊系统是一种安全装置，与安全带配合使用。气囊不能取代安全带的功能。驾驶员和乘客必须系好安全带并根据身体调整到最合适的状态。

(2) 气囊充气时太靠近转向盘或仪表板的驾驶员或前乘客可能会严重受伤甚至死亡，因此在驾驶员能够对车辆保持控制的情况下，尽可能坐得离转向盘远一点。前乘客应离仪表板远一点。

(3) 不要擅自改装、拆卸、敲击或打开前座椅安全带预紧装置和气囊控制系统的接线，否则可能导致系统突然工作而发生伤亡事故或导致系统失灵。

(4) 安全气囊系统的故障征兆难以确诊，所以故障代码就成为 SRS 系统检测诊断时最重要的信息来源，在脱开蓄电池检测安全气囊系统之前务必读取故障代码。

(5) 检修工作时务必从点火开关中拔出钥匙，或在从蓄电池负极端子拆下电缆 20s 或更长时间后才能开始。这是因为安全气囊系统配有备用电源，如果检修工作在从蓄电池拆下负极电缆后 20s 之内就开始，安全气囊可能会打开。使用高阻抗(至少 10kΩ/V)万用表来进行安全气囊系统电路的检测。

6.1.4　安全气囊新技术

随着汽车安全气囊的普遍推广应用，安全气囊系统的各关键技术环节均成为汽车安全研究领域的重点。当前安全气囊新技术的开发研究可以概括为向着气囊的智能化、小型化、多样化、无污染的方向发展。

1. 安全气囊的智能化

传统的正面碰撞安全气囊系统是根据前座乘客的常规乘坐位置和气囊的理想点火时刻为原则设计的。但是在实际的汽车碰撞事故中，影响气囊保护性能的因素很多，例如乘

客的身高和体重、乘客相对于转向盘或仪表板的位置、碰撞的剧烈程度等。不同的碰撞条件及乘客的位置变化会导致乘客不是在最佳时刻与气囊接触，从而降低对乘客的保护效果。为了充分发挥安全气囊的保护效果，自适应式或称为智能型安全气囊的概念也就应运而生。

近年来，智能型安全气囊的研究致力于开发一种能够最大限度地保护乘客的安全气囊系统。这种气囊系统能够在汽车碰撞的一瞬间根据碰撞条件和乘员状况来调节气囊的工作性能。智能型气囊的关键技术之一是先进的传感系统和电子运算系统，它们在事故发生的短暂时刻内能够提供可靠的碰撞环境的信息。这些信息包括汽车碰撞的剧烈程度，碰撞的方位，乘客的身材、体重、位置，乘客是否系有安全带等。智能气囊系统根据原有探测的信息判断怎样调节和控制气囊的工作性能，使气囊能充分发挥其保护效果。

2. 安全气囊的小型化

缩小安全气囊总成的体积是当前发展的趋势之一。新型发生器工作时，压缩气体从气罐中喷出充满气袋。这种发生器气体产生率高，因而尺寸小，便于安装布置。

3. 环境保护型安全气囊

采用压缩气体的气体发生器对人体无毒害，且易于回收处理，没有环境污染的问题。

4. 安全气囊的多样化

驾驶员和前座乘客安全气囊作为正碰撞事故中的安全措施，已成为汽车生产中的标准设备。侧面碰撞气囊正在迅速发展。不同设计形式的侧碰撞气囊可分别安装在坐椅靠背外侧、车门中部、车身中立柱、车身顶部与车门交界部位。这些安装在不同部位的侧碰撞气囊可分别起到保护乘客头部、胸部和臀部的作用。

新型保护气囊主要有以下 4 种。

(1) 安装在转向盘下方膝盖部位的安全气囊可保护下肢在正碰撞中免受伤害。

(2) 安装在制动踏板下的安全气囊以保护脚和踝关节在正碰撞中免受伤害。

(3) 安装在前座椅靠背上的安全气囊以保护后座乘客。

(4) 安装在汽车发动机罩下的安全气囊，保护行人。

6.2　防盗系统

为了提高车辆的安全性，目前许多汽车都装有防盗安全系统。当有人擅自打开任何一个车门时，报警系统以及与其相连接的声光电路立即启动报警，且禁止发动机启动或在发动机启动几秒后自行熄灭，以达到防盗的目的。

6.2.1　防盗系统的类型

1. 机械式防盗器

该防盗装置是用机械的方法对变速杆、方向盘、油路、制动器等进行控制，如图 6-16 所示。这些方法，虽然费用低，但是使用不便，安全性差，已逐渐被淘汰。

图 6-16 机械式防盗锁

2. 电子式防盗器

电子式防盗器主要是靠锁定点火锁或启动系统来达到防盗目的，同时具有防盗和声音报警功能。

电子防盗器有 4 种功能：服务功能，包括遥控车门、遥拄启动、寻车和阻吓等；警惕提示功能，触发报警记录（提示车辆曾被人打开过车门）；报警提示功能，当有人触动车辆时发出警报；防盗功能，当防盗器处干警戒状态时，切断汽车上的启动电路。

3. 网络式防盗器

该汽车防盗系统分为卫星定位跟踪系统（简称 GPS）和中央控制中心定位监控系统。这些系统要构成网络，消除盲区，而且要有政府配合、公安部门设立监控中心。

电子跟踪定位监控防盗系统是利用电波在地图上显示被盗车位置并向警方报警的追踪装置。设跟踪定位监控防盗系统，需有关单位专门设立这样一套机构和一套专用的设备，并需 24h 不间断地监视；否则，即使安装了电子跟踪定位监控防盗系统，还是起不到防盗作用。从技术角度上来看，卫星定位监控防盗系统是最可靠的。

6.2.2 典型防盗系统的组成与工作原理

1. 大众桑塔纳 2000 防盗系统

防盗点火锁是目前采用最多、最流行的汽车防盗装置。大众桑塔纳 2000 轿车采用的就是这种，该防盗系统性能极佳。当车辆处于被盗状态，无法用常规的机械、电器方法使发动机启动。密码信号由随机方法产生，且采用特殊的通信方式，每次传递的信息都不相同，即使利用先进的电子扫描手段也无法破解密码。

1）系统组成

如图 6-17 所示，防盗系统的组成有带脉冲转发器的钥匙、识读线圈（在点火开关上）、防盗控单元（装在转向管柱左边支架上）和防盗指示灯。此外发动机 ECU 也有防盗作用。

（1）带脉冲转发器的钥匙。每把钥匙都有棒状转发器，内含有运算芯片和一个细小

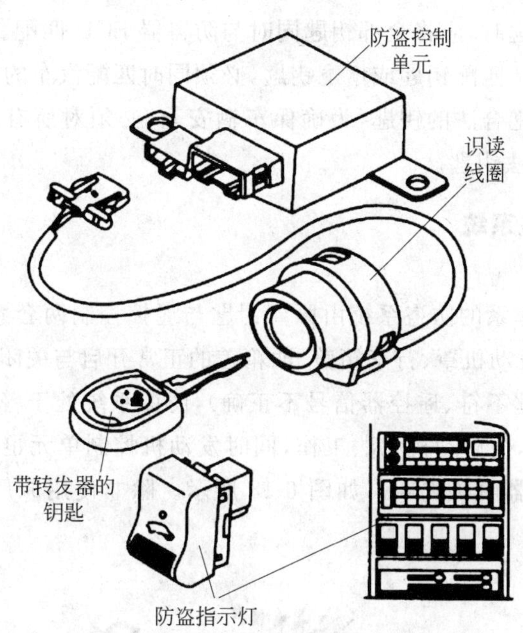

图 6-17　大众桑塔纳 2000 防盗系统

的电磁线圈，该系统工作期间，该线圈与点火锁中的识读线圈以感应方式进行通信，以便在转发器运算芯片与防盗控制单元之间传输各种信息。

(2) 识读线圈。识读线圈也叫收发线圈，安装在点火锁芯上，通过导线与防盗 ECU 相连，作为防盗 ECU 的负载，担任着防盗 ECU 与转发器之间的信号及能力传输任务。

(3) 防盗 ECU。防盗 ECU 是一个包括微处理器的电子控制器，在点火开关接通时，防盗 ECU 用于系统密码运算、比较，并控制整个系统的通信，包括与转发器、发动机 ECU 的通信，同时还可以与诊断仪进行通信。

(4) 防盗警告灯。当使用合法的车钥匙打开点火开关时，安装在仪表台中部面板上的防盗警告灯会点亮后熄灭(3s 内)。如果使用非法的车钥匙，或者在防盗系统中存在故障，打开点火开关后，防盗警告灯会连续不停地闪烁。

2) 基本工作原理

汽车出厂匹配后，防盗系统 ECU 便存储了该车发动机 ECU 的识别密码以及 3 把钥匙中转发器的识别密码，同时每个转发器也存储了相应的防盗 ECU 的有关信息。将钥匙插入点火锁芯并接通点火开关时，防盗 ECU 首先通过锁芯上的识读线圈将随机数据传输给钥匙中的转发器，经特定运算后，转发器将结果反馈给控制器，控制器将其与 ECU 中存储的识别密码相比较，若密码吻合，系统即认定该钥匙为合法钥匙。防盗 ECU 还要对发动机 ECU 进行识别。只有钥匙(转发器)、发动机 ECU 的密码都吻合时，防盗 ECU 才容许发动机 ECU 工作。

3) 车辆钥匙使用与匹配说明

(1) 只有使用该汽车防盗器 ECU 匹配过的认可钥匙，发动机才能启动。

（2）匹配汽车钥匙时，应将全部钥匙同时与防盗器 ECU 匹配。

（3）如果需要重新匹配钥匙或增配钥匙，必须同时匹配汽车的全部钥匙。

（4）如果遗失一把合法的钥匙，为确保车辆安全，必须对所有合法钥匙重新匹配，以使丢失的钥匙变为非法钥匙。

2. 通用车系防盗系统

1）系统组成

美国通用（GM）车系的防盗系统由原厂钥匙与遥控控制两套系统组成。使用这两套系统都能实现车门、发动机罩、行李箱盖、油箱盖的正常开启与关闭。

若非法操作（钥匙不符、遥控器信号不正确），防盗系统处于警戒状态，将启动机控制电路的搭铁线路切断，使启动机无法工作，同时发动机控制单元也不工作，报警系统开始报警（灯光闪烁、报警器喇叭鸣叫），如图 6-18 所示。除非使用原厂钥匙或遥控器才能解除防盗警戒。

图 6-18　防盗效果图

当将点火钥匙插入钥匙孔时，防盗计算机就对钥匙内部装置的特定电阻进行检测，将检测结果传递给中央控制计算机，然后中央控制计算机将电阻值与其内部设定的特定电阻值相对比，两阻值若为同一挡，则正常。

此时，可接通启动机控制电路和发动机控制单元，发动机开始工作，否则防盗系统就发出警报，切断启动机、发动机控制电路，使发动机无法正常工作。

2）通用车系防盗系统的性能检测

通用车系防盗系统的性能检测步骤如下。

（1）将发动机罩、车门、油箱盖、行李箱盖都关好。

（2）将点火开关转到点火（KEY-ON）位置，并打开车窗。

（3）将所有灯光都关闭。

（4）将点火开关锁定，并取出钥匙。

（5）打开车门，此时仪表板上防盗报警灯开始闪烁。

（6）将所有车门锁好，此时防盗报警灯会保持亮着。

（7）在外面锁好所有车门，防盗报警灯再次闪烁。

（8）把手伸入车内，从内部打开车门，此时防盗系统进入报警状态，灯光闪烁、喇叭鸣叫约 3min 才可解除报警。

（9）必须将原车钥匙插入车门锁开关或点火开关等待 3min 左右，才可以解除报警。

6.3 复习与思考

1. 填空题

（1）汽车的安全性分为两大类，一类叫做________，另一类叫做________。

（2）安全气囊只是辅助保护系统，只有与________配合使用才能起到预想的保护效果。

（3）按结构形式的不同，汽车安全气囊可分为________和________两种。

（4）电子防盗系统主要用于控制________、________、________ 、________等。

（5）防盗系统主要由电子模块、________ 、________、________、________、门锁开关等组成。

2. 选择题

（1）气囊系统引爆时产生的气体，一般是无毒无味的（　　）。

A. N_2　　B. O_2　　C. CO_2

（2）汽车安全气囊系统的英文缩写为（　　）。

A. SRS　　B. CSR　　C. SRC

（3）报废车辆上未膨开的 SRS，应（　　）处置。

A. 引爆　　B. 回收再用　　C. 丢弃

（4）安全气囊从碰撞到展开，最后完全泄气整个过程（　　）ms。

A. 70～120　　B. 80～150　　C. 60～100

（5）安全气囊展开进行保护的过程是一种（　　）的过程。

A. 可逆　　B. 不可逆　　C. 两者均可

（6）下列不是汽车电子防盗报警系统的设定条件是（　　）。

A. 关闭所有车门　　B. 关闭发动机罩盖

C. 从点火开关锁芯拔出点火钥匙　　D. 输入正确的密码

3. 判断题

（1）所谓“被动安全性”可理解为防患于未然，重点是将车轮悬架、制动和转向的性能达到最好的程度，尽量提高汽车行驶的稳定性、舒服性和安全性，减少行车时所产生的偏差。（　　）

（2）安全带和安全气囊就属于汽车乘客“主动安全性保护装置”。（　　）

（3）碰撞传感器的主要功能是防止气囊系统在非碰撞状况下引起气囊的误动作。（　　）

（4）SRS ECU 一般是通过安全气囊系统的碰撞传感器和加速度传感器探测当前车

况，根据其产生的数据，对当前汽车的状态进行判别，分析是否发生碰撞，以及碰撞的严重程度，并在合适的情况下驱动安全带及安全气囊气体点火器，收紧安全带并展开气囊，保护驾乘人员。 (　　)

(5) 电子防盗系统主要用于控制汽车门锁、启动机、切断供油系统、打乱点火次序等。 (　　)

(6) 从技术角度上来看，卫星定位监控防盗系统是最可靠的。 (　　)

4. 查阅资料

选择国产、欧、美、日各一款车型，上网查阅资料，以表格表式写出每一款车的安全系统组成。

模块 7

舒适系统

◎学习目标

1. 知识目标

(1) 掌握巡航系统的功用；

(2) 了解巡航系统的结构与工作原理；

(3) 掌握中控门锁的功能；

(4) 了解中控门锁的结构；

(5) 认识中控门锁组件的安装位置。

2. 能力目标

(1) 掌握巡航系统的正确操作方法；

(2) 掌握中控门锁的正确操作方法。

7.1 巡航控制系统

巡航控制系统(cruise control system,CCS)又称为巡航行驶装置、速度控制系统或恒速行驶系统等。它可以减轻驾驶员的驾驶操纵劳动强度、提高行驶舒适性。

在高速公路上长时间行驶时,打开该系统的自动操纵开关后(如图 7-1 所示),巡航控制系统将根据行车阻力自动增减节气门开度,使汽车行驶保持一定的速度。并且可以避免驾驶员频繁踩油门踏板,而保证汽车以预先设定的速度行驶。汽车在一定条件下恒速行驶,可以大大地减轻驾驶员的疲劳强度。由于巡航控制系统能自动地维持车速,避免油门踏板不必要的人为变动,进而改善了汽车的燃料经济性和发动机的排放性。

图 7-1 巡航控制系统开关实物图

7.1.1 巡航系统的功能与组成

1. 巡航控制系统的功能

1) 基本功能

(1) 车速设定。当按下车速设置开关后,就能存储该时间的行驶速度,并能保持这一速度行驶。

(2) 消除功能。当踩下制动踏板,上述功能立即消失。但是,上述设置的速度仍被存储。

(3) 恢复功能。按恢复开关则能恢复原来存储的车速。

除了以上 3 种基本功能,如果需要可增加以下基本功能:

(1) 减速。持续按下开关进行减速,以断开开关时的车速作巡航行驶。

(2) 加速。持续按下开关进行加速,以断开开关时的车速进行巡航行驶。

(3) 速度微调升高。在巡航速度行驶中,当操纵开关以 ON/OFF 方式变换时,使车速稍稍上升。

2) 故障保险功能

(1) 低速自动消除功能。当车速小于 40km/h 时,存储的车速消失,并且不能再恢复

此速度。

(2) 制动踏板消除功能。踩下制动踏板，巡航控制 ECU 立即取消巡航功能。

(3) 各种消除开关。除了利用制动踏板取消巡航功能外，还有驻车制动、离合器(M/T)、调速杆(A/T)等操作开关也可以取消巡航功能。

2. 巡航系统的组成

巡航控制系统由传感器、操作开关、执行器和巡航控制 ECU 等组成。传感器和开关将信号送入巡航控制 ECU，ECU 根据这些信号计算节气门应有的开度，并给执行器发出信号，自动调节节气门开度。

1) 操作开关

操作开关主要用于设置巡航车速或将其重新设置为另一车速，以及取消巡航控制等。主要包括主开关、控制开关和退出巡航开关。

(1) 主开关。主开关(MAIN)是巡航控制系统的主要电源开关，多数采用按键方式，每次将其推入，该系统的电源就接通或关闭。即使点火再次接通，主开关仍保持关闭。

(2) 控制开关。手柄式控制开关有 5 种控制功能：SET(设置)、COAST(减速)、RES(恢复)、ACC(加速)和 CANCEL(取消)，如图 7-2 所示。其中 SET 和 COAST 模式共用一个开关，RES 和 ACC 模式共用另一个开关。当沿箭头方向操作开关时，开关接通；而松开时，则关断。这是一个自动回位型开关。

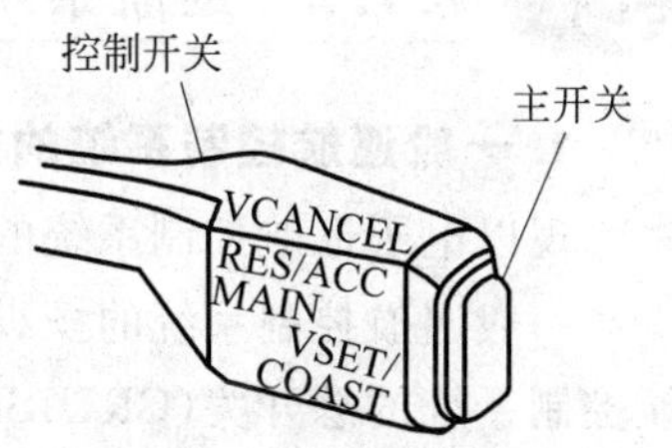

图 7-2　巡航控制开关

(3) 退出巡航控制开关。退出巡航控制开关包括取消开关、停车灯开关、驻车制动开关、离合器开关和空挡启动开关。当其中任一开关接通时，巡航控制将被自动取消。但当 CCS 取消瞬间的车速大于 35km/h 时，此车速存储于巡航控制 ECU 中，当接通 RES 开关时，最后存储的车速就会自动恢复。

(4) 驻车制动开关。当拉起驻车制动操纵杆时，开关就接通，将取消信号传送至巡航控制 ECU，同时，驻车制动指示灯亮。

(5) 空挡启动开关。当换挡杆设置在自动变速器的 P 或 N 挡位时，开关即接通，将取消信号传送至巡航控制 ECU。

(6) 离合器开关。当踩下离合器踏板时，开关即接通，将取消信号传送至巡航控制 ECU。

2) 传感器

(1) 车速传感器。用于提供一个与汽车实际车速成比例的交变振荡脉冲信号，巡航控制 ECU 将该信号进行处理。车速传感器与发动机电控系统共用。

(2) 节气门位置传感器。其作用是给巡航控制 ECU 提供一个与节气门位置(开度)成正比例的信号，节气门位置传感器与发动机电控系统共用。

(3) 节气门位置传感器。采用较多的是滑线电位计式，当节气门位置转动时，电位计随之转动，便输出一个与节气门位置成比例且连续变化的电信号。

3）巡航控制 ECU

巡航控制 ECU 由处理器芯片、A/D 转换器、D/A 转换器、输出重置驱动和保护电路等模块组成，ECU 接收来自车速传感器和各种开关的信号，按照存储的程序进行处理。当车速偏离设定的巡航车速时，给执行器一个电信号，控制执行器的动作，使实际车速与设定车速相一致。

汽车在巡航控制状态时，一般当车速低于 40km/h 时，ECU 将取消巡航控制，这样在汽车制动、转弯时，巡航控制将不起作用。当车速超过设定的车速 68km/h 时，ECU 将巡航控制取消；当汽车的减速度大于 $2m/s^2$ 时，以及汽车的制动灯开关动作等情况时，ECU 也会自动取消巡航控制，以确保行车安全。

4）执行器

执行器将 ECU 输出的电流或电压信号转变为机械运动，进而控制节气门的开度，最终达到控制车速的目的。目前使用的执行器有两种类型，一种是真空驱动型，另一种是电机驱动型。前者由负压操纵节气门，后者由微电机操纵节气门。

7.1.2 巡航系统的操作与工作原理

1. 一般巡航控制系统的操作

现以电子巡航控制系统的使用为例说明巡航控制系统的使用方法。

一般巡航控制系统的操纵手柄的位置有四挡开关，手柄的端部有按钮，这个按钮是巡航控制系统的总开关(CRUISE ON-OFF)。按下按钮时，仪表板上的巡航控制系统的总开关指示灯亮，表示巡航控制系统可转入运行状态；如果再按一下，则按钮弹起、指示灯灭，表示巡航控制系统处于关闭状态。操纵手柄朝下扳动是巡航速度的设定开关(SET/COAST)向上推则是巡航速度取消开关(CANCEL)；朝转向盘方向扳起是恢复/加速开关(RES/ACC)。巡航控制系统的使用方法如下。

1）设定巡航速度

为确保行车安全，巡航控制系统的低速控制点一般为 40km/h，也就是说车速低于 40km/h 时巡航系统不工作。设定巡航速度的方法是：第一，开启巡航控制系统，按下 CRUISE ON-OFF 按钮，踩下加速踏板，使车辆加速。第二，当车速达到人为设定值时，将巡航控制系统手柄置于 SET/COAST 方位并释放，这就进入了自动行驶状态，驾驶员可将加速踏板松开，巡航控制系统会根据汽车行驶时阻力的变化，自动调节节气门的开度，使车速保持在设定的范围内。若驾驶员想加速，如需超越前方的车辆时，只要踩下加速踏板即可。超车完毕后再释放加速踏板，汽车便又恢复到已设定的巡航速度行驶。

2）取消设定巡航速度

需要取消设定的巡航速度时，有几种方法可供选择。

(1) 将巡航控制系统操纵手柄置于 CANCEL 方位并释放。

(2) 踩下制动踏板使汽车减速。

(3) 装备 MT(手动变速器)的汽车，踩下离合器踏板即可；装备有 AT(自动变速器)

的汽车，将选挡杆置于空挡。

当汽车的行驶速度低于 40km/h，则设定的巡航速度将自动取消；而如果汽车减速后车速比设定的巡航车速低时，巡航控制系统也将自动停止工作。

此外，汽车行驶时设定的巡航速度如不是由上述原因而自动取消，或仪表板上的巡航控制 CRUISE ON-OFF 开关指示灯出现闪烁现象，则表明系统出现故障。

3）设定装备 AT（自动变速器）的汽车加速

将巡航控制系统操纵手柄置于 RES/ACC 方位并保持手柄不动，此时车速将逐渐加快，当车速达到要重新设定的巡航速度时释放手柄。这种加速的方法与前面所述设定巡航速度的操作方法相比，所用的时间较长。

4）设定装备 AT（自动变速器）的汽车减速

将巡航控制系统的操纵手柄置于 SET/COAST 的方位并保持手柄不动，此时车速将逐渐减慢，当车速降至所要求的设定速度时释放操纵手柄。这种减速方法与踩制动踏板减速相比，减速度要小。

5）恢复到原来设定的巡航速度

将巡航控制系统操纵手柄置于 RES/ACC 方位，汽车可恢复到原设定的速度做巡航行驶。除非车速已降至 40km/h 以下或低于设定速度的差值在 16km/h 以上时，巡航控制系统自动停止工作。

2. 巡航控制系统的工作原理

巡航控制模块接收来自巡航控制开关、车速传感器和其他开关的信号，将车速传感器测定的实际车速与系统设定的车速进行比较，通过运算得出两个信号的差值，将此差值信号处理后形成控制信号控制执行器动作，用以调整节气门开度，保证汽车定速行驶（如图 7-3 所示）。

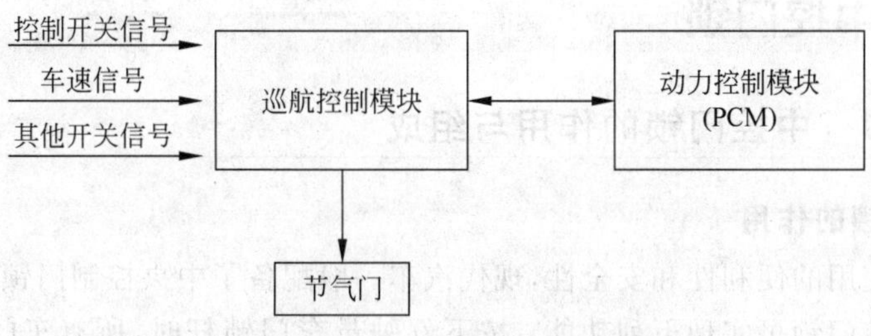

图 7-3　传统巡航控制系统工作原理图

由于现代汽车普遍采用电子节气门技术，因此巡航控制已经集成电子节气门控制系统。动力控制模块接收来自巡航控制开关、车速传感器和其他相关开关的信号，将车速传感器测定的实际车速与系统设定的车速进行比较，通过运算产生电子节气门驱动电机控制信号，驱动节气门驱动电机，用以调整节气门开度，保证汽车定速行驶。如图 7-4 所示。

图 7-4　现代巡航控制系统工作原理图

3. 巡航系统的使用注意事项

(1) 为了让汽车获得最佳控制，当遇到交通阻塞或在雨、冰、雪等湿滑路面上行驶，或遇上大风天气时，不要使用巡航控制系统。

(2) 为了避免巡航控制系统误工作，在不使用巡航控制系统时，务必使巡航控制系统的控制开关处于关闭状态。

(3) 汽车行驶在陡坡时，使用巡航控制系统，会引起发动机转速变化过大，因此最好不要使用巡航控制系统。下坡驾驶时，应避免加速行驶。若车辆的实际行驶速度比设定车速高出太多，则可省略巡航控制装置，然后将变速器换入低挡，利用发动机制动使车速得到控制。

(4) 汽车巡航行驶时，对装备手动变速器的汽车不应在未踩下离合器踏板时就将变速杆置空挡，否则会造成发动机转速急剧升高。

(5) 使用巡航控制系统要注意观察仪表板上的 CRUISE 指示灯是否闪亮。若闪亮，则表明巡航控制系统处于故障状态。发现系统故障时，应停止使用巡航控制系统，待排除故障后再使用。

(6) ECU 是巡航控制系统的中枢，对电磁环境、湿度及机械振动等较敏感。使用时应注意防潮、防振、防磁和防污染。

7.2　中控门锁

7.2.1　中控门锁的作用与组成

1. 中控门锁的作用

为了提高使用的便利性和安全性，现代汽车一般配备了中央控制门锁系统，简称中控门锁。汽车中控门锁可实现下列功能：按下驾驶员车门锁杆时，所有车门及行李舱门自动锁定；拉起车门锁杆时，所有车门及行李舱门都能同时打开；如使用遥控器或钥匙锁门、开门，也可实现门锁控制。如需从车内打开个别车门时，可分别操作各自的锁扣实现开锁。中控门锁配合车辆防盗系统，还可实现防盗报警功能。

2. 中控门锁系统的组成

中控门锁主要由门锁、门锁按钮、门锁控制开关、控制执行元件、联动机构、门锁继电器等组成，如图 7-5 所示。可以由驾驶员集中开闭汽车的前左、后左、前右、后右及行李箱共 5 个门锁。

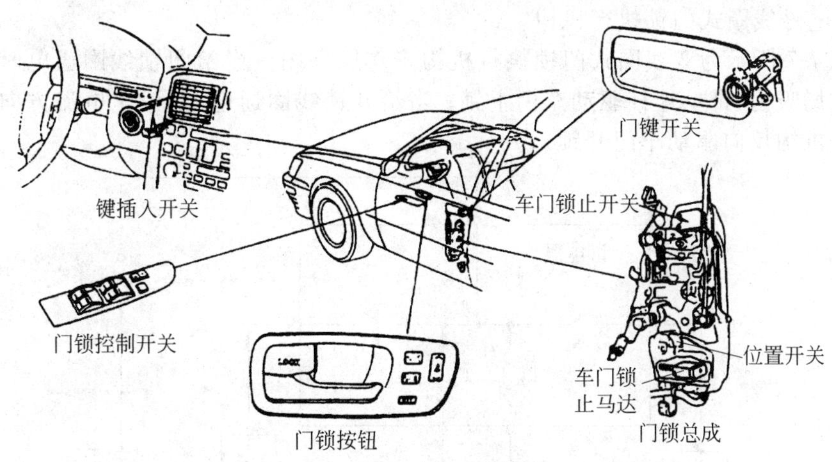

图 7-5 中控门锁系统组成

7.2.2 中控门锁的工作原理与操作

1. 中控门锁组成部件的工作原理

1）门锁开关

大多数汽车的中控门锁系统在驾驶员车门把手上设有总控制开关（如图 7-6 所示）。当驾驶员操作此开关时，所有车门将同时上锁或开锁。另外，前车门钥匙锁芯内部（通常只在驾驶员车门）内置门锁开关。当用钥匙通过锁芯打开车门或给车门上锁时，触发此开关，使所有车门实现中控开锁或上锁。

每个车门上都带有门锁按钮或拉杆。驾驶员或乘客通过操作各自车门按钮或拉杆，独立控制每个车门。有些汽车门锁按钮或拉杆与门锁开关联动。当操作按钮或开关时，触发门锁开关，驱动所有车门实现中控开锁或上锁。

图 7-6 中控门锁主控制开关

2）门锁执行机构

门锁执行机构驱动的形式有电磁线圈和直流电动机两种形式。不论采用何种形式，都是通过改变电流方向以转换其运动方向，从而完成上锁或开锁的动作。

(1) 电磁线圈式门锁执行机构。

如图 7-7 所示为双线圈式门锁执行机构工作原理图。当给闭锁线圈通电时,由线圈产生电磁场吸力,带动连杆驱动车门上锁;当给开锁线圈通电时,由于电流方向相反,则通过连杆机构反向驱动车门开锁。

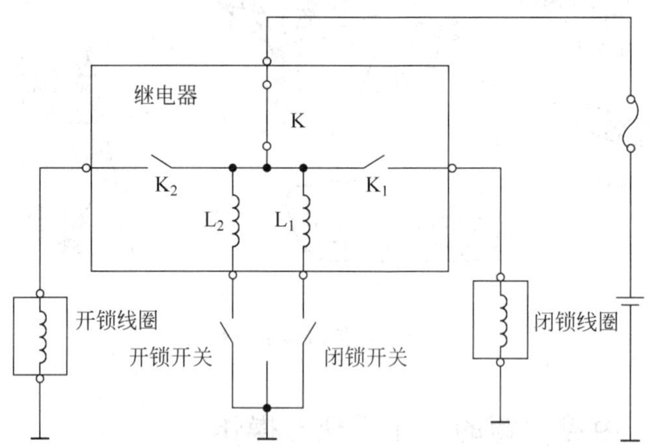

图 7-7 双线圈式门锁执行机构的工作原理

电动门锁机构在工作时要消耗大量电流。为了缩短工作时间,门锁电路备有定时装置,这种装置一般利用电容器充、放电特征。在超过规定的时间后,输送给门锁机构的电流就自动中断,在正常上锁或开锁时都是如此。

(2) 直流电动机式门锁执行机构。

对于直流电动机式门锁执行机构(如图 7-8 所示)而言,其驱动力由可逆转的直流电动机提供。电动机的旋转方向由经过电动机电枢的电流方向决定。车门上锁时电机电枢流过的是正向电流,车门开锁时电机电枢流过的则是反向电流,电机即反向旋转。这样,利用电机的正转和反转,就可完成车门的上锁和开锁动作。

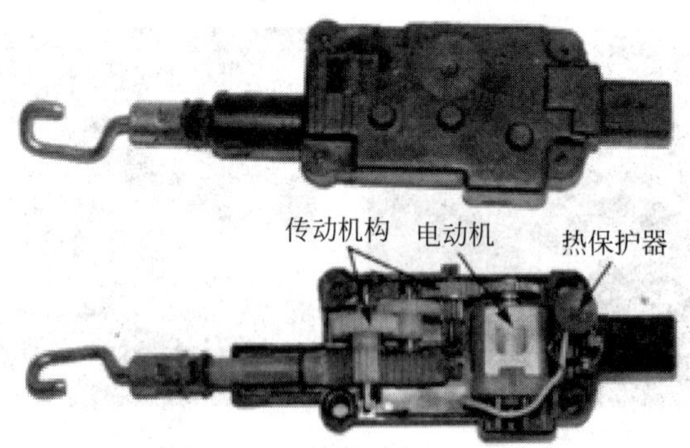

图 7-8 直流电动机式门锁执行机构

2. 中控门锁的工作原理

如图 7-9 所示,在别克君威中控门锁系统中,门锁控制是由车身控制模块 BCM 控制的。车身控制模块接收来自遥控器、钥匙插入信号开关、门锁开关信号以及动力控制模块

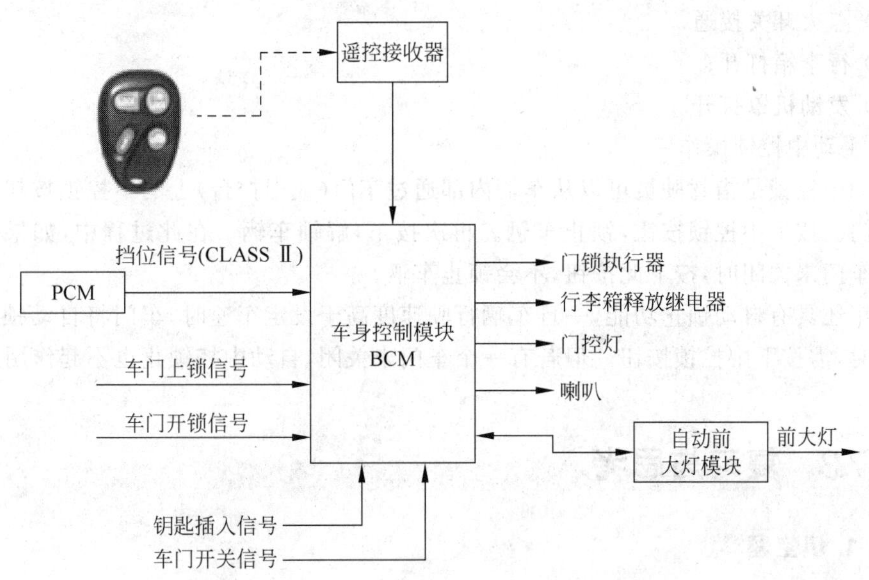

图 7-9 别克君威中控门锁系统工作原理图

PCM 输出的挡位信号，经过计算机的分析计算，通过其输出电路实现对门锁执行器、行李箱释放继电器、门控灯、喇叭以及前大灯的控制。

3. 中控门锁的操作

下面以别克君威车型为例，介绍其中控门锁的操作。因该车带防盗系统，在车门开锁时使用智能钥匙遥控器，否则车辆将会报警。一旦报警，按遥控器解锁按钮。

1）用钥匙遥控器锁车和开锁

手持式钥匙遥控器内有高频发射器，通过向车内控制模块/接收器发送无线电波，锁闭和开锁车门。一般发射器的有效范围为 5～10 米，取决于是否有物体（如其他车辆）挡住无线电波。

当点火开关关闭时，按开锁按钮可开锁车门，此时转向信号灯闪烁两次，防盗控制模块禁用，防盗系统关闭。

按锁闭按钮可锁闭车门，转向信号灯闪烁一次，防盗控制模块启用，防盗系统开始工作。

此时，若发动机罩、车门或行李箱打开时，发动机罩打开、车门接触或行李箱的开关向控制模块/接收器发送“搭铁”信号。将触发防盗报警器，并使转向信号灯闪烁。

2）寻车

遥控门锁系统可帮助驾驶员寻找车辆。在用遥控器开锁后，转向信号灯闪烁两次，以指示车辆的位置。闪烁持续时间和闪烁之间的间隔时间可用于指示一定的车辆状态。

3）自动锁车（安全锁）

遥控门锁系统具有自动锁车功能。如果在控制模块/接收器处于启用状态时，用遥控器开锁车门，车门将在 30 秒后自动重新锁闭，除非发生如下操作。

（1）车门打开；

(2) 点火开关接通；

(3) 行李箱打开；

(4) 发动机罩打开。

4) 手动中控锁操作

手动中控锁是指驾驶员可以从车辆内部通过车门(或中控台)上的中控锁按钮锁止或解锁车门。按下中控锁按钮,锁止车辆。再次按下,解锁车辆。在此过程中,如果有一个或多个车门未关闭时,按下此按钮,不会锁止车辆。

该车还具有自动锁止功能,一旦车辆行驶速度高于设定车速时,车门将自动锁止。需要解锁时,需按下中控锁按钮。但若有一个车门未关闭,自动中控锁止也不起作用。

7.3 复习与思考

1. 填空题

(1) 巡航控制系统通常由________、传感器、________、执行器等部件组成。

(2) 巡航系统中的执行器按照驱动方式的不同可以分为________驱动型和________驱动型两种。

(3) 巡航控制开关包括________和________。

(4) 中控门锁按照门锁驱动方式,通常可以分为________和________两种类型。

(5) 中控门锁中的门锁开关位于________或________上。

2. 选择题

(1) 巡航控制系统是一种利用电子控制技术保持汽车自动________行驶的系统。

A. 等速　　B. 变速　　C. 两者均可

(2) ________根据车速传感器信号,将车速传感器测定的实际车速与系统设定的车速进行比较,然后形成控制信号控制执行器,使汽车定速行驶。

A. 巡航传感器　　B. 巡航执行器　　C. 巡航控制 ECU

(3) 车速下限是巡航控制所能设定的最低车速。不同的车型稍有不同,一般为________。

A. 30km/h　　B. 40km/h　　C. 50km/h

(4) 车速上限是巡航控制所能设定的最高车速,一般为________。

A. 100km/h　　B. 150km/h　　C. 200km/h

(5) 取消巡航控制以后,要想重新按巡航控制模式行驶,只要操作________开关,巡航控制 ECU 即可恢复原来的巡航控制行驶。

A. 设定/减速开关(SET/COAST)

B. 恢复/加速开关(RES/ACC)

C. 取消(CANCEL)开关

3. 判断题

（1）巡航控制系统是一种利用电子控制技术保持汽车自动等速行驶的系统。（　　）

（2）当有紧急状况需要进行制动时，驾驶员踩下制动踏板，制动开关将制动信号传给巡航控制模块，巡航控制模块立即使汽车保持巡航控制。（　　）

（3）车速上限是巡航控制所能设定的最高车速，一般为 300km/h。（　　）

（4）当汽车以巡航控制模式行驶时，如果接通取消开关或接通任何一个其他的退出巡航控制开关，巡航控制 ECU 将控制执行器使巡航控制取消；取消巡航控制以后，要想重新按巡航控制模式行驶，只要操作恢复/加速开关，巡航控制 ECU 即可恢复原来的巡航控制模式。（　　）

（5）巡航控制系统将根据汽车行驶阻力的变化，自动增大或减小节气门开度，使汽车按设定的车速等速行驶。（　　）

4. 简答题

（1）什么是中控门锁？中控门锁的主要功能有哪些？

（2）什么是巡航系统？巡航系统的主要功能有哪些？

模块 8

车载网络系统

◎ 学习目标

1. 知识目标

(1) 了解汽车总线系统的类型、作用和组成；

(2) 熟悉汽车总线系统的结构和工作原理；

(3) 了解大众车系车载网络系统的特点。

2. 能力目标

(1) 熟悉维修手册的使用方法；

(2) 能认识大众车系总线系统各控制单元所在的位置。

8.1 车载网络系统的作用与类别

8.1.1 车载网络系统的作用

随着汽车技术的不断发展，人们对汽车各方面的性能要求越来越高，在追求车辆动力性和操控性能的同时，对舒适性和安全性能也提出了更高的要求。

20 世纪 90 年代以来，随着集成电路在汽车上的广泛应用，汽车上的电子控制系统越来越多，例如电子燃油喷射装置、防抱死制动装置(ABS)、安全气囊装置、电动门窗装置、主动悬架装置等。各种电子控制系统的导入和应用使汽车的各项功能更加完善，控制更加精确和灵活，智能化程度也不断提升。然而，功能的日益增加和完善使车载电子控制模块的数量以惊人的速度增加。

与此同时，各电子控制模块之间的数据交换也随之增加。传统的数据交换形式只是通过模块间专设的导线完成点对点的通信。数据量的增加必然导致车身线束的增加。庞大的车身线束不仅增加了制造成本，而且占用空间，增加了整车重量。线束的增加还会使由于线束老化而引起电气故障的可能性大大提高，降低了系统的可靠性。解决这个问题的关键就是利用计算机网络技术，将车载控制模块通过车载网络连接起来，实现数据信息的高效传输。如图 8-1 所示，采用了 CAN 总线、LIN 总线(单线总线)、MOST 总线(光学总线)以及无线蓝牙总线的车载网络控制系统可以处理大量来自控制单元的信息和执行其各种功能以及不断增加的数据交换。

在现代汽车中，采用总线的意义已远远超出节省电线的范围，它已成为车内各零部件实施信息交互的标准接口。整车的总线网络成为整车的电气平台，也就是说只要有总线存在，就可以在这个总线平台上不断增加汽车的智能化零部件。总线技术促进了汽车智能化的发展。

8.1.2 车载网络系统的分类

车载网络形式多种多样，目前应用最为广泛的是控制器局域网络(controller area network，CAN)，即所谓的 CAN 总线系统。CAN 总线是德国 BOSCH 公司在 20 世纪 80 年代初为汽车工业开发的一种具有很高保密性、有效支持分布式控制或实时控制的串行数据通信总线。汽车上各个控制系统对网络信息的传输延迟比较敏感，如发动机控制、变速箱控制、安全气囊控制、ASR/ABS/ESP 控制、牵引力控制等对网络信息传输的实时性要求较高，需要采用高速 CAN 总线，其传输速率高达 500 Kb/s～1Mb/s。

LIN(Local Interconnect Network，局部互联网络)是一种低成本的串行通信网络，用于实现汽车中的分布式电子系统控制。局部互连指的是所有控制单元被安装在一个有限的结构空间(如车顶)内，它也被称为“局部子系统”，如图 8-2 所示。

LIN 总线是 CAN 在低端应用的延伸，是价格相对便宜且速度较慢的子网。空调控制、仪表控制、刮水器控制、照明控制、门窗控制等需要采用低速 LIN 总线，其传输速率

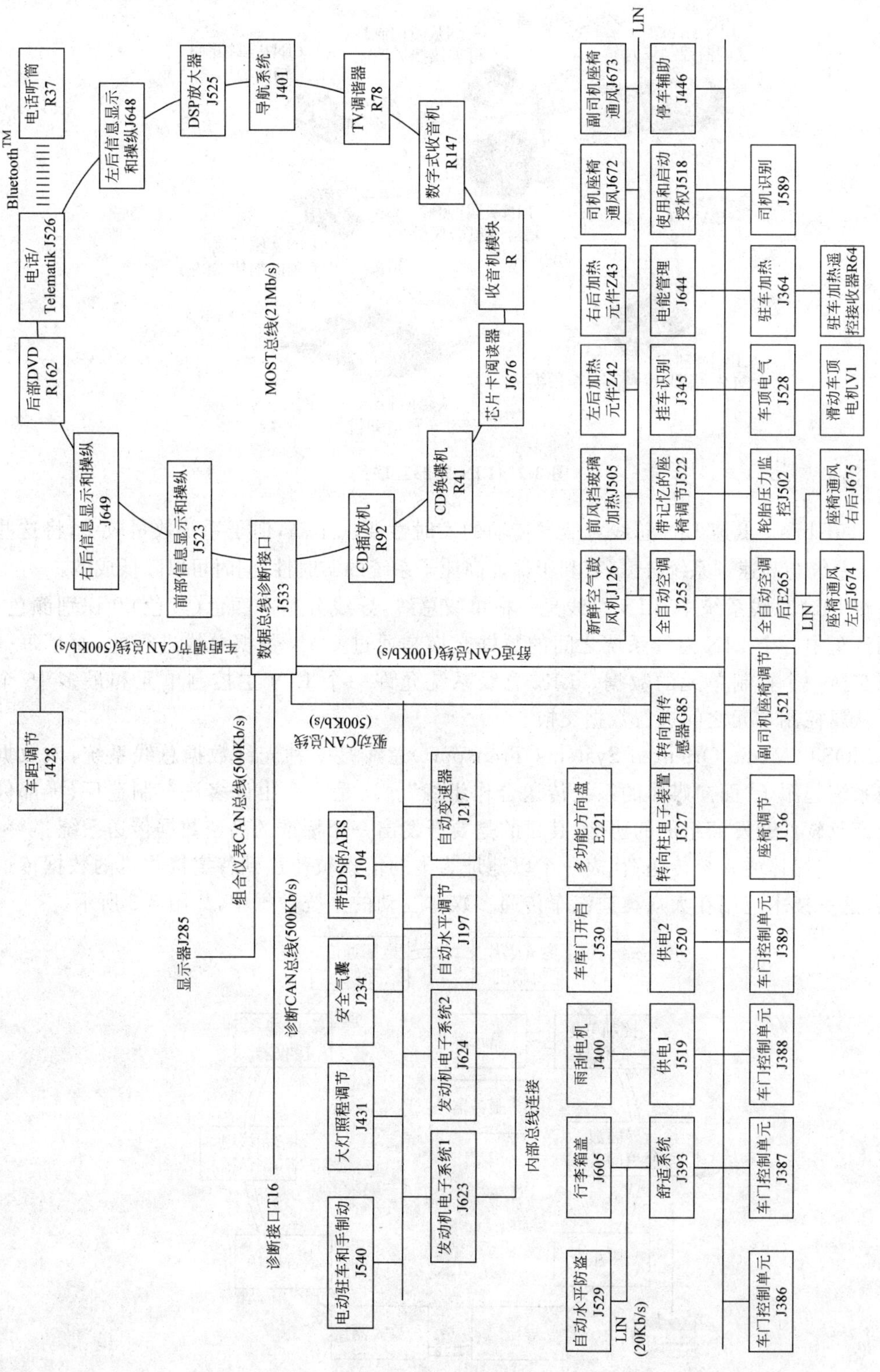

车距调节 J428
显示器J285
组合仪表CAN总线(500Kb/s)
车距调节CAN总线(500Kb/s)
诊断接口T16
诊断CAN总线(500Kb/s)
数据总线诊断接口 J533
驱动CAN总线 (500Kb/s)
舒适CAN总线(100Kb/s)
MOST总线(21Mb/s)
后部DVD R162
电话/ Telematik J526
Bluetooth™
电话听筒 R37
右后信息显示和操纵 J649
左后信息显示和操纵J648
前部信息显示和操纵 J523
DSP放大器 J525
导航系统 J401
TV调谐器 R78
数字式收音机 R147
CD插放机 R92
CD换碟机 R41
芯片卡阅读器 J676
收音机模块 R
电动驻车和手制动 J540
大灯照程调节 J431
安全气囊 J234
带EDS的ABS J104
发动机电子系统1 J623
发动机电子系统2 J624
自动水平调节 J197
自动变速器 J217
内部总线连接
自动水平防盗 J529
LIN (20Kb/s)
行李箱盖 J605
雨刮电机 J400
车库门开启 J530
多功能方向盘 E221
舒适系统 J393
供电1 J519
供电2 J520
转向柱电子装置 J527
转向角传感器G85
车门控制单元 J386
车门控制单元 J387
车门控制单元 J388
车门控制单元 J389
座椅调节 J136
副司机座椅调节 J521
新鲜空气鼓风机J126
前风挡玻璃加热J505
左后加热元件Z42
右后加热元件Z43
司机座椅通风J672
副司机座椅通风J673
LIN
全自动空调 J255
带记忆的座椅调节J522
挂车识别 J345
电能管理 J644
使用和启动授权J518
停车辅助 J446
全自动空调后E265
轮胎压力监控J502
车顶电气 J528
驻车加热 J364
司机识别 J589
LIN
座椅通风左后J674
座椅通风右后J675
滑动车顶电机V1
驻车加热遥控接收器R64

图 8-1 车载网络控制系统拓扑结构

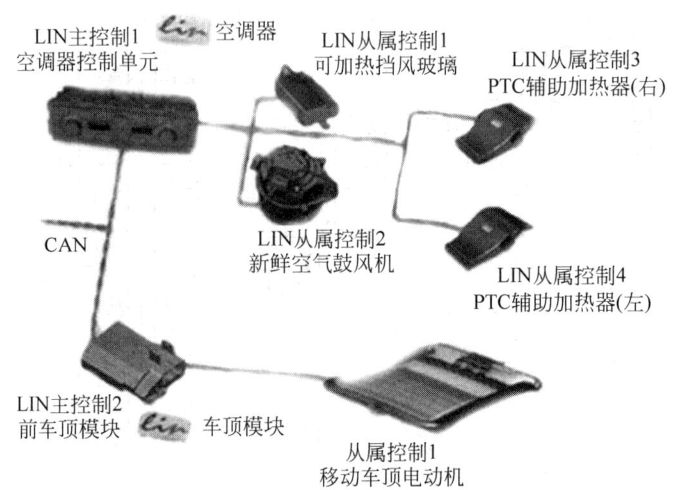

图 8-2　LIN 局部互联网

为 1～20Kb/s。低速 LIN 总线对信息传输的实时性要求不高，但子系统数量较多，将这些低速子系统与高速子系统分开，有利于保证高速子系统的实时性，同时可以降低成本。

在 LIN 总线系统中，LIN 总线是一根单线总线，导线分基本颜色(紫色)和识别颜色。一辆汽车中各个 LIN 总线系统之间的数据交换是通过 CAN 数据总线进行的，而且每一次只交换一个控制单元的数据。LIN 总线系统允许一个 LIN 主控制单元和最多 16 个 LIN 从属控制单元之间进行数据交换。

MOST(Media Oriented Systems Transport)总线是一种光纤数据总线系统，该数据总线系统起源于“面向媒体的系统传送合作组织”。这是一个由许多汽车制造厂、零部件供应商及软件开发商组成的协会，其目的是要开发出一个标准的高速数据传送系统。

“面向媒体的系统传送”代表一个以地址为本的信息被传送到特定接收机的数据传送网络，这一技术应用在大众奥迪汽车传递多媒体互动的系统数据中，如图 8-3 所示。

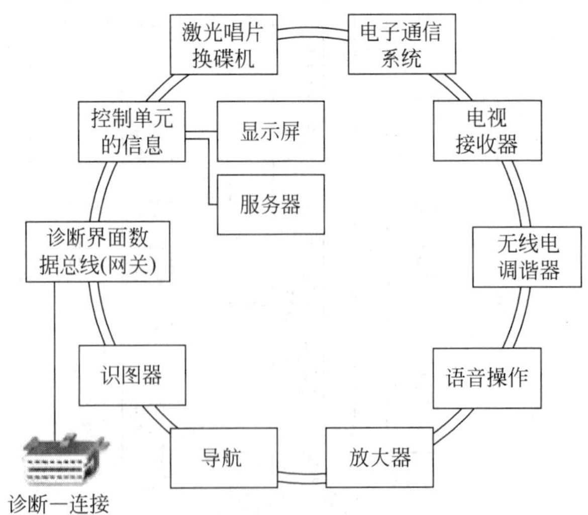

图 8-3　奥迪汽车多媒体互动系统

图 8-4 所示为多媒体互动系统传送视频和音频信息需要较高的传送率，如传送立体声的数字式电视信号需要约为 6Mb/s 的传送速率，但当前使用的 CAN 数据总线发送数据的速度不够快(最高速率 1Mb/s)，不能满足大量数据传送的要求。然而，MOST 总线允许的传送速率可达 21.2Mb/s，因此光学数据传送是传播复杂的多媒体系统的适当手段。

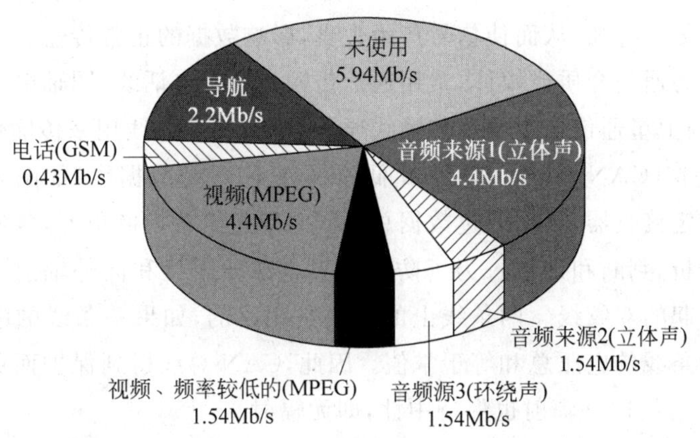

图 8-4　多媒体互动系统传送率要求

光学 MOST 总线除了使用较少导线和重量较轻之外，光波传送具有极高的数据传送率，它可以在相关的部件之间以数字的形式交换数据。与无线电波相比，光波的波长很短，而且既不产生电磁干扰波，对电磁干扰波也不敏感。因此，光学 MOST 总线还具有高级别的抗干扰性能。

8.2　车载网络系统的功能与特点

8.2.1　CAN 总线系统

1. CAN 总线系统的组成

CAN 总线系统主要由控制器、收发器、终端电阻和传输线等组成，如图 8-5 所示。除数据传输线外，其他元器件都置于控制单元内部。

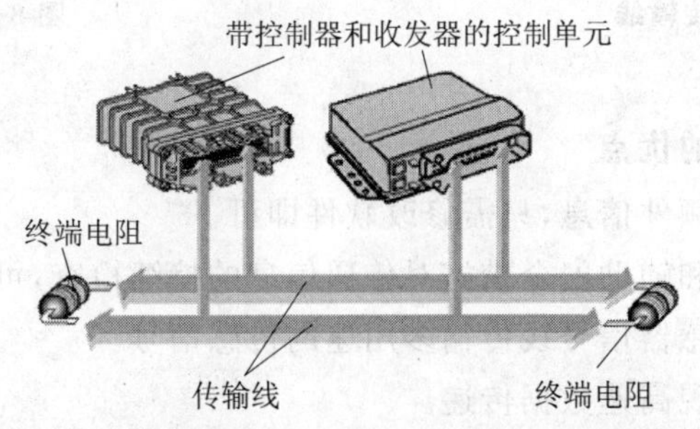

图 8-5　CAN 总线系统

控制器的作用是用于接收控制单元中微处理器发出的数据、处理数据，并传给 CAN 收发器；同时 CAN 控制器也接收收发器收到的数据、处理数据并传给微处理器。

收发器是由 1 个发射器和 1 个接收器组合而成，其作用是将从控制器接收的数据转换成能够通过 CAN 总线传递的电信号，并能双向传递。

终端电阻是一个电阻器，每个电阻值为 120Ω，其作用是防止信号在传输过程中因回波反射造成对信号的叠加，从而使信号产生失真，影响数据的正常传输。

传输线又称为通信介质或媒体，常用通信传输介质有电话线、同轴电缆、双绞线、光导纤维电缆、无线与卫星通信信道等。传输线通常是被 CAN 总线用来传输数据的双向数据线，分为 CAN 高位(CAN-High)和 CAN 低位(CAN-Low)数据线，如图 8-6 所示。CAN 总线数据没有指定接收器，数据通过数据总线同时发送给各控制单元，各控制单元接收后进行对数据的分析、判断和计算。为了防止外界电磁波干扰和向外辐射，CAN 总线采用两条线缠绕在一起的双绞线。两条线上的电位是相反的，如果一条线的电压是 5V，另一条线就是 0V，两条线的电压总和等于常值。因此，CAN 总线得到保护而免受外界电磁场干扰，同时 CAN 总线向外辐射也保持中性，即无辐射。

由于汽车上通常采用多种总线将控制单元连接成网络，而不同总线之间无法直接相互传递数据，而是通过网关将不同总线互联。网关(如图 8-7 所示)是汽车内部网络通信的核心，通过它可以实现各种总线上模块之间信息的共享以及汽车内部的网络管理和故障诊断功能。

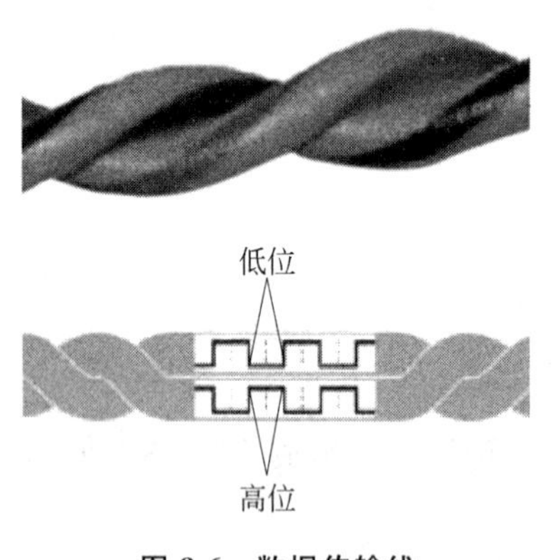

图 8-6 数据传输线

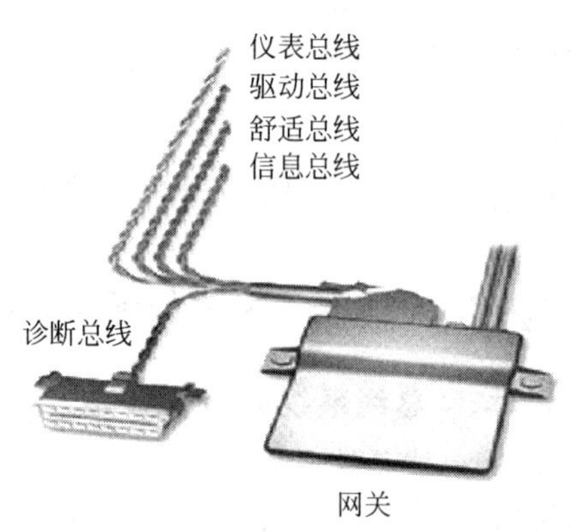

图 8-7 网关

2. CAN 总线系统的优点

(1) 如果需要增加额外信息，只需修改软件即可。

(2) 通过控制单元和辅助安全措施对传递信息的持续检查，可以达到最低的故障率。

(3) 利用最少的传感器信号线传输多用途的传感信号。

(4) 控制单元间实现高速数据传递。

(5) 控制单元和控制单元引脚最少化应用，从而节省更多有用空间。

(6) CAN 总线符合国际标准，便于不同的控制单元进行数据交换。

3. CAN 总线系统的工作原理

车载网络系统采用了 CAN 总线形式和总线型网络连接形式，从而构成了 CAN 总线网络通信系统。CAN 总线系统中包含多个控制单元，这些控制单元通过内部收发器(发射-接收放大器)并联在总线导线上。各个控制单元之间进行交换的数据称为信息，每个控制单元均可发送和接收信息。信息交换是按照顺序来连续完成的。

1) 信息的表示方法

信息包含在控制单元之间传递的各种物理量中，如发动机转速，并以二进制数(一系列 0 和 1)来表示。

CAN 总线传递的每个信息都是通过二进制编码来表示的。信息越简单，信息结构越短；信息越复杂，信息结构越长。信息结构越长，表达的信息量越大，信息结构长度每增加一位(1 位)，其表达的信息量便可增加 1 倍，信息结构最大长度为 108 位。

2) CAN 总线信息结构

CAN 总线所传递的每个完整信息均由开始域、状态域、控制域、数据域、安全域、检验域和结束域所构成，如图 8-8 所示。

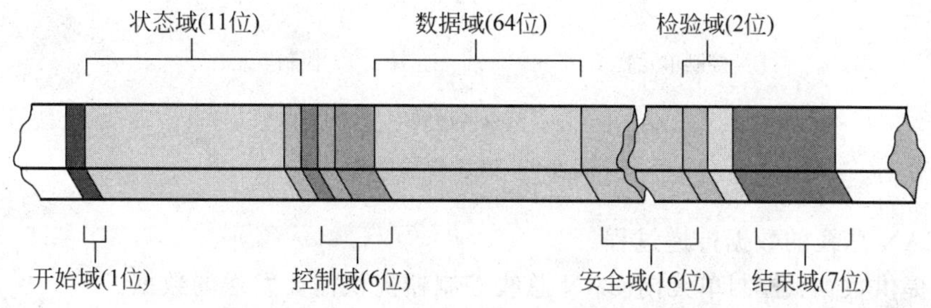

图 8-8　CAN 总线信息结构

(1) 开始域：标志数据开始。带有大约 5V 电压(由系统决定)的 1 位，被送入高位 CAN 线；带有大约 0V 电压的 1 位被送入低位 CAN 线。此外，还用于确定与其他节点硬件的同步。

(2) 状态域：该区域包括 11 位，用于标识数据的内容，判定数据中的优先权，低值标识符代表数据的较高级优先顺序。如果两个控制单元都要同时发送各自的数据，那么，具有较高优先权的控制单元优先发送。例如，包括发动机冷却液温度信息的数据和车辆打滑信息的数据相比，后者通常具有更低值的标识符，具有优先发送的权利。

(3) 控制域：该区域共包括 6 位。前两位为显性，以备将来应用。后四位包括随后的数据域中字节的数量，其值为 0～8，在本部分允许任何接收器检查是否已经接收到所传递过来的所有信息。

(4) 数据域：表示传递的信息所对应的数据，最多可达 64 位(8B)。在数据域中，信息被传递到其他控制单元。

(5) 安全域：包括一个用于错误检测的 15 位数列和一个定界符位。发送数据和接收信息的控制单元用于检查和比较传递信息所发生的变化(检测传递数据中的错误)。

(6) 检验域：包括隐性传输的空格位及通常为隐性的定界符位。在此，接收器信号通知发送器，接收器已经正确收到数据。若检查到错误，接收器立即通知发送器，发送器再

发送一次数据。

(7) 结束域：该区表示数据完成，它通常包括7位隐性位。表示该信息数据传递结束，这里是显示错误并重新发送数据的最后一次机会。

3) 信息传输原理

CAN数据总线中的信息传递就像一个电话会议。一个电话用户(控制单元)将信息“讲入”网络中，其他用户通过网络“接听”这个信息，如图8-9所示。

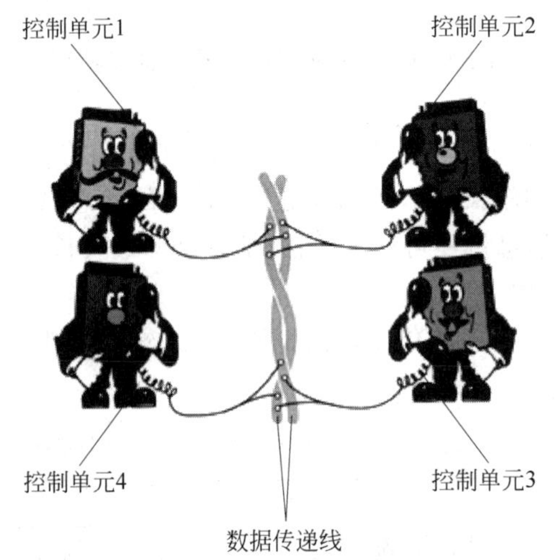

图 8-9　信息传输原理

4) CAN总线的数据传递过程

(1) 提供数据：控制单元向CAN总线控制器提供需要发送的数据。

(2) 发送数据：CAN总线收发器接收由CAN总线控制器传来的数据，转为电信号并发送。

(3) 接收数据：在CAN总线系统中，所有控制单元转为接收器。

(4) 检查数据：控制单元检查判断所接收的数据是否是所需要的数据。

(5) 接受数据：如接收的数据重要，它将被接受并进行处理；否则忽略。整个数据传递过程如图8-10所示。

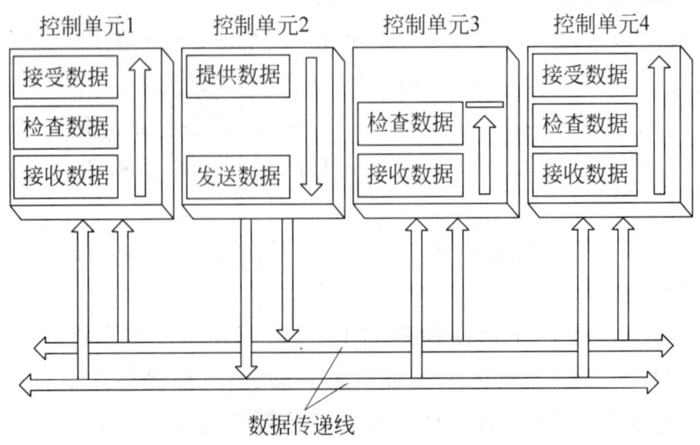

图 8-10　数据传递的过程

8.2.2　LIN 总线系统

1. LIN 总线系统的组成

LIN 总线系统主要由 LIN 主控制单元、LIN 从属控制单元及 CAN 数据线组成，如图 8-11 所示。

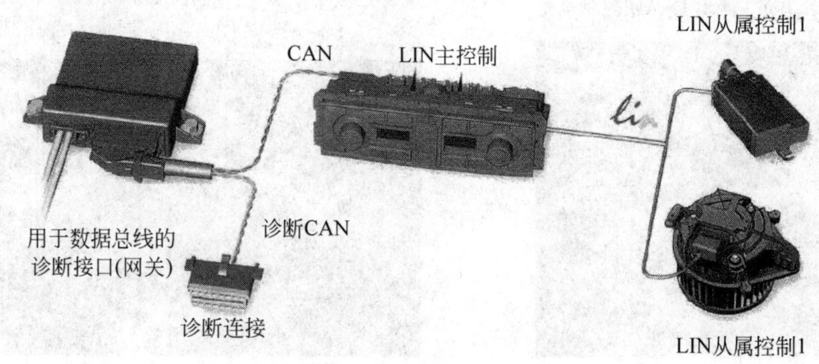

图 8-11　LIN 总线系统的组成

1) LIN 主控制单元

与 CAN 总线连接的 LIN 主控制单元具有以下功能。

(1) 监控数据传送和数据传送速率。

(2) 它的软件中包含有一个传送周期，传送周期规定了何时和以何种频率把信息传送到 LIN 总线。

(3) 执行本地 LIN 总线系统中 LIN 控制单元和 CAN 总线之间的换算功能。因此，它是 LIN 总线系统中唯一与 CAN 总线连接的控制单元。

(4) 对已连接的 LIN 从属控制单元进行诊断。

2) LIN 从属控制单元

在 LIN 总线系统中，可以把单个控制单元作为 LIN 从属控制单元使用，如产生新鲜空气鼓风机、传感器或者执行元器件。由此，LIN 主控制单元可以通过接收由 LIN 总线用数字信号的形式传送 LIN 从属控制单元(传感器元件)的测量值来查询 LIN 从属控制单元(执行元件)的实际状态，而 LIN 从属控制单元(执行元器件)能够接受 LIN 主控制单元以数字信号的形式传送的任务指令，如图 8-12 所示。

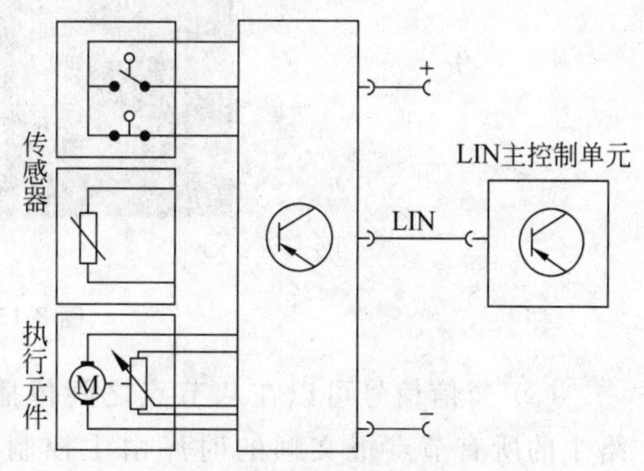

图 8-12　LIN 从属控制单元

2. LIN 总线系统的工作原理

LIN 网络由 1 个主节点和 1 个或多个从节点组成。所有节点都有 1 个从通信任务，该通信任务分为发送任务和接收任务。主节点则有 1 个主发送任务。LIN 网络上的通信总是由主发送任务所发起的，主控制器发送1个起始报文，该起始报文由同步断点（同步暂停）、同步字节（同步定界符、同步区域）、消息标识符所组成，如图8-13和图8-14所示。

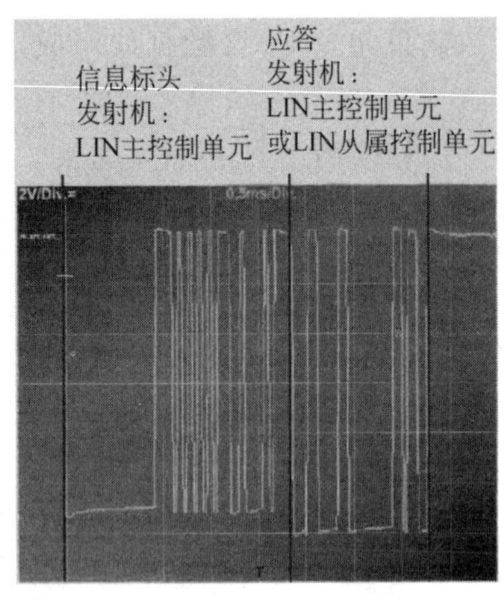

图 8-13　LIN 报文发送

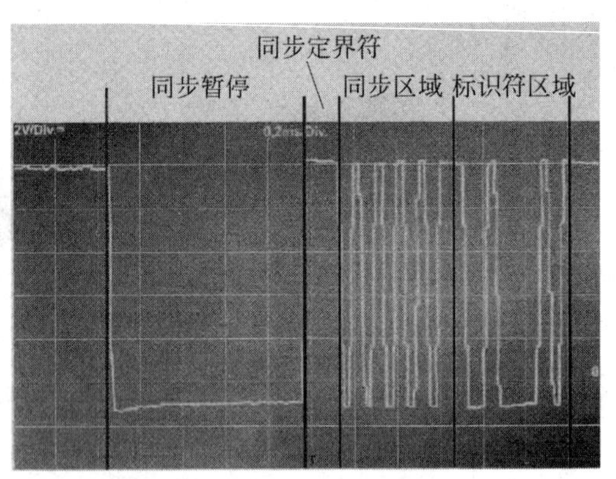

图 8-14　LIN 起始报文组成

相应的，在接受并且滤除消息标识符后，1个从任务被激活并且开始本消息的应答传输，如图8-15所示。该应答由2(或4或8)个数据字节和一个校验码所组成。起始报文和应答部分构成一个完整的报文帧。

由于LIN报文帧由报文标识符指示其组成，所以该种通信规则可以采用多种方式进行数据交换：

(1) 由主节点到一个或多个从节点；

(2) 由一个从节点到主节点或其他的从节点；

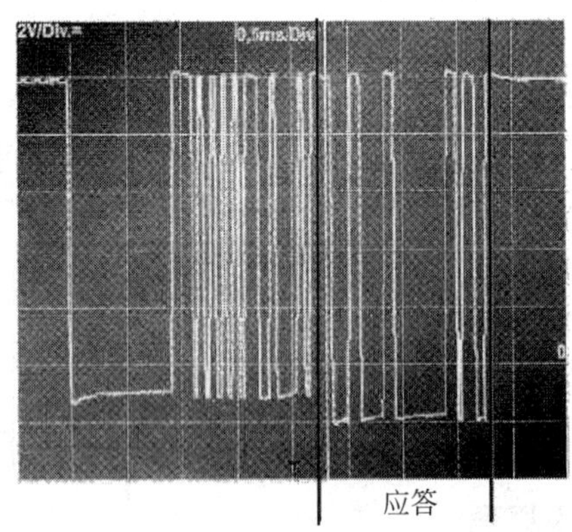

图 8-15　应答传输

(3) 通信信号可以在从节点之间传播而不经过主节点，或者主节点广播消息到网络中的所有节点报文帧的时序由主控制器控制，而报文帧的时序由LIN主控制单元控制。

8.2.3　MOST 总线系统

MOST 总线是一种光学总线，通过光纤以光信号的形式传输数据。MOST 总线对于电磁的辐射不敏感，信号干扰小，数据传输率最高可达 21.2Mb/s，适合信息娱乐系统方面的应用。采用 MOST 总线的信息娱乐系统主要由电视接收器、操作单元、显示屏、音响系统等组成，如图 8-16 所示。在 MOST 总线上的部件内部都必须有 MOST 总线控制单元，各控制单元通过光纤进行数据传输。

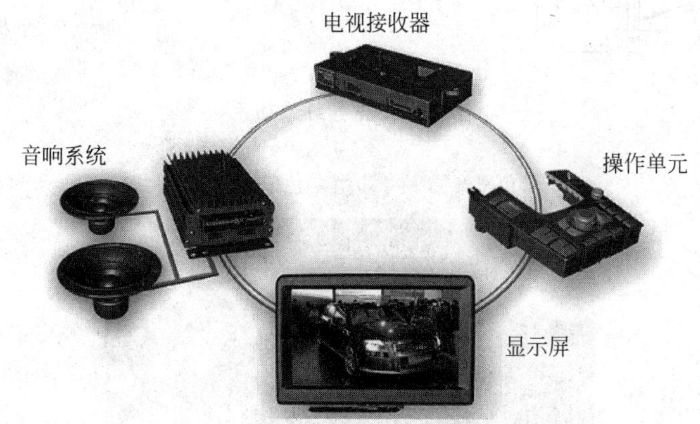

图 8-16　采用 MOST 总线的信息娱乐系统

1. MOST 总线系统的组成

MOST 总线控制单元主要由光导纤维、光导插头、内部供电装置、电气插头、专用部件、标准微型控制器、MOST 发射接收机、发射接收机—光导纤维发射机等部件构成，如图 8-17 所示。

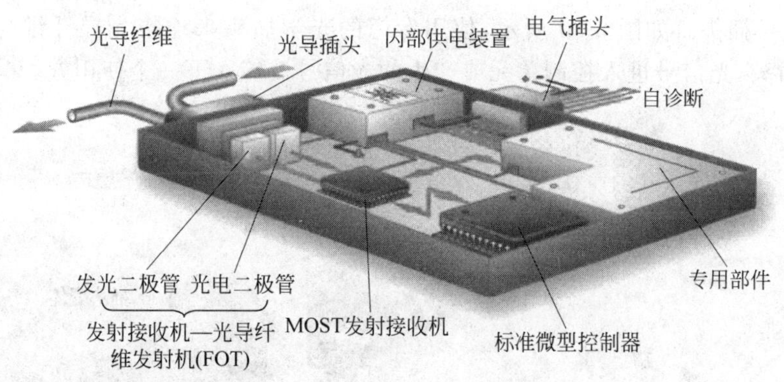

图 8-17　MOST 总线控制单元结构

(1) 光导纤维。光导纤维的功用是将在某一控制单元发射器内产生的光波传送到另一控制单元的接收器，如图 8-18 所示。光导纤维由彩色覆盖层、黑色覆盖层、反射覆盖层及内芯线组成，如图 8-19 所示。内芯线是光导纤维的核心部分，由聚甲基丙烯酸甲酯组成，是真正的光导体。光穿过内芯线时，几乎没有任何损耗。

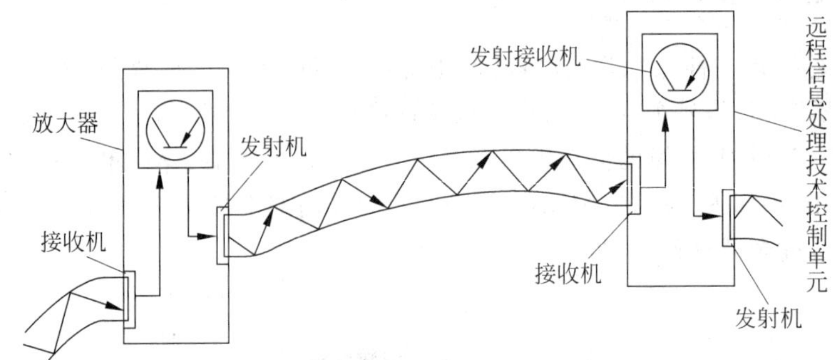

图 8-18　光导纤维功用

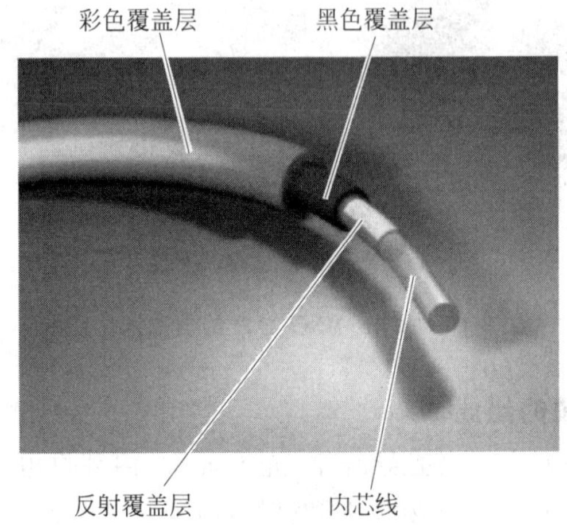

图 8-19　光导纤维的结构

(2) 光导插头。如图 8-20 所示，使用专门的光学插头来连接光导纤维与控制单元。通过这个插头，光信号进入控制单元或产生的光信号被传入下一个使用方。

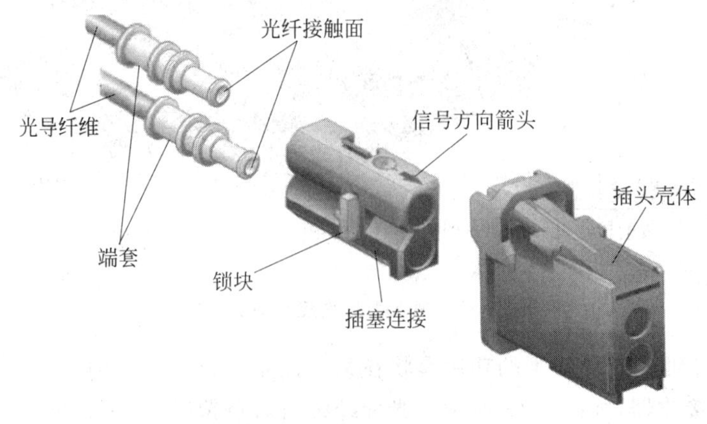

图 8-20　光导插头的结构

(3) 电气插头。电气插头用于供电、环断裂自诊断以及输入/输出信号。

(4) 内部电源。内部电源系统把通过电气插头供给控制单元的电源分配给各个部件。这种方式可以临时断开供给控制单元中个别部件的电源,从而减小闭路电流。

(5) 专用部件。这些专用部件执行特定控制单元的功能,如CD驱动器、无线电调谐器。

(6) 标准微型控制器。标准微型控制器是控制单元的中央处理器,它包括1个能控制控制单元主要功能的微处理器。

(7) MOST发射接收机。MOST发射接收机由发射机和接收机两个部件组成。发射机将要发送的信息作为电压信号传至光导纤维发射机。接收机接收来自光导纤维发射机的电压信号并将所需的数据传至控制单元内的标准微型控制器。其他控制单元不需要的信息由发射接收机来传送,而不是将数据传到CPU上。这些信息原封不动地被发至下一个控制单元。

(8) 发射接收机—光导纤维发射机(FOT)。发射接收机—光导纤维发射机由1个光电二极管和1个发光二极管构成。到达的光信号由光电二极管转换成电压信号后传至MOST发射接收机。发光二极管的作用是把MOST发射接收机的电压信号再转换成光信号。数据通过光波调制后传送,调制后的光经由光导纤维传到下一个控制单元。

2. MOST总线系统的工作原理

光导纤维是MOST系统的传输媒介,由几层材料组合而成。由于光信号在光导纤维内进行的是全反射,要求光纤走向尽量接近直线。但在实际结构中,光纤与车辆线束一起布置,不弯曲是不可能的。所以,光导纤维的特殊结构能保证光信号在一定弯曲度内的全反射,但光纤弯曲部位的弯曲半径必须大于25mm,否则无法实现信息的正常传递,如图8-21所示。

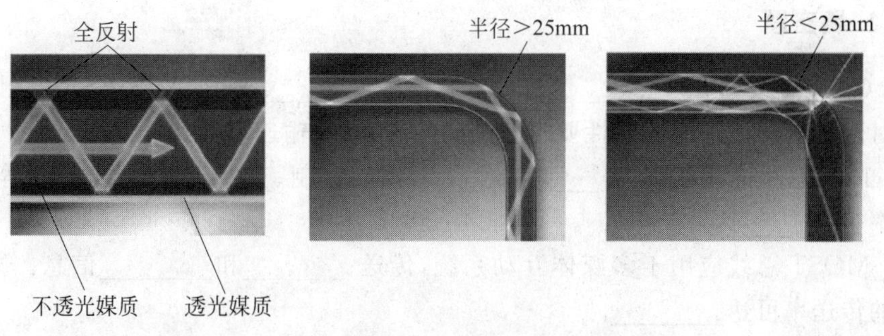

图8-21　光信号传输示意图

8.3　大众车系车载网络系统简介

大众车系使用了多种CAN总线。根据信号的重复率、产生的数据量和可用性(准备状态),可将其分为CAN驱动数据总线、CAN舒适数据总线、CAN-Infotainment总线

3 大类。

目前，所有车型都使用CAN驱动数据总线。从2000起开始使用“新型的CAN舒适数据总线和CAN-Infotainment数据总线”，其传输速率均为100Kb/s，均可以与CAN驱动数据总线进行数据交换。各系统在数据高速公路上采用同样的交通规则，即“传输协议”。

1）CAN驱动数据总线（高速）

与所有的CAN总线一样，CAN驱动数据总线也是双线式数据总线，其传输速率为500Kb/s，所以也称为高速CAN总线。控制单元通过CAN驱动数据总线的CAN-High线和CAN-Low线进行数据交换。

CAN驱动数据总线用于将驱动线束上的控制单元联成网，其控制单元有发动机控制单元、ABS控制单元、ESP控制单元、变速器控制单元、安全气囊控制单元、组合仪表。控制单元循环往复地在发送信息，信息的重复周期一般为10～25ms。

2）CAN舒适数据总线/CAN-Infotainment数据总线（低速）

CAN-Infotainment数据总线与CAN舒适数据总线的特性是一致的。在Polo（自车型年2002起）和Golf Ⅳ车上，CAN-Infotainment数据总线和CAN舒适数据总线采用同一个导线对。CAN舒适数据总线/Infotainment数据总线的速率为100Kb/s，也称为低速CAN总线。用于将CAN舒适数据总线和CAN-Infotainment总线联成网的控制单元有：全自动空调/空调控制单元、车门控制单元、舒适控制单元、收音机和导航显示控制单元。控制单元通过CAN驱动数据总线的CAN-High线和CAN-Low线来进行数据交换，如车门开/关、车内灯开/关、车辆位置（GPS）等。

8.4 复习与思考

1. 填空题

（1）CAN总线应用于________、________、________、ASR/ABS/ESP控制、牵引力控制等对网络信息传输的实时性要求较高的系统，其传输速率高达________。

（2）LIN总线应用于________、________、雨刷控制、________、门窗控制等系统，其传输速率为________。

（3）MOST总线应用于多媒体互动系统，传送________和________信息。MOST总线允许的传送率可达________。

（4）CAN总线系统主要由________、________、________和传输线等组成。

（5）LIN总线系统主要由________、________、________所组成。

2. 选择题

（1）CAN数据传递系统中是根据（　　）判断数据传递优先权的。

A. 开始域　　　　B. 状态域　　　　C. 检查域

（2）光信号在光导纤维内进行的是全反射，车辆上采用光纤弯曲部位的弯曲半径必

须大于(　　),否则无法实现信息的正常传递。

A. 5mm　　B. 25mm　　C. 50mm

(3) 信号要从一个总线进入另一个总线区域,必须把此信号的速率和识别代号进行改变,能够让另一个系统接受,这个任务由(　　)来完成。

A. 终端电阻　　B. 网关　　C. 控制单元

(4) 终端电阻每个电阻值为(　　)欧姆。

A. 120　　B. 60　　C. 240

(5) 下列总线中具有高级别的抗干扰性能的是(　　)。

A. LIN 总线　　B. CAN 总线　　C. MOST 总线

(6) 在车上使用总线系统是因为(　　)。

A. 车上的电子装置越来越复杂了　　B. 可以很方便地加装选装装置

C. 法律规定的

(7) CAN 驱动总线的数据传递速率是(　　)。

A. 10Kb/s　　B. 100Kb/s　　C. 500Kb/s

(8) 三个控制单元等至总线空闲下来并想发送信息时,(　　)。

A. 所有控制单元均可立即发送信息　　B. 会发生数据冲突

C. 仲裁过程会调整信息的发送顺序

(9) 控制单元接收并检查(　　)信息。

A. 只是与控制单元相关的信息　　B. 所有发送的信息

C. 优先级别最高的信息

(10) 网关是(　　)。

A. 安全气囊控制单元

B. 美国称 VAS5051 的用语

C. CAN 驱动数据总线和 CAN 舒适/Infotainment 数据总线之间的电子连接

3. 判断题

(1) 电控单元的正常工作电压在 10.5～15.0V 的范围内。(　　)

(2) 终端电阻的作用是防止信号在传输过程中因回波反射造成对信号的叠加,从而使信号产生失真,影响数据的正常传输。(　　)

(3) CAN 总线采用双绞线,两条线上的电位是相反的,如果一条线的电压是 5V,另一条线就是 0V,两条线的电压总和等于常值。(　　)

(4) CAN 总线所传递的每个完整信息分别由开始域、控制域、状态域、安全域、检验域、数据域和结束域所构成。(　　)

(5) CAN 舒适总线的数据传递速率为 100Kb/s。(　　)

实训指导与操作

模块2实训项目1　认识与维护发动机电控系统

姓名：________　班级：________　日期：________

1. 实训目标

(1) 能识别各种主要传感器、执行器，熟悉各部件的安装位置。

(2) 能识别仪表指示灯的含义。

(3) 能熟练地使用诊断仪。

2. 安全要求及注意事项

(1) 实训台架停在实训工位上，没有经过教师批准不准启动；经教师批准启动后，首先应先检查水、电、油是否正常。

(2) 发动机运行时不能把手伸入，以防止造成意外事故。

(3) 没有经过教师批准，不允许随意连接或拔下电控元器件。

(4) 点火开关接通时，不允许连接或拔下电控系统元器件的接插件。

(5) 蓄电池的极性不能接反，否则将烧毁 ECU 和电子元器件。

(6) 禁止使用启动电源辅助启动发动机，以防止损坏电控系统元器件。

3. 设备/工具/耗材要求

设备：电控汽油发动机台架 1 台。

工具：无。

仪器：诊断仪 1 台。

耗材：汽油。

4. 实训操作指导

(1) 在教师指导下，认识电控汽油发动机控制系统的组成，及 ECU、点火线圈、传感器和执行器的安装位置。

(2) 在教师指导下，识别仪表指示灯的含义。

(3) 在教师指导下，学会诊断仪的使用。

5. 实训项目操作

(1) 在下面实车平面图中，标出17位编码的位置、发动机ECU的位置、点火线圈和喷油器的安装位置，以及各传感器、执行器件安装位置和名称(看不到的部分用虚线表示)。

① 车型：________。

17位编码：________。

生产年份：________。生产国家及产地：________。

变速器形式：手动　自动　手自一体

② 车型：________。

17位编码：________。生产年份：________。

生产国家及产地：________。

变速器形式：手动　自动　手自一体

(2) 根据观察内容回答下列问题及填表。

点火开关 ON,观察仪表板上的发动机警告灯。

① 车型：________。

发动机警告灯：有　无　警告灯图形：________。

启动后发动机警告灯：亮　不亮

发动机控制系统是否正常：正常　不正常

② 车型：________。

发动机警告灯：有　无　警告灯图形：________。

启动后发动机警告灯：亮　不亮

发动机控制系统是否正常：正常　不正常

(3) 认知电控发动机诊断座。

① 画出诊断座的外形与接插孔。

② 诊断座的安装位置。

a. 车型________：

诊断座的安装位置：________。

b. 车型________：

诊断座的安装位置：________。

(4) 熟悉诊断仪的操作方法。

① 诊断仪诊断接头与电控发动机诊断座连接的操作步骤。

② 读取故障码操作步骤。

读取的故障码：

故障码含义：

③ 清除故障码操作步骤。

清除故障码后再读取故障码，有　无

④ 读取数据流操作步骤。

⑤ 接通点火开关，不启动发动机(保持冷车状态)，用诊断仪检测温度传感器的数据，并填入实训表2-1。

实训表 2-1　检测冷车时温度传感器的数据

传感器	安装位置	万用表检测		诊断仪检测显示
		电阻/Ω	电压/V	
水温传感器				
进气温度传感器				

⑥ 发动机怠速运行，用解码器检测各传感器的数据，并填入实训表 2-2。

实训表 2-2　诊断仪检测怠速时各传感器的数据

传感器	空气流量计	进气压力传感器	节气门传感器	曲轴位置传感器	凸轮轴位置传感器	氧传感器	爆震传感器
信号							

⑦ 接通点火开关，不启动发动机，用诊断仪检测热车时温度传感器的数据，并填入实训表 2-3。

实训表 2-3　诊断仪检测热车怠速时各传感器的数据

传感器	安装位置	万用表检测		诊断仪检测显示
		电阻/Ω	电压/V	
水温传感器				
进气温度传感器				

⑧ 退出系统操作步骤。

⑨ 断开诊断仪诊断接头与电控发动机诊断座的操作步骤。

模块2实训项目2 综合实训：发动机电控技术

姓名：________ 班级：________ 日期：________

1. 实训目标

(1) 认识电控汽油发动机燃油系统的组成件。

(2) 认识电控汽油发动机各控制系统的组成件。

(3) 能识别各种主要传感器、执行器，熟悉各部件的安装位置。

2. 安全要求及注意事项

(1) 实训台架停在实训工位上，没有经过教师批准不准启动；经教师批准启动后，首先应先检查水、电、油是否正常。

(2) 发动机运行时不能把手伸入，以防止造成意外事故。

(3) 没有经过教师批准，不允许随意连接或拔下电控元器件。

(4) 点火开关接通时，不允许连接或拔下电控系统元器件的接插件。

(5) 蓄电池的极性不能接反，否则将烧毁ECU与电子元器件。

(6) 禁止使用启动电源辅助启动发动机，防止损坏电控系统元器件。

3. 设备/工具/耗材要求

设备：电控汽油发动机台架1台。

工具：照明灯具。

仪器：无。

耗材：无。

4. 实训操作指导

(1) 在教师指导下，认识电控汽油发动机燃油系统组成。

(2) 在教师指导下，认识电控汽油发动机各控制系统的组成及主要部件的安装位置。

5. 实训项目操作

(1) 画出________车传感器的安装位置。

(2) 在实训表 2-4 中填写各传感器的安装位置、结构类型及作用。

实训表 2-4　各传感器的安装位置、结构类型、作用

传感器	空气流量计	进气压力传感器	节气门传感器	曲轴位置传感器	凸轮轴位置传感器	氧传感器	爆震传感器
安装位置							
结构类型							
作用							

(3) 在实训表 2-5 中填写________汽车上电控汽油发动机燃油供给系统各部件名称及安装位置,并标出在汽车上的安装位置。

实训表 2-5　电控汽油发动机燃油供给系统各部件名称及安装位置

序号	名　　称	安 装 位 置
1		
2		
3		
4		
5		

(4) 填写点火系统各部件的名称及安装位置。

① 双缸同时点火。在实训表 2-6 中填写________汽车上的点火系统各部件的名称及安装位置，并标出在汽车上的安装位置。

实训表 2-6　双缸同时点火系统各部件的名称及安装位置

序号	名　称	安 装 位 置
1		
2		
3		
4		

② 单缸独立点火。在实训表 2-7 中填写________汽车上的点火系统各部件名称及安装位置，并标出在汽车上的安装位置。

实训表 2-7 单缸独立点火系统各部件名称及安装位置

序号	名　　称	安 装 位 置
1		
2		
3		
4		

(5) 在实训表 2-8 中填写________汽车上的汽油蒸发系统各部件的名称、安装位置和作用,并标出在汽车上的安装位置。

实训表 2-8 汽油蒸发系统各部件的名称、安装位置和作用

序号	名　　称	安 装 位 置	作　　用
1			
2			
3			
4			

(6) 在实训表 2-9 中填写________汽车上的废气再循环系统各部件的名称、安装位置和作用，并标出在汽车上的安装位置。

实训表 2-9　废气再循环系统各部件的名称、安装位置和作用

序号	名　称	安 装 位 置	作　用
1			
2			
3			

(7) 在实训表 2-10 中填写________汽车上的二次空气喷射系统各部件的名称、安装位置和作用，并标出在汽车上的安装位置。

实训表 2-10　二次空气喷射系统各部件名称、安装位置和作用

序号	名　称	安 装 位 置	作　用
1			
2			
3			

模块3实训项目　认识电控共轨柴油发动机的总体结构

姓名：________　班级：________　日期：________

1. 实训目标

(1) 认识电控共轨柴油发动机的燃油系统组成件。

(2) 认识电控共轨柴油发动机的控制系统组成件。

(3) 能识别各种主要传感器、执行器,熟悉各部件的安装位置。

2. 安全要求及注意事项

(1) 实训台架停在实训工位上,没有经过教师批准不准启动；经教师批准启动后,首先应先检查水、电、油是否正常。

(2) 发动机运行时不能把手伸入,以防止造成意外事故。

(3) 没有经过教师批准,不允许随意连接或拔下电控元器件。

(4) 点火开关接通时,不允许连接或拔下电控系统元器件的接插件。

(5) 蓄电池的极性不能接反,否则将烧毁 ECU 与电子元器件。

(6) 禁止使用启动电源辅助启动发动机,以防止损坏电控系统元器件。

3. 设备/工具/耗材要求

设备：电控共轨柴油发动机台架 1 台。

工具：无。

仪器：无。

耗材：无。

4. 实训操作指导

(1) 在教师指导下,认识电控共轨柴油发动机的燃油系统的组成。

(2) 在教师指导下,认识电控共轨柴油发动机的控制系统的组成,以及控制器 ECU、传感器和执行器件的安装位置。

5. 实训项目操作

(1) 观察电控共轨柴油发动机。

汽车型号：________。

生产厂商：________。

该柴油发动机上采用的是________电控共轨技术。

(2) 画出燃油系统平面图，标出各部件的安装位置。

(3) 写出燃油油路。

(4) 认知电控系统元件与安装位置。

① 观察仪表板上的发动机警告灯，并填写空格与表格。

a. 点火开关 ON，观察仪表板上的发动机警告灯。

发动机警告灯：有　无　警告灯图形：________。

启动后发动机警告灯：亮　不亮

发动机控制系统是否正常：正常　不正常

b. 观察发动机怠速转速：冷车________(r/min)，热车________(r/min)。

c. 观察仪表板指示灯和仪表的指示情况，填写实训表 3-1。

实训表 3-1　仪表板指示灯和仪表的指示情况

灯、仪表 指示	发动机警示灯	水温表（指示灯）	机油压力表（指示灯）	充电指示灯			
图符							
KEY ON							
启动后							

② 在实训表 3-2 中填写各传感器的名称、安装位置、结构类型和作用。

实训表 3-2　各传感器的名称、安装位置、结构类型和作用

序　　号	传感器名称	安 装 位 置	结 构 类 型	作　　用

③ 在实训表 3-3 中填写各执行器件的名称、安装位置、结构类型和作用。

实训表 3-3　各执行器件的名称、安装位置、结构类型和作用

序　　号	执行器件名称	安 装 位 置	结 构 类 型	作　　用

6. 思考分析

（1）试分析比较实训中的电控共轨柴油发动机与电控汽油发动机有何不同。

（2）如何正确启动电控共轨柴油发动机？

模块4实训项目　认识自动变速器

姓名：________　班级：________　日期：________

1. 实训目标

(1) 认识自动变速器的组成件。

(2) 认识自动变速器的安装位置与布置形式。

(3) 能识别自动变速器挡位的作用，能正确操作自动变速器的换挡。

(4) 能进行自动变速器的维护作业。

2. 安全要求及注意事项

(1) 实训车辆停在实训工位上，没有经过教师批准不准启动；经教师批准启动后，首先应先检查水、电、油是否正常。

(2) 没有驾驶证禁止开车；有驾驶证但没有经过教师批准不允许开车；汽车行驶时必须有教师在旁边指导。

(3) 使用举升机时，举升臂要放在汽车的合适部位，经教师允许后方可进行举升作业。

(4) 汽车举高后，举升机必须上保险，以防止发生安全事故。

3. 设备/工具/耗材要求

设备：装有自动变速器的车辆1辆；自动变速器1套。

工具：世达工具1套。

仪器：无。

耗材：无。

4. 实训操作指导

(1) 在教师指导下，认识自动变速器的组成。

(2) 在教师指导下，认识自动变速器的安装位置与布置形式。

(3) 在教师指导下，认识自动变速器的挡位，对自动变速器进行换挡操作。

(4) 在教师指导下，对自动变速器挡位进行检查维护作业。

5. 实训项目操作

(1) 根据观察自动变速器结构组成(如实训图4-1所示)，识别自动变速器零部件，并填入实训表4-1。

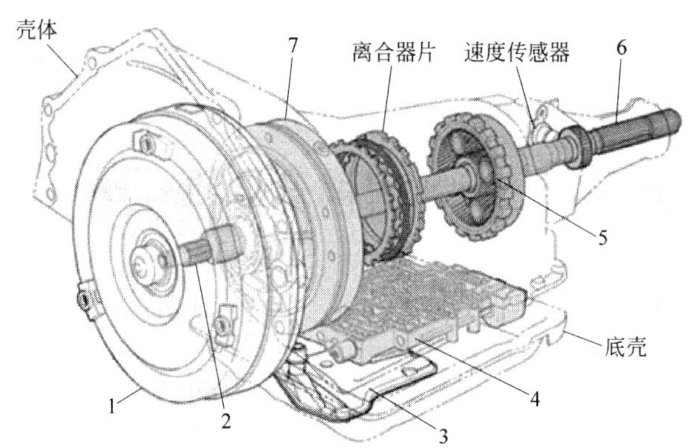

实训图 4-1　自动变速器结构

实训表 4-1　自动变速器零部件

编　　号	部件名称	作用描述
1		
2		
3		
4		
5		
6		
7		

(2) 观察认识自动变速器的安装位置,在下面实车平面图中,标出自动变速器常见的两种布置形式。

① 车型：________。变速器形式：________。

变速器型号：________。型号含义：________。

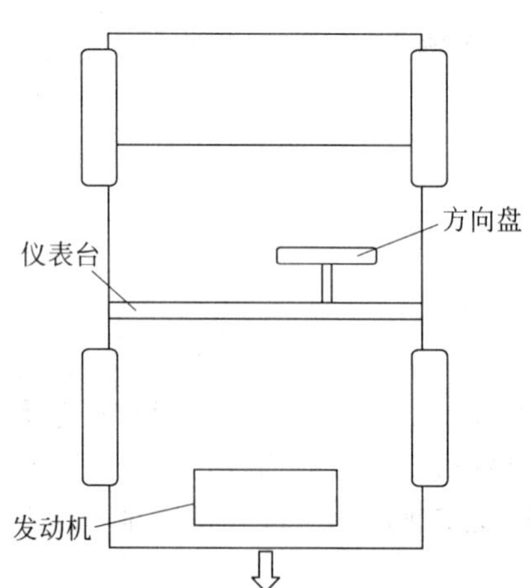

② 车型：________。变速器形式：________。

变速器型号：________。型号含义：________。

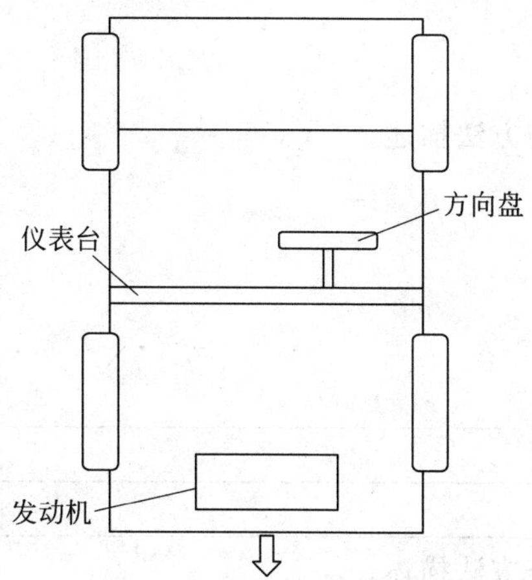

(3) 将自动变速器的挡位与开关的名称和作用填入实训表 4-2。

实训表 4-2

编号	填写内容	
1	挡位名称	
	作用描述	
2	挡位名称	
	作用描述	
3	挡位名称	
	作用描述	
4	挡位名称	
	作用描述	
5	挡位名称	
	作用描述	
6	部件名称	
	作用描述	

(4) 自动变速器的维护作业。

① 检查自动变速器油 ATF,填写下列内容。

第一,油量的检查,写出自动变速器油量检查的步骤。

检查结果分析:________。

第二,油质的检查,写出自动变速器油质检查的标准。

② 升挡过程检查，检查方法描述。

检查质量记录：____

____。

分析与评判：____。

③ 换挡质量检查，检查方法描述。

检查质量记录：____

____。

分析与评判：____。

④ 锁止离合器状况检查，检查方法描述。

检查质量记录：____

____。

分析与评判：____。

⑤ 发动机制动检查，检查方法描述。

检查质量记录：____

____。

分析与评判：____。

⑥ 强制降挡检查，检查方法描述。

检查质量记录：____

____。

分析与评判：____。

6. 思考分析

(1) 自动变速器每次升挡时，在仪表上可以看到发动机转速会马上下降再上升，分析其原因。

(2) 如何判断锁止离合器进入锁止状态？

模块 5 实训项目 1　认识与维护防抱死制动系统

姓名：________　班级：________　日期：________

1. 实训目标

(1) 认识防抱死制动系统的组成部件及其安装位置。

(2) 认识防抱死制动系统的 ABS 警告灯及其工作情况。

(3) 能使用诊断仪对 ABS 系统进行操作。

2. 安全要求及注意事项

(1) 实训车辆停在实训工位上，没有经过教师批准不准启动；经教师批准启动后，首先应先检查水、电、油是否正常。

(2) ABS 实训台架停在实训工位上，没有经过教师批准不准启动；经教师批准启动后，首先应先检查台架连接是否正常。

(3) 使用举升机时，举升臂要放在汽车的合适部位，经教师允许后方可进行举升作业。

(4) 汽车举高后，举升机必须上保险，以防止发生安全事故。

3. 设备/工具/耗材要求

设备：装有自动变速器的车辆 1 辆；ABS 实训台架 1 台。

工具：无。

仪器：汽车解码器。

耗材：无。

4. 实训操作指导

(1) 认识防抱死制动系统的组成部件及其安装位置。

(2) 认识防抱死制动系统的 ABS 警告灯及其工作情况。

(3) 使用诊断仪对 ABS 系统进行操作。

5. 实训项目操作

(1) 观察认识防抱死制动系统的组成部件及其安装位置，在下面的实车平面图中，标出 ABS 的 ECU、轮速传感器、液压调节装置、制动总泵、制动分泵和制动管路的安装位置。

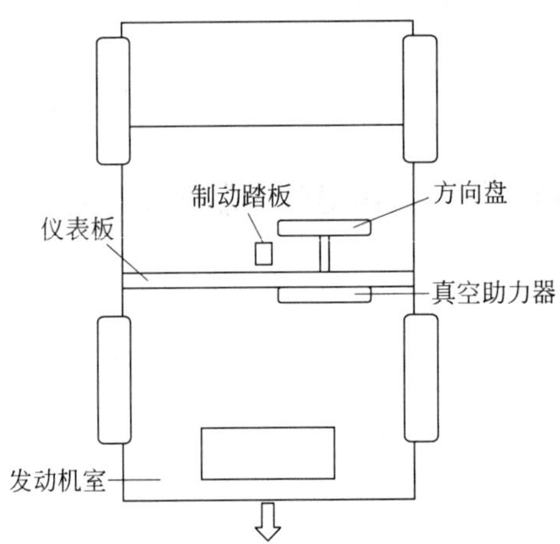

(2) 根据观察内容回答下列问题并填写实训表 5-1。

① 点火开关 ON，观察仪表板上的 ABS 警告灯。

a. 发动机警告灯图符；

b. ABS 警告灯颜色；

c. ABS 警告灯在点火开关 ON ________秒后熄灭。

② 点火开关 ON，观察仪表板上的制动警告灯。

a. 制动警告灯图符；

b. 制动警告灯颜色；

c. 制动警告灯在点火开关 ON ________秒后熄灭。

③ 点火开关 ON，观察仪表板上的驻车警告灯。

a. 驻车警告灯图符；

b. 驻车警告灯颜色；

c. 驻车警告灯在拉上驻车手把(或踩下驻车踏板)后点亮，点火开关 ON ________秒后熄灭。

实训表 5-1　ABS 轮速传感器的导线颜色及对应 ECU 的引脚

轮速传感器	左前		右前		左后		右后	
导线颜色								
ECU 引脚								

(3) 用诊断仪对 ABS 系统操作。

① 写出读取故障码的步骤。

② 写出清除故障码的步骤。

③ 写出读取数据流的步骤。

6. 思考分析

脱开制动液油壶上的制动液位传感器的插头，接通点火开关，ABS 警告灯、制动警告灯和驻车警告灯如何显示？将分析结果填入实训表 5-2。

实训表 5-2　ABS、制动和驻车警告灯的显示与故障关系

警告灯	拔开制动液油壶上的制动液位传感器的插头	脱开 ABS 某个轮速传感器的插头	脱开 ABS 号保险丝	脱开制动踏板开关
ABS 警告灯	正常 常亮 一直不亮	正常 常亮 一直不亮	正常 常亮 一直不亮	正常 常亮 一直不亮
制动警告灯	正常 常亮 一直不亮	正常 常亮 一直不亮	正常 常亮 一直不亮	正常 常亮 一直不亮
驻车警告灯	正常 常亮 一直不亮	正常 常亮 一直不亮	正常 常亮 一直不亮	正常 常亮 一直不亮

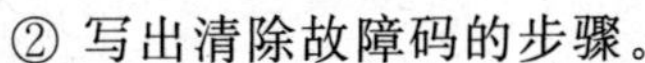

模块5实训项目2 综合训练：底盘电控技术

姓名：________ 班级：________ 日期：________

1. 实训目标

(1) 通过查阅维修资料，了解汽车底盘系统的电控技术及其作用。

(2) 通过查阅维修资料，了解汽车常用自动变速器的型号和技术参数。

(3) 能够在实车上检查自动变速器 ATF 的液位与质量。

(4) 通过查阅维修资料了解不同车型的 ABS 系统型号和技术参数。

(5) 能够在实车上找到 ABS 系统各组件的安装位置。

(6) 认识防抱死制动系统的 ABS 警告灯及其工作情况。

(7) 通过查阅资料了解底盘系统其他电控系统各组件的安装位置。

2. 安全要求及注意事项

(1) 实训车辆停在实训工位上，没有经过教师批准不准启动；经教师批准启动后，首先应先检查水、电、油是否正常。

(2) ABS 实训台架停在实训工位上，没有经过教师批准不准启动；经教师批准启动后，首先应先检查台架连接是否正常。

(3) 使用举升机时，举升臂要放在汽车的合适部位，经教师允许后方可进行举升作业。

(4) 汽车举高后，举升机必须上保险，以防止发生安全事故。

3. 设备/工具/耗材要求

设备：装有自动变速器的车辆 1 辆，自动变速器 1 套，ABS 实训台架 1 台。

工具：世达工具 1 套。

仪器：无。

耗材：无。

4. 实训操作指导

(1) 在教师指导下，通过查阅维修资料，了解汽车底盘系统的电控技术及其作用。

(2) 在教师指导下，通过查阅维修资料，了解汽车常用自动变速器的型号和技术参数。

(3) 在教师指导下,在实车上检查自动变速器 ATF 的液位与质量。

(4) 在教师指导下,通过查阅维修资料,了解不同车型的 ABS 系统型号和技术参数。

(5) 在教师指导下,在实车上找到 ABS 系统各组件的安装位置。

(6) 在教师指导下,认识防抱死制动系统的 ABS 警告灯及其工作情况。

(7) 在教师指导下,通过查阅资料,了解底盘系统其他电控系统各组件的安装位置。

5. 实训项目操作

车系: ________________; 车型: ________________; 生产年份: ________________。

(1) 通过查阅维修资料,写出底盘系统有哪些电控技术及其作用。

(2) 查阅维修资料,写出自动变速器的型号和技术参数。

(3) 在实车上检查自动变速器 ATF 的液位与质量。

检查自动变速器 ATF,填写下列内容。

① 油量的检查。写出自动变速器油量检查的步骤。

对检查结果进行分析。

② 油质的检查。写出自动变速器油质检查的标准。

（4）自动变速器挡位和换挡操作。

① 写出自动变速器各个挡位的含义和作用。

② 写出自动变速器各个挡位互换的操作方法。

（5）查阅维修资料，写出 ABS 系统型号和技术参数。

（6）在实车上认识 ABS 系统，画出各组件的安装位置。

（7）查阅资料，了解底盘系统其他电控系统各组件的安装位置。

① 画出 ASR 系统各组件的安装位置。

② 画出 ESP 系统各组件的安装位置。

③ 画出 EMS 系统各组件的安装位置。

④ 画出 EPS 系统各组件的安装位置。

模块6实训项目1　认识安全气囊

姓名：________　班级：________　日期：________

1. 实训目标

(1) 掌握用户操作手册和维修手册的使用方法。

(2) 了解安全气囊的组成。

(3) 掌握安全气囊的安装位置。

2. 安全要求及注意事项

(1) 熟悉实训场地的安全制度。

(2) 爱护实训场地的实训设备。

(3) 保持实训场地的清洁。

3. 设备/工具/耗材要求

设备：别克车/大众车/其他车系。

资料：用户操作手册，维修手册。

4. 实训操作指导

(1) 查阅随车用户操作手册和维修资料。

(2) 了解实训车辆安全气囊的组成。

(3) 熟悉实训车辆安全气囊的安装位置。

(4) 了解实训车辆安全气囊的工作过程。

5. 实训项目操作

(1) 写出实训车辆的有关信息。

车系：________。

车型：________。

17位编码：________。

(2) 简要叙述下列内容。

① 安全气囊的组成。

② 碰撞传感器的作用及安装位置。

③ 安全传感器的作用及安装位置。

④ 安全气囊的工作过程。

（3）按要求填写实训表 6-1。

实训表 6-1　安全气囊的种类、安装位置和具体功能

序　　号	安全气囊种类	安 装 位 置	具 体 功 能

模块6实训项目2　认识防盗系统

姓名：________　班级：________　日期：________

1. 实训目标

(1) 掌握用户操作手册和维修手册的使用方法。
(2) 了解防盗系统的组成。
(3) 掌握防盗系统的操作方法。

2. 安全要求及注意事项

(1) 熟悉实训场地的安全制度。
(2) 爱护实训场地的实训设备。
(3) 保持实训场地的清洁。

3. 设备/工具/耗材要求

设备：别克车/大众车/其他车系。
资料：用户操作手册，维修手册。

4. 实训操作指导

(1) 查阅随车用户操作手册和维修资料。
(2) 了解实训车辆防盗系统的组成。
(3) 了解实训车辆防盗系统的工作方法。
(4) 熟悉实训车辆防盗系统的操作方法。

5. 实训项目操作

(1) 写出实训车辆的有关信息。
车系：________。
车型：________。
17位编码：________。
(2) 简要叙述下列内容。
① 防盗系统的组成。

② 防盗系统的报警形式。

③ 启动防盗系统的方法。

④ 解除防盗系统的方法。

⑤ 防盗系统与中控门锁的关系。

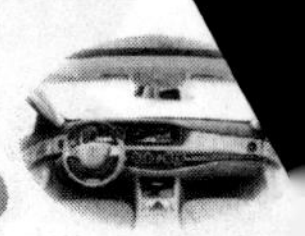

模块 7 实训项目 1　认识巡航系统

姓名：________　班级：________　日期：________

1. 实训目标

(1) 掌握用户操作手册和维修手册的使用方法。
(2) 了解巡航系统控制开关的安装位置。
(3) 掌握巡航系统开关的操作方法。

2. 安全要求及注意事项

(1) 熟悉实训场地的安全制度。
(2) 爱护实训场地的实训设备。
(3) 保持实训场地的清洁。

3. 设备/工具/耗材要求

设备：别克车/大众车/其他车系。
资料：用户操作手册，维修手册。

4. 实训操作指导

(1) 查阅随车用户操作手册和维修资料。
(2) 了解实训车辆巡航系统的控制方式。
(3) 找到实训车辆巡航系统控制开关的安装位置。
(4) 熟悉实训车辆巡航系统控制开关的操作方法。

5. 实训项目操作

(1) 写出实训车辆的有关信息。
车系：________。
车型：________。
17 位编码：________。
(2) 画图。画出巡航系统开关图，写上开关上的符号。

（3）按要求填写实训表 7-1。

实训表 7-1　巡航系统开关的符号、作用和操作方法

序　号	开关符号	作　用	操作方法

模块7实训项目2 认识中控门锁系统

姓名：________ 班级：________ 日期：________

1. 实训目标

(1) 掌握用户操作手册和维修手册的使用方法。
(2) 了解中控门锁系统各控制开关的安装位置。
(3) 掌握中控门锁系统的操作方法。

2. 安全要求及注意事项

(1) 熟悉实训场地的安全制度。
(2) 爱护实训场地的实训设备。
(3) 保持实训场地的清洁。

3. 设备/工具/耗材要求

设备：别克车/大众车/其他车系。
资料：用户操作手册,维修手册。

4. 实训操作指导

(1) 查阅随车用户操作手册和维修资料。
(2) 了解实训车辆的中控门锁控制方式。
(3) 找到实训车辆的中控门锁控制开关的安装位置。
(4) 熟悉实训车辆的中控门锁系统的操作方法。

5. 实训项目操作

(1) 写出实训车辆的有关信息。
车系：________。
车型：________。
17位编码：________。
(2) 画图。画出中控门锁各开关图。

(3) 按要求填写下列实训表 7-2。

实训表 7-2　中控门锁控制开关的符号、安装位置和控制功能

序　　号	开关符号	安装位置	控制功能

模块8实训项目　认识车载网络系统

姓名：________　班级：________　日期：________

1. 实训目标

（1）掌握用户操作手册和维修手册的使用方法。

（2）了解车载网络系统的组成、工作原理。

（3）掌握不同车系总线系统各控制单元的安装位置。

2. 安全要求及注意事项

（1）熟悉实训场地的安全制度。

（2）爱护实训场地的实训设备。

（3）保持实训场地的清洁。

3. 设备/工具/耗材要求

设备：别克车/大众车/其他车系。

资料：用户操作手册，维修手册。

4. 实训操作指导

（1）查阅随车用户操作手册和维修资料。

（2）了解实训车辆总线系统的类型。

（3）熟悉实训车辆总线系统各控制单元的安装位置。

5. 实训项目操作

（1）写出实训车辆的有关信息。

车系：________。

车型：________。

17位编码：________。

（2）画图。画出总线系统的关系拓展图。

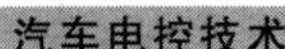

（3）按要求填写实训表 8-1。

实训表 8-1　各数据总线的类型、传输速率、控制单元及其安装位置

序号	数据总线类型	传输速率	控制单元	控制单元安装位置

参考文献

[1] 祁翠琴,李淑君.汽车电控技术[M].北京:北京大学出版社,2008.
[2] 陈志恒,胡宁.汽车电控技术[M].北京:高等教育出版社,2008.
[3] 张俊.汽车发动机电控技术[M].北京:北京大学出版社,2011.
[4] 李百华.汽车发动机电控技术[M].北京:化学工业出版社,2009.
[5] 杨洪庆.汽车发动机电控技术[M].北京:中国人民大学出版社,2009.
[6] 张西振.汽车发动机电控技术[M].北京:机械工业出版社,2009.
[7] 吴喜骊.汽车发动机电控技术[M].上海:同济大学出版社,2010.
[8] 付百学.汽车电子控制技术[M].北京:机械工业出版社,2010.
[9] 刘晓岩.汽车电子控制技术[M].北京:化学工业出版社,2009.
[10] 周云山,钟勇.汽车电子控制技术[M].北京:机械工业出版社,2009.
[11] 张蕾.汽车电子控制技术[M].北京:清华大学出版社,2009.
[12] 钱强.汽车电气与电子技术[M].上海:同济大学出版社,2011.
[13] 大众汽车自学手册.
[14] 大众汽车维修手册.
[15] 宝马售后服务培训资料.